Die Apple-Story

Aufstieg, Niedergang und «Wieder-Auferstehung» des Unternehmens rund um Steve Jobs

Die Apple-Story – Aufstieg, Niedergang und «Wieder-Auferstehung» des Unternehmens rund um Steve Jobs

Bibliografische Information der Deutschen Bibliothek
Die Deutsche Bibliothek verzeichnet diese Publikation in der Deutschen Nationalbibligrafie; detaillierte bibliografische Daten sind im Internet über http://dnb.ddb.de abrufbar.

Copyright © 2005 by SmartBooks Publishing AG

ISBN 3-908497-14-0
1. Auflage 2005

Konzeption / Koordination:SmartBooks Publishing AG

Satz / Layout: Dr. Joachim Gartz

Cover-Illustration: Dr. Joachim Gartz (Bildmaterial: © Apple)

Druck und Bindung: J.P Himmer GmbH & Co. KG, Augsburg

Trotz sorgfältigem Lektorat schleichen sich manchmal Fehler ein. Autoren und Verlag sind Ihnen dankbar für Anregungen und Hinweise!

SmartBooks Publishing AG	Dorfstrasse 147, CH-8802 Kilchberg,
http://www.smartbooks.ch	E-Mail: smartbooks@smartbooks.ch
Aus der Schweiz:	Tel. 01 716 14 24, Fax 01 716 14 25
Aus Deutschland und Österreich:	Tel. 0041 1716 14 24, Fax 0041 1 716 14 25

Alle Rechte vorbehalten. Die Verwendung der Texte und Bilder, auch auszugsweise, ist ohne die schriftliche Zustimmung des Verlags urheberrechtswidrig und strafbar. Das gilt insbesondere für die Vervielfältigung, Übersetzung, die Verwendung in Kursunterlagen oder elektronischen Systemen. Der Verlag übernimmt keine Haftung für Folgen, die auf unvollständige oder fehlerhafte Angaben in diesem Buch oder auf die Verwendung der mitgelieferten Software zurückzuführen sind. Nahezu alle in diesem Buch behandelten Hard- und Software-Bezeichnungen sind zugleich eingetragene Warenzeichen oder sollten als solche behandelt werden. Schutzrechte für eingetragene Marken werden in diesem Buch nicht gesondert erwähnt. Das Fehlen solcher Hinweise bedeutet nicht, dass die genannten Produkte oder Bezeichnungen ungeschützt sind.

Besuchen Sie uns im Internet!
www.smartbooks.ch
www.smartbooks.de

Übersicht

Vorwort 7

Kapitel 1 – Silicon Valley Kids 13

Kapitel 2 – Die Erfolgsstory des Apple II 53

Kapitel 3 – Apples erste Flops – Apple III und Lisa 71

Kapitel 4 – Die Macintosh-Computer-Revolution 89

Kapitel 5 – Sculley kommt und Jobs geht 145

Kapitel 6 – Apple am Abgrund – die Ära Spindler und Amelio 191

Kapitel 7 – Next – neue Firma, neues Glück 205

Kapitel 8 – Pixar – vom Dollargrab zur Goldgrube 219

Kapitel 9 – Comeback in Cupertino 229

Kapitel 10 – «Digital Lifestyle» – iTunes, iPod & Co. 259

Anhang 1 – Macmania – Namen, Zahlen und Fakten 275

Anhang 2 – Literatur und Internet-Quellen 311

Anhang 3 – Register 315

Inhaltsverzeichnis

Vorwort 7

Kapitel 1 – Silicon Valley Kids 13
Der High Tech-Boom im Valley *14*
Die mikroelektronische Revolution *17*
Vom Transistor zum Computerchip *19*
Intel und das Mooresche Gesetz *22*
Steve Jobs – ein Kind des Silicon Valley *25*
Steve trifft «Woz» *28*
Die beiden Steves als Hacker *31*
Jobs «Hippie-Studium» in Oregon *33*
Jobs und Woz als Videospiel-Programmierer *37*
Der Homebrew Computer Club *41*
Der Altair-Computer *43*
Die beiden Steves gründen die Garagenfirma Apple *45*

Kapitel 2 – Die Erfolgsstory des Apple II 53
Aus Apple wird ein seriöses Unternehmen *54*
Mike Markkula steigt bei Apple ein *56*
Der Siegeszug des Apple II *62*
Regis McKenna – Apples Marketing-Guru *64*
Software und neue Märkte für den Apple II *66*

Kapitel 3 – Apples erste Flops – Apple III und Lisa 71
«Sara» entwickelt sich zum Sorgenkind *72*
Apple an der Börse *75*
Steve Wozniak – the Wizard of Woz *76*
Lisa gegen Mac *81*
Jobs Pilgerfahrt zum Xerox PARC *82*
Lisa – «die freundliche Assistentin» *85*

Kapitel 4 – Die Macintosh-Computer-Revolution 89
Jef Raskin – der geistige Vater des Macintosh *90*
Raskin schickt Jobs zu Xerox *96*
Jobs und Raskin im Clinch *98*
Jobs macht sich zum Führer der Macintosh Revolution *100*
«Big Blue» schlägt zurück – der IBM-Computer *105*
Der Hundert-Milliarden-Fehler von Big Blue *106*
Gary Kildalls Verdienste für die Firma Microsoft *108*
Die Bedrohung durch Big Blue *112*
Der «kurbellose Computer» *113*
Die revolutionäre Avantgarde – das Macintosh-Team *116*
Gegenwind für die Mac-Piraten *120*
Der steinige Weg zur Macintosh-Revolution *122*
Mac gegen Big Brohter – der legendäre 1984-Werbespot *124*
Der triumphale Beginn der Macintosh-Revolution *130*
Krisenstimmung in Cupertino *134*
Der Flop mit dem Lemminge-Werbespot *136*
Krisenmanagement *138*
Apple im Teufelskreis *140*
Der späte Triumph des Macintosh *142*

Kapitel 5 – Sculley kommt und Jobs geht 145
John Scullley – der Traumkandidat 146
Das dynamische Duo 148
Der Machtkampf zwischen Jobs und Sculley 150
Jobs Komplott gegen Sculley 152
Jobs unrühmlicher Abgang bei Apple 154
Apples goldene Jahre unter Sculley 156
Apple erweitert seine Produktpalette 158
Das Newton-Desaster 160
Apple goes Intel -– das Projekt «Star Treck» 168
Ein denkwürdiges Memo von Bill Gates 170
Der Sieg der Macianer 177
Der Streit zwischen Microsoft und Apple 179
Bill Gates – der größte Fan des Macintosh 184
Das Ende der Ära Sculley 188

Kapitel 6 – Apple am Abgrund – die Ära Spindler und Amelio 191
Michael «Diesel» Spindler 192
Apples kurzes Clone-Abenteuer 194
Der «Diesel» im Rückwärtsgang – Spindlers Abgang 197
Vom Regen in die Traufe – Amelios Clone-Politik 198
«Copland» – die Suche nach dem Betriebssystem der Zukunft 200
Amelio schaufelt sich sein eigenes Grab 202

Kapitel 7 – Next – neue Firma, neues Glück 205
Neue Firma, neues Glück 206
Der öffentliche Konflikt zwischen NeXT und Apple 207
Jobs kostspieliger Perfektionismus 210
«Unverhofft kommt oft» – Geld aus Texas 211
Der NeXT-Computer 212
Jobs präsentiert die NeXT-Station und «kommt unter die Haube» ...214
Wiedervereinigung – NeXT und Apple 215

Kapitel 8 – Pixar – vom Dollargrab zur Goldgrube 219
Ein teures Hobby 220
Vom kostspieligen Hobby zur Goldgrube 224

Kapitel 9 – Comeback in Cupertino 229
Der High-Tech-Messias kehrt heim zu seinen Jüngern 230
Jobs beseitigt Amelio 232
Jobs übernimmt die Führung und Apple wird erwachsen 235
Der iMac bringt Apple wieder auf Erfolgskurs 237
Der lange Weg zu Mac OS X 241
Mac OS X – das Betriebssystem der Zukunft 250

Kapitel 10 – «Digital Lifestyle» – iTunes, iPod & Co. 259
Der Siegeszug des iPod 260
Jonathan Ive – Apples Design-Guru 261
iTunes, iLife und die MP3-Musikrevolution 265
Der iPod mini 266
Apple revolutioniert den Online-Musikhandel 270
Apple als Trendsetter des digitalen Lifestyles 271

Anhang 1 – Macmania – Namen, Zahlen und Fakten **275**
Apple-CEOs *276*
Apple-Computermodelle *276*
Macintosh-Betriebssystem-Versionen *287*
Code-Namen *289*
Apple-Aktienkursnotierungen *309*

Anhang 2 – Literatur und Internet-Quellen **311**
Literatur zur Unternehmens-Geschichte *312*
Internet-Quellen *313*

Anhang 3 – Register **315**

Vorwort

Vorwort

Die Geschichte der Firma Apple ist ein moderner Mythos, der seine Wurzeln im rasanten Aufstieg der High Tech-Branche im kalifornischen Silicon Valley hat. Neben triumphalen Höhepunkten gab es auch einige Momente in der Firmengeschichte, in der die Computerfirma aus Cupertino ganz nah am Abgrund stand. Bis auf den heutigen Tag geblieben ist die Vision der Gründungsväter, kreativen Menschen digitale Werkzeuge zur produktiven Umsetzung ihrer Ideen an die Hand zu geben.

Apple Computer wurde als Garagenfirma am 1. April 1976 in Palo Alto, Silicon Valley / USA, gegründet. Unzählige Elektronik-Enthusiasten werkelten damals in ihren Garagen an «computerähnlichen Geräten» herum. Nicht nur die Flower-Power-Hippie-Bewegung, sondern auch die Elektronik-Branche befand sich in einer ungeheuren Aufbruch-Stimmung. Dem genialen Erfinder und Elektro-Ingenieur Steve Wozniak gelang es mit dem Apple I eine preisgünstige funktionstüchtige PC-Platine herzustellen, für deren Vertrieb sein Partner Steven P. Jobs, kurz: Steve Jobs zuständig war.

Nachdem die beiden Jungunternehmer mit dem Apple I einen bescheidenen Gewinn erzielen konnte, wurden schnell Risikokapitalgeber gefunden, welche die Entwicklung des Apple II ermöglichten, der 1977 erschien. Im gleichen Jahr wurde aus Apple eine Aktiengesellschaft. Am Ende des ersten Geschäftsjahres erzielte die «Garagenfirma» bereits einen Umsatz in Höhe von mehreren Hunderttausend Dollar. 1978 wurde es endgültig zu eng in der Garage von Steve Jobs Eltern und Apple verlegte seinen Firmensitz von Palo Alto nach Cupertino.

1982 gelang Apple als jüngstem Unternehmen in der amerikanischen Wirtschaftsgeschichte der Sprung in die Top 500 der führenden amerikanischen Firmen. 1983 wurde mit Lisa der erste via Maus gesteuerte PC mit einer grafischen Benutzeroberfläche vorgestellt und 1984 folgte der erste Macintosh, der sich mit seinem sympathisch-kompakten Design und seiner kinderleichten Bedienbarkeit mutig der dominierenden IBM-Computerwelt entgegenstellte.

Gegen Mitte der achtziger Jahre erlebte Apple nach einer Periode des scheinbar unaufhaltsamen Aufschwungs seine erste große Krise, die neben Management-Fehlern auch durch die zunehmende Konkurrenz der IBM-kompatiblen Computerhersteller ausgelöst wurde.

Mehr als ein Jahrzehnt lang versuchten die Apple CEOs («Chief Executive Officers» / Geschäftsführer) John Sculley, Michael Spindler und zuletzt Gil Amelio – letztlich erfolglos – bei Apple wieder das Ruder herumzureißen, auch wenn jeder von ihnen gewisse Teilerfolge auf seinem Konto verbuchen konnte.

Mit dem PowerPC wurde 1994 eine völlig neue Rechnergeneration vorgestellt, die nicht mehr auf dem alten 68000-Prozessor, sondern auf der Technologie des extrem leistungsfähigen RISC-Prozessors basierte. Trotzdem geriet Apple in der Folgezeit erneut in eine schwere Krise, die erst 1997 nach der Rückkehr des 1985 ausgeschiedenen Firmengründers Steve Jobs bewältigt werden konnte, der den glücklosen Amelio ablöste. Amelio hatte Apple zuvor während seiner weniger als zwei Jahre dauernden Amtszeit Verluste in Höhe von über einer Milliarde Dollar beschert. Apple stand am Abgrund. Es war allerhöchste Zeit für einen fundamentalen Wandel in Cupertino. Unter Amelio war man bereits auf die Suche nach potenziellen Käufern des Unternehmens gegangen, doch letztlich war keine Computerfirma bereit, das Risiko einzugehen, den scheinbar unheilbar kranken Patienten Apple übernehmen zu wollen.

Mit der von Steve Jobs nach seinem Amtsantritt als «Interims-CEO» eingeleiteten «Think Different»-Kampagne begann Apples Aufbruch in die Zukunft. Die Botschaft lautete, dass Apple für kreative Menschen die besten Werkzeuge zur Verfügung stellt. Jobs ließ den Worten auch Taten folgen: 1998 war das Jahr, in dem er die Firma Apple wieder in die Gewinnzone zurückbrachte. Maßgeblichen Anteil daran hatte die Einführung des von Jobs konzipierten und Apples Design-Guru Jonathan Ive geschaffenen iMac, der mit seinem trendigen Design und seinem moderaten Preis zum bestverkauften Rechner in der Firmengeschichte wurde.

Comeback in Cupertino – seit der Rückkehr des High Tech-Messias Steve Jobs ist Apple wieder auf Erfolgskurs.

Mit dem ebenfalls äußerst erfolgreichen mobilen MP3-Player iPod betrat Apple Ende 2001 den allgemeinen Markt für Unterhaltungselektronik. Seitdem etabliert sich Apple neben seiner Präsenz in den traditionellen Märkten wie dem

Publishing- und Bildungs-Bereich zunehmend als ebenso erfolgreiches wie innovationsfreudiges Digital Lifestyle-Unternehmen. Dies zeigt sich vor allem angesichts des enormen Erfolges des iTunes Music Store, der im ersten Jahr seines Bestehens über 70 Millionen Songs via Internet verkaufen konnte und mit 70 Prozent Marktanteil derzeit weltweit die unangefochtene Nummer 1 unter den Online-Musikdiensten ist.

Hinter den Produkten von Apple stehen Menschen, die eine gemeinsame Vision besitzen. Die Ansichten über die optimale Verwirklichung des «Computers für den Rest von uns» gingen im Verlauf von Apples bewegter Firmengeschichte immer wieder weit auseinander. Der wohl dramatischste Höhepunkt: Steve Jobs musste 1985 die von ihm gegründete Firma verlassen, nachdem er den Machtkampf mit dem damaligen Apple CEO John Sculley verloren hatte. Auf den folgenden Seiten werden Sie erfahren, wie Apples Aufstieg zu einem der führenden amerikanischen Computer-Unternehmen beinahe tödlich geendet hätte, wie es dazu kam, dass Steve Jobs aus seinem eigenen Unternehmen geworfen wurde und wie es dem heutigen Apple CEO nach seinem Comeback in Cupertino mit seinen genialen Visionen gelang, Apple wieder den Weg in eine äußerst vielversprechende digitale Zukunft zu weisen.

Danksagung

Wortes des Dankes gelten an dieser Stelle zunächst Herrn Albrecht und Herrn Limbacher von der Presseabteilung der Firma Apple, die mir auch bei diesem Buchprojekt wieder in vielerlei Hinsicht geholfen haben. Ein herzliches Dankeschön geht ebenso an Herrn Hoser von der Firma 100zehn GmbH für das vielfältige Bild- und Info-Material, das mir für dieses Buch zur Verfügung gestellt wurde, an meinen Co-Lektor Herrn Hirschler, an Frau Hirschler für «muchos frijoles», an Herrn Fledbaum für seinen kreativen Input zur Covergestaltung, an Herrn Fétz von `Cupertino.de`, die Firmen HP, Intel, IBM, Microsoft, Xerox und Pixar für weiteres Bildmaterial, an meine beiden innovativen SmartBooks-Verleger – die Gebrüder Frank und Ralf Seelig sowie «last but not least» an Herrn Knop und Frau Sperber von der Druckerei Himmer für die professionelle Betreuung der drucktechnischen Produktions-Abläufe.

Quellen und Zitate

Noch ein Wort zu den Quellen und den zahlreichen als Beleg meiner Ausführungen fungierenden Dokumenten und Zitaten: Sämtliche Zitate und Dokumente sind als solche gekennzeichnet und aus der im Literaturverzeichnis angegebenen deutschsprachigen Sekundärliteratur entnommen. Als wichtigste ist Owen Linzmayers allgemeine Apple-Geschichte «Apple – Streng vertraulich», John Sculleys Bericht über seine Zeit bei Apple «Meine Karriere bei PepsiCo und Apple» sowie Jeffrey Youngs Steve-Jobs-Biografie «Steve Jobs: der Henry Ford der Computer-industrie» zu nennen. Ebenso ausführliche wie lesenswerte Darstellungen der Firmengeschichte Apples sind darüber hinaus Michael Malones «Infinite Loop» sowie Jim Carltons «Apple». Da es sich bei dem vorliegenden Werk um keine streng wissenschaftliche Arbeit zur Geschichte der Firma Apple handelt, (wobei ich mich selbstverständlich darum bemüht habe, so gewissenhaft wie nur irgend möglich die so genannten «historischen Fakten» zusammenzutragen) wurde wegen der besseren Lesbarkeit bewusst auf eine gesonderte Quellenangabe hinter den einzelnen Zitaten und Dokumenten verzichtet.

Apple Deutschland verfügt leider über kein eigenes historisches Archiv. (Im Buch sind daher zum Teil auch niedrig aufgelöste Screenshots zu finden, da es nicht in jedem Fall möglich war, über Apple oder andere Quellen an die entsprechenden hochaufgelösten Bilder zu kommen.) Die Presseabteilung der Firma Apple hat mich jedoch ansonsten bei der Arbeit an diesem Buch wirklich exzellent unterstützt.

Feedback willkommen!

Falls Sie Ihre Meinung zu diesem Buch gerne öffentlich äußern möchen, können Sie dies zum Beispiel in Form einer Online-Rezension bei amazon.de tun. Doch nun wünsche ich Ihnen eine anregende Lektüre!

Joachim Gartz
München, im Dezember 2004

Silicon Valley Kids 1

Silicon Valley Kids

Die Apple-Gründer Steve Jobs und Steve Wozniak sind beide – so unterschiedlich ihre Charaktere auch sein mögen – typische Kinder des Silicon Valley. Beide wuchsen auf in einer Umgebung, die von der seinerzeit extrem boomenden elektronischen Industrie geprägt war. In den siebziger Jahren wurde im Valley der Mikrocomputer erfunden und bald darauf startete neben zahlreichen anderen Firmen (von denen viele auch auf der Strecke blieben) das Garagen-Unternehmen Apple, das innerhalb von fünf Jahren den Einzug in die *Fortune 500*, die Liste der 500 reichsten Unternehmen in den USA schaffte.

Der High Tech-Boom im Valley

Obwohl der Name «Silicon Valley» weltberühmt ist, findet er sich jedoch auf keiner Landkarte. Das Silicon Valley verdankt seinem Namen dem Silizium, dem Stoff aus dem die Chips gebaut werden. Als der Computerriese Intel im Jahr 1971 seinen ersten Mikroprozessor herausbrachte, schrieb der Journalist Don Hoefler gerade eine Artikelserie über die Halbleiterindustrie für das Fachmagazin «Electronics News». Als ihm kein Titel für seine Serie einfiel, schlug einer der Unternehmenschefs vor Ort «Silicon Valley, USA» vor. Seitdem ist der Begriff zum Synonym für Mut zum Risiko, High Tech und sagenhaften Reichtum geworden. Aus geografischer Sicht ist Silicon Valley die umgangssprachliche Bezeichnung für das südliche Gebiet der San Francisco Bay Area.

Das Silicon Valley umfasst das südliche Gebiet der San Francisco Bay Area.

Es umfasst das Santa Clara Valley und die südliche Hälfte der Halbinsel von San Francisco. Es reicht ungefähr von Menlo Park bis nach San Jose und konzentriert sich auf Sunnyvale. Die wichtigsten Städte sind Palo Alto, wo die Stanford University ihren Sitz hat, Mountain View, Sunnyvale, Cupertino, Santa Clara und am südöstlichen Ende des Tals San Jose, der mit einer Million Einwohner größten Stadt im Valley. Weitere Städte im Valley sind Alviso, Atherton, Cupertino (wo Apple beheimatet ist, Fremont, Los Altos, Los Gatos, Milpitas, Newark, Saratoga und Union City.

Es begann in einer Garage – das heutige Apple-Firmengebäude in Cupertino.

Zu den wichtigsten der im Valley zu findenden High Tech-Unternehmen gehören: Hewlett-Packard, die nach IBM größte Computerfirma der Welt, Intel, der Weltmarktführer in der Chip-Herstellung, die Firma Apple Computer, von der noch die Rede sein wird, Sun und Silicon Graphics als Hersteller für Workstations, Seagate Technology, Quantum und Oracle, die größte Datenbank-Firma der Welt, Cisco Systems, Adobe, Electronic Arts sowie die Internet-Suchdienste Google und Yahoo.

Die massive Konzentration von Computer-Unternehmen geht hauptsächlich auf zwei Männer zurück, William B. Shockley und Frederick Terman. Der Stanford-Professor Terman erkannte, dass die riesigen Areale, die der Universität gehörten, perfekt für die Ansiedlung von Unternehmen geeignet seien. Er initiierte ein Programm, das die Studenten durch Kapitalhilfen dazu ermutigte in dem Gebiet zu bleiben. Eines der erfolgreichsten Resultate dieses Programms war die Firmengründung der Studenten William Hewlett und David Packard. Das von den beiden Studenten gegründete Unternehmen wurde zur ersten High Tech-Firma im Valley, das nicht in direkter Verbindung zur NASA oder der US

Navy stand. Zur Zeit des Koreakrieges flossen weitere finanzielle Mittel in das Valley. 1955 waren bereits sieben Firmen im Stanford-Research-Park angesiedelt. 1970 waren es schon über 70. Für die militärische Raketentechnik wurden ständig neue Geräte und Verfahren entwickelt. Durch seine guten Beziehungen zur US-Regierung erreichte Terman, dass ein Großteil dieser Projekte nach Stanford vergeben wurde. Zwischen 1950 und 1954 wurden über 13 Milliarden von der US-Regierung in der Region investiert.

Aufgrund der positiven Aufbruchstimmung, die sich gegen Mitte der fünfziger Jahre im Valley breit machte, entschied sich William B. Shockley, der 1953 die Bell Laboratories verlassen hatte, ebenfalls in das boomende Tal zu kommen. Shockley war ein Exzentriker, der unter anderem für seine plastischen Schilderungen von wissenschaftlichen Sachverhalten bekannt war: Als man ihn zum Beispiel darum bat, den Begriff der Verstärkung zu erklären, antwortete er:

«Wenn Sie einen Heuballen nehmen und ihn einem Maultier an den Schwanz binden, wenn Sie dann ein Streichholz nehmen und das Heu in Brand stecken und wenn Sie die Energie, die das Maultier kurz danach aufwendet, mit der Energie vergleichen, die Sie aufgewendet haben, als Sie das Streichholz angezündet haben, dann wissen Sie, was Verstärkung bedeutet.»

1956 gründete er in Mountain View die Firma Shockley Semiconductor, wo er einen neuartigen Transistor, die Shokley-Diode, entwickelte und weitere Transistoren serienmäßig produzierte.

Shockley war zwar ein begabter Wissenschaftler, unter dessen Regie der Transistor erfunden worden war, doch er war leider äußerst unbegabt auf dem Gebiet der Menschenführung. Am 1. November 1956 erhielt Shockley gemeinsam mit seinen damaligen Mitarbeitern John Bardeen und Walter Brattain den Nobelpreis für die Erfindung des Transistors, doch mit seiner eigenen Firma war er weniger erfolgreich. Shockley befürchtete, dass die Angestellten seiner Firma Shockley Semiconductor Betriebsgeheimnisse ausplauderten und verlangte unter anderem Lügendetektor-Tests von seinen Mitarbeitern.

Die Tatsache, dass er zudem die Gehälter seiner Angestellten öffentlich bekannt gab, trug ebenfalls nicht gerade zur Schaffung eines positiven Betriebsklimas bei. Acht seiner besten Mitarbeiter verließen deshalb 1957 Shockley und gründeten die Firma Fairchild Semiconductor. Unter der Führung von Robert Noyce wurde Fairchild die erste Firma die erfolgreich so genannte «Integrierte Schaltungen» herstellte.

Die mikroelektronische Revolution

Während seiner Zeit bei den Bell Laboratories war Shockley maßgeblich bei der Erfindung des Transistors im Jahre 1946 beteiligt gewesen. Damals hatte er versucht, das «Halbleiter-Problem» zu lösen, wobei es darum ging, den Elektronenfluss dazu zu bringen, innerhalb eines massiven Halbleiter-Blocks genau vorgegebenen Wegen zu folgen. Doch er kam mit seinen Silizium-Experimenten nicht weiter und übertrug das Problem an zwei seiner Mitarbeiter. Die Entwicklungsarbeit erwies sich als äußerst kompliziert; doch schließlich gelang es den Mitarbeitern Shockleys das Problem zu lösen. Wenn man zwei feine Drähte auf einem Halbleiter an der richtigen Stelle befestigte und dabei ein spezielles dotiertes Material verwendete, konnte man den Fluss der Elektronen lenken. Das Prinzip des Transistors war geboren. Mit Hilfe des Transistors konnte elektrischer Strom ohne Hilfe von Vakuum-Röhren verstärkt werden – ein enormer Fortschritt, denn im Vergleich zur Vakuum-Röhre waren Transistoren robuster, kühler und kleiner.

Man bedenke, dass zum Beispiel der erste elektronische Allzweck-Rechner, der *ENIAC* (Electronic Numerical Integrator And Computer), der im November 1945 an der University of Pennsylvania vorgestellt wurde, drei Millionen Dollar kostete und 20 Tonnen wog.

Die Bezeichnung «Computer» taucht übrigens in der Technikgeschichte zum ersten Mal 1646 bei Thomas Browne auf, der mit ihr Menschen bezeichnet, die bei der Erstellung von Kalendern die Zeit erfassen. Etwa zu gleichen Zeit entwickelte der englische Mathematiker Edmund Gunter ein Gerät, das als Urvater des Rechenschiebers gilt. Die erste digitale Rechenmaschine wurde von dem französischen Mathematiker und Philosophen Blaise Pascal konstruiert.

Im Verlauf der folgenden Jahrhunderte ebneten eine Vielzahl von Mathematikern und Technikern der Entwicklung des modernen Computers den Weg. Ein wichtiger Quantensprung zeichnete sich in den vierziger Jahren des vergangenen Jahrhunderts ab, als der deutsche Erfinder Konrad Zuse, mit dem Zuse Z3 die erste vollautomatische Rechenanlage konstruierte.

Zur gleichen Zeit wurde an der Harvard University in Cambridge, Massachusetts der Mark I fertig gestellt. Der von Howard H. Aiken entwickelte Mark I hatte eine Länge von 15 Metern, bestand aus 70.000 Einzelteilen und 80 Kilometer Leitungsdraht. Der Mark I war der erste vollautomatisch arbeitende Rechner, der in den USA entwickelt wurde.

Als erster programmierbarer digitaler Rechner gilt schließlich der anfangs erwähnte ENIAC, der auf Röhrenbasis arbeitete und im Gegensatz zu den späteren Computern noch dezimal und nicht binär funktionierte. Mit ihm begann die Ära der frei programmierbaren und damit multifunktional einsetzbaren modernen Computer.

Der Transistor war die Grundlage für den atemberaubenden Prozess der Miniaturisierung, der in der Folgezeit bei der Produktion von elektronischen Geräten einsetzte. In der heutigen Zeit ist die Miniaturisierung so weit fortgeschritten, dass Transistoren mikroskopische Dimensionen besitzen. Bereits nach weniger als einem Jahr nach seiner Entdeckung wurde der Transistor schon kommerziell genutzt und 1954 waren bereits über eine Million Transistoren an Unternehmen wie General Electrics und Texas Instruments verkauft worden. Die Transistoren wurden zum unsichtbaren elementaren Baustein für sämtliche Geräte des digitalen Zeitalters. Bei den ersten Transistoren wurde als Material Germanium verwendet; doch bald fand man heraus, dass Silizium besser geeignet war.

Die einzelnen Bauteile wie Prozessor, Arbeitsspeicher oder Grafikkarte im Inneren eines Computers bestehen aus einer riesigen Anzahl von Transistoren, die jeweils verschieden angeordnet sind, um unterschiedliche Aufgaben erledigen zu können. Auf einem einzelnen Chip lassen sich mehrere Millionen Transistoren unterbringen. Transistoren sprechen die binäre Sprache des Computers. Sobald an die Basis des Transistors eine Spannung angelegt wird, fließt Strom; dies entspricht der Binärzahl 1.

Wird die Polarität gewechselt, fließt kein Strom; dies entspricht der Binärzahl 0. Mit diesem Zeichenvorrat sowie einer Reihe von logischen Regeln verrichtet der Rechner im Hintergrund seine Arbeit, während im Vordergrund auf dem Bildschirm eine Textverarbeitung, ein Spiel oder was auch immer erscheint.

Ein weiterer Meilenstein in der Geschichte der Computertechnik war die Entdeckung der in Silikon integrierten Schaltung durch Robert Noyce im Jahre 1958. Beinahe zeitgleich wurde die integrierte Schaltung von Jack St. Clair Kilby bei Texas Instruments entdeckt. Kilby sicherte sich auch als Erster das entsprechende Patent. Fairchild Semiconductor – die Firma bei der Noyce arbeitete – brachte allerdings integrierte Schaltungen vor Texas Instruments in lauffähiger Form auf den Markt, was zu einem zehnjährigen Patentrechts-Streit mit Texas Instruments führte, der mit einem Vergleich endete. Noyce gründete dann 1968 gemeinsam mit Gordon Moore die Firma Intel, deren Präsident Noyce bis 1975 war.

Vom Transistor zum Computerchip

Auf jeden Fall wurde es nun erstmals möglich, Dutzende von Transistoren auf einem einzigen Chip unterzubringen. Ein weiterer Entwicklungs-Sprung war die Einführung der VLSI (Very Large Scale Integration) in der Transistortechnik. Nun war es auch möglich, Millionen von Transistoren auf einen Chip zu packen. Die Ära des Personalcomputers begann, wobei die ersten PCs noch als Platinen-Bausätze verkauft wurden.

Der Apple II, der IBM PC und der erste Macintosh: drei wichtige Vertreter aus der Frühphase der PC-Ära.

Der Apple I aus dem Jahre 1976 ist ein typisches Beispiel für diese Frühphase der PC-Ära. Mitte der achtziger Jahre folgte ein weiterer Entwicklungssprung mit der Einführung von RISC-Prozessoren und in den neunziger Jahren tauchten erstmals superskalare Prozessoren auf. Um ein Gefühl für die Größenordnung zu vermitteln, in der sich die heutige Transistortechnik bewegt, sei die folgende Zahl genannt: Im neuen Spitzenmodell von Apple – dem G5 – befinden sich etwa 58 Millionen Transistoren auf dem von IBM hergestellten Prozessor-Chip.

Transistoren werden aus Silizium hergestellt. In der Natur ist Silizium in Form von Siliziumdioxid zu finden, das nicht leitend ist. Durch das Hinzufügen einiger Materialien (Dotierung) wird Silizium zu einem Halbleiter. Wenn Phosphor hinzugefügt wird, erhält Silizium eine positive Ladung. Wenn Bor hinzugefügt wird, enthält es eine negative Ladung. Ein Transistor besteht mit der Basis, dem Emitter und dem Kollektor aus drei Silizium-Schichten. Im einfachsten Fall wird eine p-dotierte Schicht von zwei n-dotierten Schichten umschlossen. Man nennt dies einen Transistor mit n-p-n-Aufbau. Eine p-dotierte Schicht bietet Anlaufstellen für freie Elektronen und wird deshalb auch als Akzeptator bezeichnet. Eine n-dotierte Schicht erhöht dagegen die Anzahl der zum Ladungs-Transport dienenden freien Elektronen und wird daher als Donator bezeichnet.

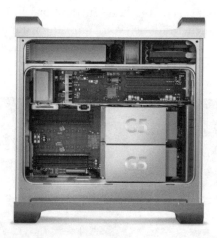

Bei Apples Spitzenmodell – dem G5, hier in der Dual-Prozessor-Version – befinden sich rund 58 Millionen Transistoren auf dem Prozessor-Chip.

Mehrere Transistoren können zu einer integrierten Schaltung «IC» – dem Integrated Circuit – zusammengefasst werden. Auf einem Chip können zahlreiche derartiger ICs untergebracht werden. Da die Binärzahlen 0 und 1 auch als Wahrheitswerte *Falsch* und *Wahr* fungieren können, ist es durch Transistor-Kombinationen möglich, auch so genannte «logische Gatter» zu erzeugen. Logische Gatter enthalten logische Verknüpfungen wie AND oder OR. Im Gatter werden Eingangs-Spannungen zu einer höheren oder niedrigeren Ergebnis-Spannung verknüpft. So wird beispielsweise bei einem AND-Gatter nur dann eine 1 ausgegeben, wenn beide Eingänge mit einer 1 belegt sind. Da logische Operationen in der angedeuteten Form im Wesentlichen von den Transistoren übernommen werden, steht die Anzahl der in einem Chip integrierten Transistorfunktionen in direkter Beziehung zur Leistungsfähigkeit des jeweiligen Rechners.

Der Chip als zentrales Bauelement für Computersysteme jeglicher Art wurde im Jahre 1958 von dem Ingenieur Jack Kilby bei Texas Instruments erfunden. Seit 1965 ersetzen Chips in Computern die früheren nicht integrierten Schaltungen. Als Grundmaterial zur Chip-Herstellung fungiert zumeist Silizium, dessen Hauptbestandteil Sand in der Natur reichlich vorhanden ist, jedoch zur industriellen Verwendung zunächst gereinigt, geschmolzen und zu großen Kristall-Stäben geformt wird. Jeder Stab besitzt anschließend einen Durchmesser von etwa 20 cm und ist über einen Meter lang. Die Stäbe werden mit einer Präzisionsdiamantsäge in tausende so genannter Wafer, der englischen Bezeichnung für «Waffeln», mit einer Dicke von weniger als einem Millimeter zersägt und hochglanzpoliert.

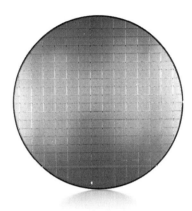

Auf einem Wafer werden so viele Chips wie möglich untergebracht, wobei im Zuge der technologischen Entwicklung die Schaltkreise und Transistoren immer kleiner werden.

Das fotolithografische Verfahren zur Herstellung von Chips beginnt mit der Beschichtung des Wafers mit einer Schicht von speziell dotiertem Halbleiter-Material, die mit Foto-Lack überzogen wird. Im Anschluss daran wird das Abbild des Chips auf die nunmehr lichtempfindliche Oberfläche des Materials projiziert. Dotieren bedeutet, dem Silizium Verunreinigungen hinzuzufügen, um es elektrisch leitend zu machen. Der Projektor besitzt in der Regel mehrere Masken, die das Licht auf die Oberfläche des Wafers durchdringen lassen. Für jeden Prozessor wird pro Schicht eine Maske verwendet. Sobald der Wafer vollständig mit Schaltkreisen bedruckt worden ist, wird der unbelichtete Fotolack mit einer ätzenden Lösung abgewaschen. Zurück bleibt ein Abdruck der Maske, welcher die Schaltkreise und die Verbindungen zwischen den einzelnen Schichten enthält. Sukzessive werden auf diese Weise weitere Schichten angelegt, bis der Chip fertig ist. Auf einem Wafer werden stets so viele Chips wie möglich untergebracht. Die Entwicklung geht in Richtung auf immer kleiner Schaltkreise und Transistoren mit größeren Wafern.

Es sind jedoch niemals sämtliche Chips auf einem Wafer wirklich funktionsfähig, insbesondere, wenn gerade eine neue Produktionslinie gefahren wird. Je stärker der Herstellungs-Prozess optimiert wird, desto mehr Chips sind brauchbar, wobei das Verhältnis zwischen brauchbaren und nicht brauchbaren Chips als

Ausschuss bezeichnet wird. Gegen Ende einer Chip-Generation beträgt die Ausbeute in etwa 90 Prozent. Die Chip-Produzenten rücken jedoch in der Regel kaum mit diesbezüglichen Angaben heraus. Eine geringe Ausbeute bedeutet natürlich höhere Kosten pro Chip und falls ein Konkurrent über die Ausbeute bei einem bestimmten Chip informiert ist, kann er gegebenenfalls produktions- und preistechnische Anpassungen vornehmen, um auf diese Weise einen höheren Marktanteil zu erzielen. In den Jahren 1998 und 1999 gab es beispielsweise bei dem großen Chip-Hersteller AMD schwerwiegende Probleme mit der Ausbeute, die zu erheblichen Marktanteils-Verlusten für AMD führten.

Nicht brauchbare Chips werden gekennzeichnet, um später aussortiert werden zu können. Danach erfolgt mittels eines Lasers oder einer Hochleistungs-Säge die Zerlegung des Wafers in einzelne Chips. Nach diesem Vorgang werden die Chips erneut geprüft, in ein Gehäuse gesteckt und nochmals überprüft.

Das Unterbringen eines Chips in einem Gehäuse wird als «Verbinden» bezeichnet. Bei der anschließend stattfindenden endgültigen Prüfung wird ermittelt, ob die Chips bei der angegebenen Taktfrequenz problemlos funktionieren. Dabei stellt sich oftmals heraus, dass solche Chips, die von einem Wafer stammen, unterschiedliche hohe Taktfrequenzen verkraften. Mit zunehmender Optimierung des Herstellungs-Prozesses einer Chip-Generation nimmt für gewöhnlich auch die Ausbeute an Chips, die eine höhere Taktfrequenz als die ursprünglich vorgesehene erlauben, zu. Dem Endkunden werden derartige Chips häufig mit einem niedrigeren Nennwert als dem eigentlich erreichbaren verkauft.

Mit Hilfe von technischen Manipulationen können Chips auch über den vom Hersteller genannten Wert getaktet werden.

Technisch versierte Anwender sind diesem Verfahren jedoch auf die Schliche gekommen und seitdem gibt es das Phänomen der Übertaktung. Mittels gewisser technischer Tricks lassen sich Chips vom Anwender so manipulieren, dass eine höhere Taktfrequenz erzielt wird, als diejenige, die als Nennwert vom Hersteller für den jeweiligen Chip angegeben wird.

Das Spiel mit der Übertaktung erfreut sich nach wie vor bei PC- wie bei Mac-Anwendern ungebrochener Beliebtheit, wenngleich damit natürlich gewisse Risiken verbunden sind.

Intel und das Mooresche Gesetz

Nach zehn Jahren verließen Gordon Moore und Robert Noyce Fairchild, um gemeinsam mit dem Risikokapitalgeber Arthur Rock die Firma Intel zu gründen. Der Name steht für INTegrated ELectronis. Moore und Noyce trieben die Entwicklung und Forschung im Bereich der Datenspeicherung in den folgenden Jahren bedingungslos voran. Intel wurde auf diese Weise mit einem Marktanteil von rund 80 Prozent zum Weltmarktführer für Speicher-Chips.

Der Intel-Gründer Gordon Moore sagte in seinem gleichnamigen Gesetz voraus, dass sich in bestimmten Intervallen die Leistung von Prozessoren verdoppelt, während gleichzeitig der Preis drastisch abnimmt.

Drei Jahre bevor er die Firma Intel mitbegründete, verfasste Moore für die Zeitschrift «Electronics» einen Artikel, in dem er prophezeite, dass sich die Leistungsfähigkeit und Komplexität von integrierten Schaltungen von Jahr zu Jahr verdoppeln werde. Moores berühmte Prophezeiung erwies sich als nicht ganz korrekt, da die spätere Praxis bei Intel zeigte, dass es durchschnittlich nicht alle zwölf, sondern alle achtzehn Monate zu einer Verdoppelung der Prozessor-Leistung kam.

Ein Trend, der sich während der gesamten siebziger Jahre so eindeutig fortsetzte, dass man ihn logarithmisch darstellen konnte, wenn man die Leistung auf der y-Achse und die Jahre auf der x-Achse auftrug. Die Konsequenz dieses erstaunlichen Phänomens, das später unter der Bezeichnung «Mooresches Gesetz» berühmt wurde, war die dramatische Verbilligung von Computer-Prozessoren.

Wenn die Preise für Prozessoren alle achtzehn Monate fielen, konnte man voraussagen, wann es wirtschaftlich sinnvoll sein würde, Mikroprozessoren in Haushaltsgeräte oder Autos einzubauen. Obwohl das Mooresche Gesetz gerade in Bezug auf die Entwicklung des PC-Marktes von größter Bedeutung war – da sich, falls Moore Recht hatte, PCs für den Massenmarkt immer billiger herstellen lassen würden –, sah man bei den großen Computerfirmen wie IBM anfangs noch nicht, wozu ein Computer überhaupt für einen «Otto Normal-Verbraucher» gut sein sollte.

Während Computer-Pioniere wie die Gründer von Apple schneller als viele andere die Konsequenzen des Mooreschen Gesetzes für ihren Unternehmens-Erfolg nutzten, fehlte es selbst einem so genialen Geist wie Gordon Moore zunächst noch an dem nötigen Weitblick, um die dramatischen Folgen seines Gesetzes auf den PC-Markt absehen zu können.

Als einige Intel-Techniker Moore 1975 Pläne für einen Consumer Desktop Computer präsentierten, fragte dieser nur lakonisch, wozu ein solches Gerät denn gut sein solle. Das einzig konkrete Beispiel, dass ihm seine verdatterten Techniker nennen konnten, lautete: «Eine Hausfrau kann damit ihre Rezepte speichern.»

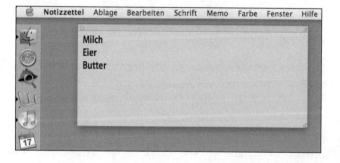

Die Visionen eines Weltmarktführers: Während Desktop Computer heute ein selbstverständlicher Alltags-Gegenstand sind, fiel den Intel-Technikern gegen Mitte der siebziger Jahre als einziger Verwendungszweck für einen «Otto Normal-Verbraucher»-PC das Speichern von Kochrezepten ein.

Für Moore war das Thema «Desktop Computer» damit erst einmal erledigt. Moore hatte in gewisser Weise auch vollkommen recht; denn es reichte ja keineswegs aus, nur einen leistungsfähigen Computer auf den Markt zu bringen. Es war zudem notwendig, die zugehörige Software zu entwickeln, die einen solchen Computer auch für «Normal-Sterbliche» erst bedienbar machte. Die Firma Intel war jedoch zu sehr durch ihre Entwicklungsaufgaben für Industrie-Kunden ausgelastet, um sich auf solche Abenteuer mit ungewissem Ausgang einzulassen.

Eine Ironie der Geschichte liegt darin, dass der in der Frühphase von Apples Aufstieg zur börsennotierten Computerfirma wichtigste Kapitalgeber, A. C. «Mike» Markkula Jr., 1971 jeden Cent, der er besaß, in Intel-Aktien investiert hatte und mit diesen Papieren später so steinreich wurde, dass er die knapp 100.000 Dollar, die er in Apple investierte, sozusagen aus der Portokasse bezahlen konnte.

Die von Moore prognostizierte Verdoppelung der Leistung von Mikroprozessoren wird durch eine immer höhere Dichte von Transistoren innerhalb einer integrierten Schaltung erreicht. Bis zum heutigen Tag ist das Mooresche Gesetz prinzipiell gültig geblieben. Es deutet sich allerdings eine technische Schallmauer an, wenn ein Transistor die Ausdehnung weniger Atome erreicht hat. Laut Meinung der Experten wird das Mooresche Gesetz noch rund zehn Jahre gültig bleiben. Paolo Gargini, einer der Vordenker bei Intel, hat vorausgesagt, dass Mikroprozessoren im Jahr 2014 aus 64 Milliarden Transistoren mit Takt-Raten von 36 Gigahertz bestehen werden. Gordon Moore ist nach wie vor Mitglied im Aufsichtsrat von Intel und genießt ansonsten seit 1997 seinen Ruhestand in der Sonne Kaliforniens.

Gordon Moore – der langjährige Mann an der Spitze von Intel und Erfinder des Mooreschen Gesetzes.

Steve Jobs – ein Kind des Silicon Valley

Die Entwicklung vom Transistor über die integrierte Schaltung zum Chip machte die Gründung und den Aufstieg von Unternehmen wie Apple, IBM oder Intel als Protagonisten der PC-Revolution möglich. Bei der Entwicklung der frühen Computertechnik, welche die Grundlagen für den modernen PC schuf, lassen sich im Rückblick drei Computer-Generationen unterscheiden. Die erste Generation waren die zumeist mit Vakuum-Röhren betriebenen «Monster-Computer» (1941-1955). Die zweite Generation waren die auf Transistoren basierenden Computer (1955-1964).

Die dritte Generation ist durch die Ablösung der Transistoren durch integrierte Schaltkreise gekennzeichnet (1964-1973). 1973 konstruierten Edward Roberts, William Yates und Jim Bybee den MITS Altair 8800, der den Beginn der PC-Ära markierte.

Heute existieren im Silicon Valley über 7000 Software- und Elektronik-Firmen. Hinzu kommen jedes Jahr hunderte von Start-ups. 20 der 100 größten High Tech-Unternehmen der Welt wurden im Silicon Valley gegründet. Die beiden Apple-Gründer Steve Jobs und Steve Wozniak, die mit ihrer Computer-Pionierarbeit einen wichtigen Beitrag zu dieser Revolution geliefert haben, wuchsen beide im Silicon Valley mitten in der Boom-Zeit der elektronischen Industrie auf.

Vermutlich verkörpert kaum eine Persönlichkeit die Essenz des Silicon Valley in so konzentrierter Form wie Steve Jobs, der ständig zwischen den beiden Extrempositionen – einerseits die Welt mit perfekten Computern verbessern zu wollen und andererseits diese Computer wie jedes andere beliebige Produkt einfach möglichst erfolgreich verkaufen zu müssen – hin und her pendelt.

Steve Jobs gegen Mitte der siebziger Jahre – ein typisches Kind des Silicon Valley.

Steve Jobs wurde (als Sohn unbekannter Eltern) am 24. Februar 1955 in San Francisco geboren. Seine Stiefeltern Paul und Clara Jobs, die ihn bereits als Baby adoptierten, wohnten damals im Süden von San Francisco, wo Steve seine Kindheit verbrachte. Aus beruflichen Gründen zog die Familie Jobs 1961 nach Mountain View, mitten ins Herz des heutigen Silicon Valley. Paul Jobs hatte zuvor bereits in verschiedenen Bereichen gearbeitet. Er war eine Zeit lang bei der US-Küstenwache tätig und verbrachte nun einen Großteil seiner Zeit damit, alte Autos zu reparieren und diese anschließend gewinnbringend weiterzuverkaufen. Gleichzeitig arbeitete er für eine Finanzgesellschaft als eine Art «Kredit-Eintreiber» für auf Pump gekaufte Autos. In der Nachbarschaft wohnten überall Techniker, die zum Beispiel bei HP arbeiteten. Ihre Freizeit verbrachten diese Elektronik-Freaks zumeist in den Garagen, wo sie eifrig weiter an ihren elektronischen Geräten herumbastelten. Steve entwickelte ebenfalls schon früh ein ausgeprägtes Interesse für Elektronik. Es gelang ihm, in den Hewlett Packard Explorer-Club aufgenommen zu werden.

Die Firma HP, die zunächst Oszillographen und Testgeräte herstellte, gehörte schon in den fünziger Jahren zu den wichtigsten Elektronik-Firmen im Silicon Valley.

Eine Gruppe von jungen HP-Technikern traf sich jeden Dienstagabend in der Firmen-Cafeteria, um Informationen auszutauschen und neue technische Geräte vorzuführen. Bei einem dieser Treffen sah Steve seinen ersten Computer.

> «Beim ersten Mal war ich vielleicht zwölf. Ich erinnere mich an den Abend. Sie zeigten uns einen ihrer neuen Schreibtischcomputer und ließen uns auf ihm spielen. Ich wollte unbedingt einen haben. Ich dachte, er sei ganz nett. Ich wollte an einem herummurksen.»

Anstatt wie andere Kinder Sport zu treiben, war Steve ein Dauergast in den Garagen und Laboratorien der Firma HP. Die schulischen Leistungen von Steve waren allerdings miserabel, obwohl er ganz offensichtlich ein äußerst aufgeweckter Junge war. Das Problem bestand darin, dass in der Schule, die er damals besuchte, ein recht raues Klima herrschte. Oftmals musste die Polizei gerufen werden, um Kämpfe unter den Schülern, die zum Teil aus den ärmsten Bezirken von Mountain View stammten, zu unterbinden. Nicht zuletzt aus diesem Grund entschloss sich die Familie zu einem Umzug in die Gegend von Los Altos, wo es eine bessere Schule gab.

Flower Power versus High Tech-Hedonismus – während in San Francisco der «Sommer der Liebe» gefeiert wurde, verkrochen sich die Techniker im Silicon Valley lieber in ihren zu elektronischen Forschungslabors umfunktionierten Garagen.

Als die Familie Jobs 1967 von Mountain View nach Los Altos umzog, wurden in Berkeley die ersten Demos gegen den Vietnamkrieg durchgeführt und in San Francisco der erste «Sommer der Liebe» gefeiert. Relativ unbeeindruckt von diesen gesellschaftlichen Umwälzungen gingen die Techniker im Silicon Valley weiter ihren elektronischen Tüfteleien nach.

Die Regierung war mit ihren NASA-Raumfahrtprogramm und den Raketenprojekten für die Firma Lockheed ein wichtiger Wirtschaftsfaktor für das Valley. Die meisten Menschen im wirtschaftlich aufstrebenden Tal hatten eine Arbeit. Es ging ihnen relativ gut und sie waren daher eher regierungsfreundlich eingestellt. Für die protestierenden Studenten, die ein paar Meilen weiter in Berkeley das System in Frage stellen wollten, hatte man nur wenig Sympathien.

Steve trifft «Woz»

In der Schule hatte Steve ein Problem, Anschluss an andere Mitschüler zu finden. Er war eher introvertiert und auch nicht an Mannschafts-Sportarten interessiert. Hinzu kam, dass er ein Schuljahr übersprungen hatte und ein Jahr jünger als seine Klassenkameraden war. Einer der wenigen Freunde, die Steve hatte, war sein Klassenkamerad Bill Fernandez, der wie er selbst ebenfalls ein Außenseiter war. In der Garage von Fernandez' Eltern verbrachten beide viele Stunden mit allerlei elektronischen Basteleien. In der unmittelbaren Nachbarschaft von Bill Fernandez wohnte auch Steve Wozniak, genannt Woz, der überall als genialer Tüftler, mathematisches Genie und zugleich großer Spaßvogel mit einer stark ausgeprägten Vorliebe für subtile Streiche bekannt war. Während sich Steve und Fernandez gerade in der Pubertät befanden, war Woz bereits achtzehn Jahre alt – und den beiden auf dem Gebiet der Elektronik um Lichtjahre voraus.

«Woz» galt schon als Teenager als mathematisches Genie. Auf technischem Gebiet konnte Jobs ihm nicht das Wasser reichen. Jobs verfügte dafür über eine blitzschnelle Auffassungsgabe gekoppelt mit einem stark ausgeprägten Geschäftssinn.

Während die Beschäftigung mit Elektronik bei Steve und Bill Fernandez doch einen eher spielerischen Charakter hatte, entwarf Woz eifrig Schaltpläne und verbrachte häufig ganze Wochenenden in der Bibliothek des Stanford Linear Accelerator Center, um die neueste elektronische Fachliteratur in sich aufzusaugen. Woz war schon in frühester Kindheit durch seine Eltern mit Elektronik in Berührung gekommen. In diesem Sinne verkörperte er geradezu den Prototyp des Silicon Valley-Kids. Er hatte schon als Kind Zugang zu Transistoren, Widerständen und Taschenradios. Woz hatte Fernandez schon einige Male geholfen, wenn dieser mit einer elektronischen Bastelei nicht weiterkam. Und so kam es dazu, dass Fernandez eines Tages die beiden Steves miteinander bekannt machte. Dieses erste Treffen im Jahre 1971 verlief jedoch wenig spektakulär.

Schon bald verloren sich beide nicht zuletzt auch wegen des Altersunterschieds aus den Augen. In der Zwischenzeit eignete sich Steve kontinuierlich weiteres praktisches Know-how an, da er mit Fernandez eine Vielzahl von Geräten zusammenschraubte. Mit ihren selbst konstruierten Geräten nahmen beide auch an lokalen Wettbewerben teil, jedoch ohne jemals – im Gegensatz zu Woz – einen Preis zu gewinnen. Auch nach seinem Umzug nach Los Altos blieb Steve Mitglied im HP Explorer-Club, wo er einen Frequenzzähler konstruierte – ein Gerät, mit dem sich das Auftreten einer elektronischen Spannung innerhalb eines Stromkreises registrieren ließ. Er stellt das Gerät jedoch niemals fertig.

1968 trat Steve in die Homestead High School ein. Er begann nun allmählich neben Elektronik auch ein Interesse für das andere Geschlecht zu entwickeln, wobei er sich allerdings nicht sonderlich geschickt anstellte. Zugleich veränderte sich sein spielerisches Interesse an elektronischen Dingen. Er machte sich nun zunehmend Gedanken darüber, wie man mit elektronischen Geräten Geld verdienen konnte.

Auf einem Markt für Elektronikzubehör kreuzten sich die Wege der beiden Steves erneut. Steve war häufig in dem Elektronikmarkt, weil sein neues Hobby darin bestand, die Preise für elektronische Bauteile genauestens zu studieren. Woz war während der Sommermonate des Jahres 1969 gerade dabei seinen ersten Computer zu konstruieren, den so genannten «Creme-Soda-Computer» (die Namensgebung ist darauf zurückzuführen, dass Woz bei der Arbeit an dem Computer stets Creme-Soda trank).

> «Nach einigen Jahren am College konnte ich endlich den ersten Computer bauen, den ich selbst entworfen hatte. Ich redete mit Fairchild, einer ortsansässigen Halbleiterfirma, die mir einige Teile zur Verfügung stellte. Dieses einfache Gerät habe ich von Grund auf entwickelt. Es war ein 8-Bit-Computer der nur Schalter und Leuchtdioden als Ein- und Ausgabeeinheiten besaß. Aber innen war es ein richtiger Computer mit Registern und allem, was dazugehörte. Man konnte mit ihm Multiplikationsaufgaben lösen und ein-

fache Spiele programmieren. Die Schalter waren in der richtigen Reihenfolge einzustellen, ein separater Knopf war zu drücken, und dann hatte man 1 Bit im Speicher. Dieselbe Prozedur musste man zirka zwanzig Minuten lang wiederholen, um ein kurzes Programm zu speichern. Es war viel zu kompliziert um nützlich zu sein oder irgendeine nützliche Aufgabe zu erfüllen. Aber es war immerhin ein Computer. Ich hatte mein Lebensziel, einen Computer zu besitzen, der damals noch teurer als ein Haus war, erreicht.»

Als der Creme-Soda-Computer soweit funktionierte, brachte Fernandez, der am Bau des Computers beteiligt gewesen war, seinen anderen Schulfreund Steve Jobs mit zur Garage, um ihm das technische Meisterwerk vorzuführen. In der Folgezeit intensivierte sich der Kontakt zwischen den beiden Steves. Beide hatten ein gemeinsames Interesse für Computer, allerdings mit unterschiedlichen Schwerpunkten. Während Woz den klassischen Typus des Tüftlers und Bastlers verkörperte, der stets auf der Suche nach neuen Herausforderungen für seinen genialen Ingenieursgeist war, schien der Computer für Jobs eher ein Mittel zum Zweck zu sein, um möglichst schnell reich und berühmt zu werden. Durch den Kontakt mit Woz wurde Steve auch noch stärker bewusst, dass sein eigenes Talent eher im Verkauf als in der Entwicklung von elektronischen Geräten bestand. Oder, um es mit Steve Jobs eigenen Worten zu sagen:

«Er war der erste, den ich traf, der mehr von Elektronik verstand als ich.»

Der Altersunterschied von fünf Jahren und die unterschiedlichen Schulen, die sie besuchten, führten zwar immer wieder zu Trennungen, doch trotzdem blieben beide in Verbindung zueinander. Anfang 1971 schrieb sich Woz zum Studium in Berkeley ein, wo ihn Steve häufig mit seinem Auto besuchte, einem roten Fiat Coupé, das er mit Hilfe seines Vaters gekauft hatte. Die von der Protestbewegung der Hippies geprägte Atmosphäre in Berkeley zog ihn immer wieder an. Zugleich entwickelte er nun auch ein Interesse für Literatur und Kunst – sofern er nicht gerade damit beschäftigt war, mit seinem Freund Woz wieder einen verwegenen Streich mit seinem Freund Woz auszuhecken. Mit 16 verbrachte Steve sein letztes Jahr auf der High School. Er hatte nun auch in Colleen Sampson seine erste große Liebe gefunden, die sich an den individualistischen Zug erinnert, durch den Steves Persönlichkeit schon damals stark geprägt war:

«Er lief in den zerrissensten Jeans herum – eigentlich überhaupt mehr Risse als Hose. Er schlurfte umher und sah halbverrückt aus. Gerade deswegen mochte ich ihn.»

Die beiden Steves als Hacker

Ende 1971 stieß Woz auf einen Artikel, in dem beschrieben wurde, wie sich mithilfe bestimmter akustischer Signale Vermittlungstöne von Telefongesellschaften simulieren ließen und man so kostenlos telefonieren konnte. Woz war ohnehin stets zu Späßen jeglicher Art aufgelegt und er wusste, dass sein Freund Steve schon einmal mit einem Frequenzgenerator zu tun gehabt hatte. Er rief also seinen Freund an und schwärmte von der spannenden und geheimnisvollen Welt, die einem offen stand, – wenn man nur über ein wenig technisches Know-how verfügte. Nach einigen Monaten gelang es den beiden Steves tatsächlich einen funktionierenden Frequenzgenerator zu konstruieren, mit dem man wirklich rund um die Welt kostenlos telefonieren konnte.

Das illegale Telefonieren mithilfe der so genannten Blue Boxes wurde als Phonephreaking bezeichnet. Und die Leute, die sich diesem Hobby widmeten, können als die Vorläufer der späteren Hacker betrachtet werden. Steve & Steve wollten an weiteres Know-how gelangen und versuchten mit John Draper, dem Papst des «Phone-phreakings», in Kontakt zu kommen. (In der Szene war Draper unter dem Namen «Captain Crunch» bekannt.

Auf der Homepage von John Draper alias «Captain Crunch» findet man zahlreiche Bilder und Anekdoten aus den guten alten Hackerzeiten.

Der Name rührte daher, dass Draper in einer Schachtel Cornflakes der Marke Captain Crunch eine Pfeife gefunden hatte, mit der sich exakt jener Ton simulieren ließ, um kostenlos bei der Telefongesellschaft AT&T zu telefonieren.

Eines Tages kam tatsächlich ein Treffen mit dem berühmten Captain Crunch zustande, der die beiden Steves in die Geheimnisse des Phone-phreakings einwies. Jon Draper arbeitete nach dem Ende seiner Telefon-Hackerkarriere auch einige Jahre bei Apple und programmiert heute Sicherheits-Software.

Woz studierte weiterhin in Berkeley und konstruierte nebenbei weitere «Blue Boxes», um so stundenlang umsonst telefonieren zu können. Und Jobs sah schon früh die verlockenden finanziellen Perspektiven, die sich durch das Geschäft mit den illegalen Produkten eröffneten. Letztlich hatten beide kaum das Gefühl, etwas Unrechtes zu tun, da den Telefongesellschaften durch das Phone-phreaking «im Grunde» (…) ja keine zusätzlichen Kosten entstanden.

Woz ging es bei seinen Telefon-Manipulationen stets mehr um den Spaß als um das Geld. So richtete er als einen seiner typischen humorvollen Streiche den kostenlosen Telefon-Service «Dial-a-Joke» ein, der im Laufe der Zeit von Tausenden von Anrufern in der San Francisco Bay Area frequentiert wurde. Jeden Tag konnte man über die von Woz benutzte Telefonnummer einen neuen Witz abrufen. Zumeist waren es polnische Witze, die Woz mit gekonntem polnischen Akzent vortrug. Eines Tages rief eine junge Dame namens Alice Robertson bei Woz an, der mit ihr wettete, dass er den Hörer schneller als sie auflegen könne. Daraufhin folgten weitere Telefongespräche, die schließlich dazu führten, dass sich die beiden einige Wochen später zu einem Treffen verabredeten. Ein Jahr später heiratete Woz Alice Robertson.

Eine Zeit lang verkaufte Jobs die von Wozniak konstruierten illegalen Geräte in Studentenwohnheimen, bei denen er die Funktionsfähigkeit der Blue Boxes demonstrierte. Bei diesen Vorführungen genoss es Woz, im Mittelpunkt zu stehen; seine Erläuterungen «krönte» er gerne durch eine Reihe von internationalen Anrufen, die er kostenlos mit Hilfe seiner Blue Box durchführte. Eines Abends rief Woz sogar im Vatikan an, wo er sich als Henry Kissinger ausgab und darum bat, den Papst sprechen zu können.

Die Vermittlung stellte zu einem Bischof durch, der das Gespräch wohl dolmetschen sollte, doch der fiel nicht auf Woz Schwindel herein. Nachdem das illegale Telefonieren jedoch immer populärer wurde und internationale Verbindungen zunehmend von irgendwelchen Freaks in Beschlag genommen wurden, ergriffen die großen Telefongesellschaften Gegenmaßnahmen. Das Phone-phreaking wurde juristisch als Betrugsdelikt eingestuft und Draper, der Guru der Szene wurde zu fünf Jahren Haft auf Bewährung und einer Geldstrafe in Höhe von 1.000 Dollar verurteilt. Die Ära des Phone-phreakings neigte sich mit Drapers Verhaftung im Jahre 1972 ihrem Ende zu.

Jobs «Hippie-Studium» in Oregon

Jobs ging 1972 an das Reed College in Portland, Oregon. Seine Eltern waren entschieden gegen die Idee ihres Adoptivkindes: Einerseits aufgrund der enormen Entfernung und andererseits aufgrund der enormen Kosten. Schließlich gelang es Steve jedoch seine Eltern zu überzeugen, dass Reed das einzige College sei, das überhaupt für ihn in Frage käme. Er nahm jedoch kaum am akademischen Leben teil. Stattdessen probierte er alle möglichen Drogen aus und beschäftigte sich intensiv mit östlichen Religionen und Meditationstechniken. Woz kam ihn während dieser Zeit – obwohl er im weit entfernten Berkeley studierte – des Öfteren mit dem Auto in Oregon besuchen. Da die Besuche in Oregon, das Studium und sein Auto Einiges kosteten, nahm Woz einen Nebenjob als Entwickler für elektronische Schaltkreise bei HP an, während Steve Jobs sich in Oregon auf die Suche nach seinem «inneren Ich» begab.

Steve Jobs wollte keinesfalls ein kalifornisches College besuchen, sondern an einen Ort, der möglichst weit weg von zu Hause entfernt war, um so seine Selbständigkeit unter Beweis zu stellen.

Woz beschreibt rückblickend die spirituelle Phase seines Freundes wie folgt:

> «Steve hatte damals einen freieren Geist als ich. Er trug nicht mal Sandalen und lief die meiste Zeit barfuß umher. Er reiste nach Indien, um dort mit den Gurus im Ganges zu baden und probierte immer mehrere Dinge gleichzeitig. Er besuchte das Reed-College und ich fuhr ihn dorthin, von Kalifornien nach Portland. Ich besuchte ihn beinahe jede Woche und fuhr die Strecke sicher ein Dutzend Mal. Er hatte verschiedene Kurse belegt, aber er besuchte diese nie. Stattdessen nahm er an Kursen teil, die er nicht belegt hatte. Er besuchte Kurse über Shakespeare und Literatur, mit denen er nichts zu tun hatte.»

Das Reed College war ein äußerst ambivalenter Ort, da es einerseits eine hoch angesehene akademische Institution, andererseits aber zugleich ein Mekka für die Priester der Hippiebewegung war. Es gab ständig Konzerte von Protestsängern und Vorträge von Schriftstellern und Wissenschaftlern, die nach Reed kamen, um ihre neuesten Schriften gegen das Establishment vorzustellen. Eine besonders schillernde Figur unter dieser neuen Generation von revolutionär gesinnten Akademikern war Timothy Leary, der Hohepriester des LSD, der in Reed ein gern gesehener Gast war.

Im Sommer 1960 verbrachte Leary in Cuernavaca in der Nähe von Mexico City seine Ferien, nachdem ihm ein Lehrstuhl in Psychatrie an der renommierten Elite-Universität von Harvard angeboten worden war.

In Mexiko gab ihm ein mexikanischer Anthropologe sieben kleine Pilze, die er einem Medizinmann aus einem Dorf in der näheren Umgebung abgekauft hatte. Leary empfand den durch die Pilze ausgelösten Rausch als «die tiefste religiöse Erfahrung seines Lebens» und nahm sich vor, den Rest seines Lebens als Psychologe der Erforschung dieser sonderbaren Substanzen zu widmen.

Anstatt im Reed College ein ordentliches Studium zu absolvieren, ging Jobs lieber zu den Gastvorträgen von Galeonsfiguren der Gegenkultur wie zum Beispiel dem ziemlich ausgeflippten Timothy Leary, dem Hohepriester des LSD, der in den sechziger Jahren sein Harvard-Professur verlor, weil er LSD an seine Studenten verteilt hatte und mit Büchern wie «The politics of Ecstasy» Furore machte. In den neunziger Jahren entdeckte Leary den Cyberspace für sich.

Im Herbst kehrte er nach Harvard zurück, wo er ein Freiwilligen-Programm ins Leben rief, in dem mit von der Firma Sandoz hergestelltem Psilocybin experimentiert werden sollte. Richard Alpert, ein guter Freund und Saufkumpan Learys, wurde vom Dekan der soziologischen Fakultät beauftragt, das Projekt zu überwachen.

Da Aldous Huxley gerade auch zufällig als Gastdozent in Harvard tätig war, wurde er bald von Leary für das Forschungsprogramm gewonnen. Die ersten Experimente wurden mit abgeurteilten Straftätern durchgeführt, denen das Psilocybin zu besserer Selbsterkenntnis verhelfen sollte, um die Sinnlosigkeit ihrer selbstzerstörerischen «Räuber- und Gendarm»-Spiele zu realisieren. Zweiunddreißig Gefangene der Besserungsanstalt von Massachusetts, einem Gefängnis für jüngere Delinquenten mit hohem Sicherheitsrisiko, nahmen freiwillig an der Studie teil.

Nach dem positiven Verlauf dieses ersten Experiments wurde Psilocybin im Rahmen einer zweiten Testreihe an eine größere Anzahl von kreativen Persönlichkeiten wie Schriftstellern, Musikern, Doktoranden etc. verabreicht. Auch bei dieser Testreihe bestätigte sich, dass die Einnahme der Droge zu als mystisch empfundenen Erfahrungen bei der Mehrheit der Probanden führte. Am Karfreitag des Jahres 1962 nahmen schließlich zwanzig Theologiestudenten an einem Experiment teil, das als «Wunder von Marsh Chapel» bekannt wurde. Von zehn Studenten, denen Psilocybin gegeben worden war, berichteten neun, «eine profunde spirituelle Erfahrung» gemacht zu haben.

Diese sowie weitere Ergebnisse seiner Forschungen publizierte Leary in einschlägigen Fachzeitschriften. Mit der weiteren, äußerst bewegten Biografie Learys ließe sich mühelos ein eigenes Buch füllen, deshalb beschränken wir uns im Folgenden auf die wichtigsten «Highlights»:

Leary begann bald die Freiwilligen für seine Experimente unter seinen Studenten zu rekrutieren, worauf man ihm seinen Lehrstuhl entzog und von der Uni verbannte. Bald darauf landete er sogar selbst im Gefängnis, obwohl man eigentlich nur eine sehr geringe Menge Marihuana bei ihm gefunden hatte. Die Entlassung aus Harvard und ein juristisch höchst fragwürdiges Abschreckungsurteil, durch das er aufgrund dieses wirklich geringfügigen Delikts 1966 zu 30 Jahren Gefängnis verurteilt wurde, brachten Leary den von ihm selbst nicht ungern kultivierten Ruf eines Märtyrers der Drogenszene ein. Leary bezeichnet sich in seinen späteren Werken zudem auch als Neuropolitiker, der mit spezifischen Psychedelika beliebige neuronale Schaltkreise zu aktivieren vermochte und als «Evolutions- und Intelligenz-Agent», dessen heilige Mission darin bestand, mittels «neurochemischer Metaprogrammierung» die Entwicklung der Menschheit voranzutreiben.

Mitglieder der «Weathermen», einer linksradikalen Untergrund-Organisation, verhalfen ihm 1971 zur Flucht aus der kalifornischen Haftanstalt, in der er seine Strafe verbüßte. Kaum in Freiheit schwang sich Leary nicht nur zum unermüdlichen Propagandisten einer Bewusstseins-Revolution auf, die er primär durch exzessiven Drogenkonsum herbeizuführen gedachte, sondern er stieg konsequenterweise auch selbst im großen Stil in den Drogenhandel ein. Doch schon ein Jahr später wurde er von Agenten des US-Geheimdienstes in Afghanistan aufgespürt und zurück in die Staaten überführt.

Polizeilichen Ermittlungen zufolge schmuggelte die von Leary gegründete pseudoreligiöse Organisation «Brotherhood of Eternal Love» zu Beginn der 70er Jahre zeitweise wöchentlich Haschisch und Marihuana im Wert von über vier Millionen Dollar in die Vereinigten Staaten.

Als die US-Behörden im Januar 1973 ein Labor der «Liebesbruderschaft» entdeckten, stellten sie mehr als 50.000 fertige LSD-Trips sowie Pulver für weitere 14 Millionen Stück sicher. Mit den Mitgliedern der berüchtigten Rockerbande der Hells Angels verfügte Leary darüber hinaus über ein perfekt funktionierendes Distributions-Netz, das den Stoff im ganzen Land an den Mann brachte. Trotz dieser erdrückenden Beweislast und seiner Flucht aus dem Gefängnis wurde Leary diesmal «nur» zu 15 Jahren verurteilt und wurde schon im Frühjahr 1976 wieder in die Freiheit entlassen, die er danach bis an sein Lebensende genießen konnte. Auch in den letzten Jahren seines Lebens hielt Leary an seiner zentralen Heilsbotschaft einer neuronalen Neuprogrammierung der Menschheit fest, die er zuletzt jedoch ohne chemische Unterstützung sondern mit Hilfe des Computers im virtuellen Cyberspace realisieren wollte.

Anstatt brav seine Hausaufgaben zu machen und seine akademische Karriere voranzubringen, lauschte Jobs den Vorträgen der Gallionsfiguren der Gegenkultur wie zum Beispiel dem abgedrehten Professor Leary. In Dan Kottke fand Jobs einen gleich gesinnten Freund und «Freigeist», der ebenfalls ein ausgeprägtes Interesse für spirituelle Erfahrungen hatte. Die beiden Freunde experimentierten gemeinsam mit Drogen, obskuren Diäten und Schlafentzug, um auf den Pfad zur Erleuchtung zu gelangen. In der Universitätsbibliothek fanden beide zudem ein reichhaltiges Arsenal an Bücher über östliche Mystik, die Sie eifrig studierten.

Gemeinsam mit seinem College-Kumpel Dan Kottke vertiefte sich Jobs lieber in die Geheimnisse des Taoismus und Zen-Buddhismus – hier das taoistische Symbol des universellen Gegensatzpaares «Yin und Yang» – als zu irgendwelchen profanen Vorlesungen zu gehen.

Auf dem Campus machten beide die Bekanntschaft eines weiteren Drogenfreaks. Robert Friedland war wegen des Besitzes von über 30.000 LSD-Trips zu mehreren Jahren Gefängnis verurteilt worden und hatte sich nach seiner Freilassung erneut am Reed College eingeschrieben. Er kam aus einer sehr wohlhabenden Familie und besaß eine eigene Farm in der Nähe vom College, die All One-Farm. Jobs verbrachte zahlreiche Wochenenden auf der Farm, die für die Hippies aus der Umgebung eine zentrale Anlaufstelle war.

Doch irgendwann wurde ihm klar, dass er sich neben spiritueller Erleuchtung auch um seinen Lebensunterhalt kümmern musste. Das intensive Interesse für Spiritualität blieb zwar weiterhin vorhanden, doch er war sich auch darüber bewusst, dass er einen Job finden musste. Er wollte nicht länger ein Außenseiter sein, sondern endlich einmal im Mittelpunkt stehen. Nach einem Jahr in Oregon kehrte er wieder zurück nach Kalifornien und zog wieder bei seinen Eltern ein.

Jobs und Woz als Videospiel-Programmierer

In den San Jose Mercury News stieß er auf eine Stellenanzeige der Firma Atari. Die Überschrift lautete: «Spaß haben und Geld verdienen!» Er bewarb sich und bekam zu seinem eigenen Erstaunen den Job. Die Firma Atari erlebte gerade einen großen Boom, der durch den phänomenalen Erfolg des Videospiels Pong ausgelöst worden war.

Nun benötigte man weitere Mitarbeiter, die sich gut mit elektronischen Dingen auskannten. Aufgrund seines Körpergeruchs – Jobs war aufgrund seiner spirituellen Studien davon überzeugt, dass es nicht nötig sei sich regelmäßig zu waschen – wurde er nur unter der Bedingung eingestellt, dass er nachts kommen sollte, um auf diese Weise niemand zu belästigen. Jobs wurde Ron Wayne unterstellt, einem Techniker, der vorher in Las Vegas Spielautomaten konstruiert hatte. Jobs und Wayne kamen relativ gut miteinander aus, da beide auf ihre Art Exzentriker waren. Jobs hatte nun ein regelmäßiges Einkommen, doch er war nach wie vor von der Idee besessen, eine Pilgerfahrt nach Indien zu unternehmen. Es gelang ihm schließlich seinen Vorgesetzten von der Notwendigkeit zu überzeugen, seinen Guru über Monate hinweg zu besuchen, ohne dass er seinen Job verlor.

Al Alcorn, der Chefingenieur von Atari einigte sich mit Jobs darauf, dass dieser vor seiner Indien-Reise nach Deutschland fliegen sollte, um dort bei der Lösung eines technischen Problems zu helfen. Er flog also nach Deutschland, löste das Problem innerhalb eines Tages und bestieg anschließend das Flugzeug, das in nach Neu Dehli brachte. Sein Freund Kottke sollte ihm einige Wochen später nachfolgen. Die Idee der Reise bestand darin, als Bettler dem Lauf des Ganges bis hinauf zum Himalaya zu folgen. Als Kottke in Indien ankam, machten sich beide auf die Suche von Friedlands Guru, der jedoch letztlich unauffindbar blieb. Auf dem Weg zu einem anderen Guru gerieten beide in ein heftiges Unwetter, bei dem sie beinahe ums Leben gekommen wären. In der Folgezeit wurden die beiden Sinn-Sucher von Krätze und Durchfall gepeinigt.

Nachdem man Kottke seine Reise-Schecks gestohlen hatte, mussten die beiden zwangsläufig nach drei Monaten in Indien die Heimreise antreten. Nach seiner Rückkehr mietete Jobs ein Zimmer in Los Gatos in der Nähe seines Arbeitsplatzes und fing wieder bei Atari an. Im Herbst 1974 begegnete Jobs auf dem Weg zur Arbeit zufällig sein alter Freund Woz, der in der Zwischenzeit in Berkeley Urlaub genommen hatte und nun bei HP in der Entwicklungs-Abteilung für Taschenrechner arbeitete. In der Folgezeit besuchte Woz häufig Jobs, wenn dieser bei Atari auf Nachtschicht war, um Videospiele zu zocken.

Die Firma wurde von Nolan Bushnell geleitet, der sich ähnlich wie Jobs eher als Visionär und weniger als Manager sah. Bushnell hatte während seines Ingenieursstudiums an der Universität von Utah nebenbei in einem Vergnügungspark gearbeitet. Dort konnte er beobachten, wie viel Geld die Leute in die Spielautomaten steckten. Bushnell kombinierte seine beiden Leidenschaften Computer und Geldverdienen und entwickelte die Vision von Computerspielen als Münzautomaten. Nach dem Abschluss seines Studiums ging er nach Kalifornien, wo er eine Stelle bei der Elektronikfirma Ampex annahm. Bei Ampex entwickelte er das Spiel «Computerspace», bei dem es sich um eine eindeutige Kopie des bereits mehrere Jahre zuvor am Massachusetts Institute of Technology entwickelten Spiels «Space War» handelte. Ein Spiel, das als «Mutter sämtlicher Ballerspiele» bezeichnet werden kann. Bushnell versuchte den Spielautomaten für «Computerspace» auf eigene Faust zu vertreiben und kündigte bei Ampex. Doch das Spiel war zu kompliziert. Wie später in einem Plagiats-Prozess festgestellt wurde, nahm Bushnell am 24. Mai 1972 an einer Vorführung für ein Computer-Tennisspiel teil, das so einfach war, dass es praktisch zwangsläufig ein Erfolg werden musste.

Nolan Bushnell war zugleich ein begeisteter Spieler des asiatischen Brettspiels GO, das auch in Japan gespielt wurde. Im Atari-Logo ist deshalb eine Anspielung auf den japanischen Berg Fudschijama enthalten. Der Name Atari bedeutet beim GO-Spiel ungefähr dasselbe wie «Schach» im Rahmen des Schachspiels.

Bushnell gründete gemeinsam mit seinem Partner Ted Dabney am 27. Juni 1972 die Firma Atari. Die bald zum am schnellsten wachsenden Unternehmen in der Geschichte der Vereinigten Staaten werden sollte. Die meisten Angestellten in der Start-up-Phase von Atari waren langhaarige Hippies, die bei der Arbeit Gras rauchten und laute Rockmusik hörten. Abgesehen von seinen etwas unorthodoxen Körperhygiene-Gewohnheiten fiel der langhaarige und am liebsten Barfuß laufende Steve Jobs bei Atari also gar nicht so sehr aus dem Rahmen. Der erste Auftrag mit dem Al Alcorn als Entwicklungschef von Bushnell betraut wurde, war ein Projekt mit dem Codenamen «Darleen». Es ging um die Entwicklung eines Computertennis-Spiels, das von zwei Personen gespielt werden konnte.

Nach drei Monaten hatte Alcorn den Prototypen fertig. Da der Name Ping Pong bereits vergeben war, nannte man das Spiel einfach Pong. Es war jedoch niemand bereit, den Prototypen in Serie zu produzieren; so entschloss man sich bei Atari, den Automaten selbst herzustellen. Um den Testlauf des ersten Pong-Automaten in einem Café in Sunnyvale ranken sich verschiedene Legenden.

Niemand Geringeres als Bill Gates war damals der Besitzer des Lokals, der sich schon bald bei Atari darüber beschwerte, dass der Automat nicht mehr funktionierte. Der vermeintliche Fehler konnte allerdings schnell lokalisiert werden, da der Geldkasten aufgrund der vielen eingeworfenen Münzen bereits übergelaufen war; so funktionierte der Automat nicht mehr. Nach diesem viel versprechenden Testverlauf begann man bei Atari mit der Serienproduktion von Pong. Innerhalb eines Jahres verkaufte Atari 10.000 Pong-Automaten und erwirtschaftete 1973 einen Umsatz in Höhe von 3,6 Millionen Dollar.

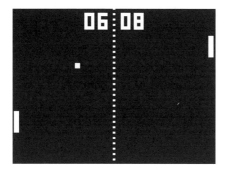

Einfach aber erfolgreich: Mit dem Videospiel-Megahit «Pong» scheffelte die junge Firma Atari Millionen von Dollars.

Mit dem Videospiel «Pong» hatte Atari demnach definitiv einen absoluten Megahit gelandet. Das Spiel war, wie bereits erwähnt, in seiner ursprünglichen Version für zwei Spieler gedacht, die auf dem Bildschirm eine Art Tennis gegeneinander spielen konnten. Nun sollte eine Version, die auch von nur einem Spieler gespielt werden konnte, entwickelt werden. Jobs erklärte, dass er sich darum kümmern würde. Er leistete die Entwicklungsarbeit jedoch nicht selbst, sondern überredete Woz dazu nach Feierabend inoffiziell für Atari zu arbeiten. Woz entwickelte innerhalb von vier schlaflosen Nächten in Jobs Büro den Prototyp von «Breakout», der Einspieler-Variante von «Pong».

Bei «Breakout» wurde vom unteren Bildschirmrand aus ein Ball mit einem Schläger zum oberen Bildschirm befördert, um Ziegelsteine aus einer Mauer herauszuschießen. Jobs übertrug anschließend den von Woz entwickelten Code in Assembler-Sprache. Jobs erntete nicht nur den Ruhm, sondern auch eine Belohnung in Höhe von 7.000 Dollar für die Entwicklung von «Breakout». Woz, der eigentlich die Hauptarbeit geleistet hatte, erhielt von Jobs 350 Dollar. Jobs behauptete insgesamt lediglich 700 Dollar von Atari für die Entwicklung von «Breakout» erhalten zu haben.

«Breakout» war die Ein-Spieler-Variante des extrem erfolgreichen Videospiels «Pong», die Jobs und Woz in Rekordzeit für die Firma Atari entwickelten.

Woz kam erst viele Jahre später dahinter, dass sein Freund ihn über's Ohr gehauen hatte. Wäre Woz früher dahinter gekommen, wäre es möglicherweise niemals zur Gründung der Firma Apple gekommen.

Im Rückblick schildert Woz seine Mission bei Atari wie folgt:

«Eines Tages kam Steve Jobs zu mir und erzählte, dass er ab und zu für Atari arbeitete. (…) Er kam zu mir und erzählte, dass Nolan Bushnell ein Spiel von ihm haben wollte, das sie Breakout nannten. Es war ähnlich aufgebaut wie Ataris Pong-Spiel. Bushnell hatte es schon ausführlich definiert, und Steve wollte nach Oregon fliegen und brauchte dafür noch etwas Geld. Wir hatten deshalb nur vier Tage Zeit, einen Prototyp zu bauen. Also setzen wir uns hin und begannen zu entwerfen. Wir arbeiteten bei Atari vier Nächte nacheinander durch, und ich entwickelte das Spiel. Steve testete es und half mir, den Prototyp zu bauen».

Nach der Fertigstellung von Breakout waren Jobs und Woz so erschöpft, dass sie am Pfeifferschen Drüsenfieber erkrankten. Während Woz sich zu Hause erholte, reiste Jobs nach Oregon zur All One-Farm, um sich dort auszukurieren und bei der Apfelernte zu helfen. Gegen Ende des Jahres 1975 kehrte Jobs von Oregon wieder nach Kalifornien zurück.

Steve Jobs machte zwar auch in der Folgezeit noch gelegentliche Wochenend-Ausflüge zur All One-Farm, doch seine spirituellen Ambitionen waren nun in den Hintergrund getreten. Er arbeitete bei Atari und lebte zunächst wieder bei seinen Eltern, nachdem er die Mietwohnung wieder aufgegeben hatte.

Vergangenheit und Gegenwart: unter dem Namen «Brick» ist «Breakout» heute noch ein Bestandteil des iPod-Standard-Spielepakets.

Der Homebrew Computer Club
Mit der Veröffentlichung des Artikels in der Zeitschrift «Popular Electronics» über den Altair-Homecomputer brach die Ära des Personalcomputers an und gleichzeitig erfolgte die Initialzündung zur Gründung des Homebrew Computer Clubs, der eine Vielzahl von Garagenfirmen im Computerbereich aus dem Boden sprießen ließ. Computer waren zur Mitte der siebziger Jahre noch ziemlich teuer und so stand hinter dem Club die demokratische Idee, dass die Besitzer von Computern ihre Rechner mit anderen teilen sollten, denen nicht die entsprechenden Mittel zur Verfügung standen. Am ersten Treffen des Clubs, das am 5. März 1975 stattfand, nahmen etwa dreißig Elektronik-Tüftler teil. Innerhalb kurzer Zeit stieg die Mitgliederzahl auf über einhundert Mitglieder an.

Organisiert wurde das erste Treffen der Elektronik-Enthusiasten von Fred Moore, dem Besitzer des «Whole Earth Drugstore». Moore war eigentlich ursprünglich ein Friedensaktivist, der mit Computern nicht viel am Hut hatte. Allmählich begriff er jedoch das Potenzial, das im Computer zur Verarbeitung und Weitergabe von Informationen steckte und eignete sich immer mehr Wissen über Computer an.

Schließlich führte er sogar Schulungen auf diesem Gebiet durch und nach der Veröffentlichung des Altair-Artikels in «Popular Electronics» wandten sich eine Menge von Leuten an ihn, ob er Näheres über den Altair wisse. Er erkannte, dass es offensichtlich eine ganze Menge von Menschen gab, die an einem offenen Informations-Austausch über die neuesten Entwicklungen auf dem Gebiet der Computertechnik interessiert waren und beschloss zu diesem Zweck ein zwangloses Meeting zu organisieren.

Um das Meeting publik zu machen, verteilte er in der Gegend des Silicon Valley ein Flugblatt, das alle Interessierten zum ersten Treffen des Homebrew Computer Clubs einlud. Der Text des Flugblatts lautete wie folgt:

«Sind Sie interessiert, ihren eigenen Computer zu bauen?

Terminal?

Bildschirmschreibmaschine?

Eingabe-Ausgabe-Gerät?

Oder irgendeine andere digitale Blackbox?

Oder kaufen Sie Computerrechenzeit von einem Timeshare-Service?

Wenn ja, dann sollten Sie sich bei unserem Treffen mit Gleichgesinnten zusammenfinden. Austausch von Informationen, Ideen, einfach nur darüber reden, anderen bei einem Projekt helfen oder was auch immer.»

Auf dem ersten Treffen wurde der Altair vorgestellt und sämtliche bisher über das Gerät verfügbaren Informationen zusammengetragen. Nicht nur die Firma Apple, sondern rund zwei Dutzend weiterer Personalcomputer-Firmen sollte später aus den Teilnehmern des Homebrew Computer Clubs hervorgehen. Die erste Garagenfirma, die von einem der Clubmitglied namens Bob Marsh gegründet wurde, hieß Proc Tech, was für Prozessor Technik stand. Während das erste Treffen noch in einer Garage abgehalten wurde, war es aufgrund der rapide zunehmenden Mitgliederzahl bald nötig, eine größere Lokalität zu finden. Nach einem kurzen Intermezzo in einem Schulgebäude, das ebenfalls nicht geräumig genug war, zog der Club in die Aula des Stanford Linear Accelerator Center.

Der Homebrew Computer Club war als ein Forum für den offenen Informations-Austausch konzipiert. Die meisten Mitglieder wollten einen eigenen Computer konstruieren und es entwickelte sich einWettbewerb, bei dem es darum ging, wer das beste Gerät bauen würde. Gleichzeitig war der Club jedoch auch inspiriert von den Idealen der Gegenkultur, die von der Idee geprägt waren, dass man Wissen, Equipment und Erfahrung miteinander teilen sollte. Woz nahm am ersten Club-Treffen und an den meisten folgenden teil. Gelegentlich wurde er von Jobs begleitet.

Es war klar, das der Geist des Homebrew Computer Clubs, der Gedanke des offenen Informationsaustausches nicht ewig halten würde, nachdem den Mitgliedern langsam bewusst wurde, welche Profite in der Personalcomputer-Branche erzielt werden konnten. Dies war auch die Hauptmotivation für Jobs an den Treffen des Clubs teilzunehmen.

Der Homebrew Computer Club wurde angesichts der enormen Profite, die in der Folgezeit in der PC-Industrie erwirtschaftet wurden, ein Opfer seines eigenen Erfolgs. Das letzte Meeting fand im Dezember 1986 statt.

Während Woz als genialer Erfinder zu den aktivsten Teilnehmern gehörte, war Jobs eher ein aufmerksamer Beobachter, der sich rasant weiterentwickelnden Computer-Technologie. Woz träumte ebenfalls davon einen eigenen PC zu entwickeln. Jobs langweilte sich eher die meiste Zeit auf den Club-Treffen, da er kein Interesse daran hatte, stundenlang über irgendwelche elektronischen Schaltungen zu debattieren. Seine Gedanken gingen in die Richtung, wie man Computer vermarkten könnte, nachdem er zuvor ja bereits bescheidene Erfolge durch den Verkauf jener Blue Boxes, die Woz konstruierte, erzielt hatte.

Auf einer Computermesse in San Francisco entdeckte Woz einen Computer-Chip, der nicht von der Firma Intel stammte. Der 6502 von MOS-Technology war wesentlich billiger als die vergleichbaren Chips der Firma Intel und schien dabei für das von Woz beabsichtigte Projekt durchaus auszureichen. Der Chip wurde zum Herzstück eines von Woz konstruierten Computers, der im Vergleich zum damals erhältlichen Altair-Rechner aufgrund seines eleganten Konstruktions-Schemas mit weniger Bauteilen auskam.

Der Altair-Computer

Der legendäre Altair 8800 war bis zu diesem Zeitpunkt der einzige für jedermann auf dem Markt erhältliche Personalcomputer. Unter einem Computer verstand man zur Mitte der siebziger Jahre eher einen Großrechner, der ganze Stockwerke in Beschlag nahm und mehrere Hunderttausend Dollar kostete. Der Altair wurde von der Firma *MITS* (Micro Instrumentation Telemetry Systems) angeboten. Zunächst verkaufte die von Henry (Ed) Roberts gegründete Firma überwiegend Taschenrechner, ein zur damaligen Zeit äußerst lukratives Geschäft. Ab 1972 gelang es jedoch der Firma Texas Instruments, aufgrund von Fortschritten in der Mikroprozessor-Technik stark verbesserte Taschenrechner zu erheblich billigeren Preisen zu produzieren. Die Firma MITS stand deshalb 1974 kurz vor dem Bankrott.

Zum gleichen Zeitpunkt rief Les Soloman, der Herausgeber des damals auflagenstärksten Elektronik-Fachmagazins «Popular Electronics» die Elektro-Tüftler des Landes dazu auf, Pläne für einen Heimcomputer zur Veröffentlichung in seiner Zeitschrift einzureichen. Les Soloman war mit Ed Roberts befreundet und so bat er auch seinen Freund sich Gedanken über einen Heimcomputer zu machen, zumal er sich nicht sicher war, ob im Rahmen seiner Aktion überhaupt ernst zu nehmende Vorschläge eingereicht werden würden.

Im gleichen Jahr stellte die Firma Intel mit dem 8080 einen 8-Bit Prozessor der zweiten Generation vor, mit dem es erstmals möglich war, einfache Programme zum Laufen zu bringen. Roberts sah in dem neuen Prozessor die Chance, die

Idee eines erschwinglichen Heimcomputers zu verwirklichen. Er ließ sich von seiner Bank einen Kredit geben und orderte bei Intel zu einem Sonderpreis eine größere Menge von 8080-Prozessoren.

Im Dezember 1974 war der Prototyp des ersten Heimcomputers fertig und Solomans kleine Tochter schlug vor, dass Gerät Altair zu nennen, da die Galaxie Altair das Ziel für die Enterprise in der nächsten Folge der gleichnamigen Science Fiction-Fernsehserie sein sollte.

In einer Zeit, in der es sich bei Computern in der Regel um tonnenschwere Monster, die mehrere hunderttausend Dollar kosteten, handelte, war der für ein paar hundert Dollar erhältliche Altair eine absolute Sensation.

Das Magazin «Popular Electronics» brachte in seiner Ausgabe im Januar 1975 den Altair auf die Titelseite. Es handelte sich um eine absolute Sensation. Zum Preis von 395 Dollar erhielt man einen Bausatz für einen Heimcomputer. Das Gerät schlug ein wie eine Bombe. Im Frühjahr 1975 gingen im Durchschnitt 250 Bestellungen pro Tag ein und Roberts kam mit der Produktion nicht mehr schnell genug nach.

In der Basis-Ausstattung bestand der Altair aus einem Klappgehäuse, das weder über eine Tastatur noch über einen Bildschirm oder ein Betriebssystem verfügte. Daten konnten nur äußerst umständlich durch das Umlegen von Schaltern eingegeben werden. Die Daten-Ausgabe erfolgte über acht LEDs, die an der Vorderseite des Geräts angebracht waren. Der Altair verfügte zwar nur über 256 Bytes Arbeitsspeicher, jedoch über eine offene Architektur. Es waren zahlreiche Anschlussmöglichkeiten für Zusatzplatinen vorhanden. So wurden bereits nach kurzer Zeit Erweiterungen angeboten, die zum Beispiel den Anschluss eines Fernsehgeräts ermöglichten. Zufällig entdeckte ein Mitglied des Homebrew Computerclubs, Steve Dompler, dass man mit dem Gerät auch Töne erzeugen konnte. Er schrieb ein Programm, das dazu in der Lage war, einen Beatles-Song vorzuspielen. Der Preis von 395 Dollar war wirklich außerordentlich gering, da normalerweise der Intel-Prozessor allein bereits 360 Dollar kostete. Da Roberts jedoch als Groß-Abnehmer – insgesamt über zehntausend Mal – lediglich 75 Dollar für den Prozessor bezahlen musste, konnte er jenen Bausatz zu einem äußerst erschwinglichen Preis verkaufen. Der Altair wurde somit zum ersten erfolgreichen Heimcomputer. Neben dem günstigen Preis waren vor allem die zahlreichen Anschlussmöglichkeiten der Schlüssel zum Erfolg. Die Seiten von «Popular Electronics» waren schon bald randvoll mit Tastaturen, Monitoren und Disketten-Laufwerken für den Altair.

Auch wenn der Altair der erste erschwingliche erfolgreiche Heimcomputer war, verfügte er jedoch über das große Manko, kein mitgeliefertes Betriebssystem zu besitzen. So kam es, dass Ed Roberts zum ersten Kunden des damals zwanzigjährigen Bill Gates wurde, die ein *BASIC*-Betriebssystem für das Gerät entwickelten. Das *BASIC*-Betriebssystem wurde zum Preis von 150 Dollar als Zusatzpaket zum Altair angeboten. Nach dem großen Erfolg des Altair verpasste es die Firma *MITS* jedoch, mit der weiteren Entwicklung Stand zu halten. Als 1977 der wesentlich komfortabler zu handhabende Apple II erschien, verkaufte Ed Roberts seine Firma an die Pertec Computer Corporation, einen Hersteller von Disketten-Laufwerken. Pertec entwickelte den Altair zwar weiter, doch bald verschwand das Gerät aufgrund der starken Konkurrenz durch andere Hersteller gänzlich vom Markt. Hinzu kam, dass Pertec davon ausging, die Exklusivrechte an *BASIC* erworben zu haben, während Microsoft in Anspruch nahm, *BASIC* an jeden verkaufen zu können. Das Gericht gab schließlich Microsoft Recht.

Die beiden Steves gründen die Garagenfirma Apple

Die Januar-Ausgabe von «Popular Electronics» war für Woz – ebenso wie für viele andere seiner technisch interessierten Zeitgenossen – ein Schlüssel-Erlebnis: Er verwendete einen Großteil seiner Energie darauf, einen eigenen PC zu konstruieren, der billiger und eleganter als der Altair sein sollte.

Während für Woz die Herausforderung darin bestand, technische Probleme möglichst elegant zu lösen, dachte Jobs über die Möglichkeiten der Vermarktung eines Computers für jedermann nach; er konfrontierte seinen Freund Woz mit der Idee, einen Computer in größeren Stückzahlen herzustellen. Zu Beginn des Jahres 1976 war Steve Jobs einundzwanzig und Steve Wozniak fast sechsundzwanzig Jahre alt.

Schließlich fruchteten die Überredungs-Künste von Jobs, so dass er Woz dazu brachte, die Gründung eines gemeinsamen Computer-Unternehmens konkret ins Auge zu fassen. Um an das nötige Startkapital für Bauteile zu gelangen, verkaufte Jobs seinen VW-Bus und Woz seine (erste programmierbare) Rechenmaschine HP-65.

Um an Kapitel für ihr Startup-Unternehmen zu gelangen, verkaufte Jobs seinen VW-Bus und Woz seinen geliebten programierbaren HP-65 Taschenrechner.

Unglücklicherweise gab der Motor des VW-Bus jedoch nur wenig später seinen Geist auf und sein neuer Besitzer verlangte sein Geld zurück. Schließlich erklärte sich Jobs bereit die Reparaturkosten, die beinahe so hoch waren, wie das Auto gekostet hatte, zu übernehmen. Als Produktionsstätte der jungen Firma fungierte die Garage von Jobs Elternhaus.

Die Garage von Steve Jobs Eltern in Los Altos fungierte zunächst als Firmensitz der jungen Start-up-Firma Apple.

Als Bankeinlage verfügten die beiden Jung-Unternehmer über stolze 1.300 Dollar. Laut Steve Wozniak geht der Name Apple auf Steve Jobs zurück. Auf einer gemeinsamen Autofahrt habe Jobs ihm den Namen für ihre gemeinsame Computer-Firma vorgeschlagen. Beiden habe der Name auf Anhieb absolut zugesagt, doch zugleich sei Wozniak auch die Tatsache bewusst gewesen, dass eine Plattenfirma namens Apple Corps existierte, mit der man möglicherweise in einen Copyright-Konflikt geraten könne.

Zudem war Apple Corps nicht irgendeine Plattenfirma, sondern die Plattenfirma der Beatles. Apple musste deshalb im November 1981 einen Betrag in unbekannter Höhe an Apple Corps für die weltweite Nutzung des Namens im Computer-Bereich zahlen. Als Apple in den folgenden Jahren begann, seine Computer mit integrierten Soundkarten auszustatten, sah Apple Corps dies als einen Vorstoß in unerlaubtes musiktechnisches Gebiet an und verklagte die Firma Apple.

Erfolg hat viele Väter – die Plattenfirma der Beatles verlantge Lizenz-Gebühren zur Nutzung des Namens «Apple».

Der juristische Streit endete vorläufig damit, dass Apple im Oktober 1991 zur Zahlung von 26,5 Millionen Dollar Lizenz-Gebühren an Apple Corps verpflichtet wurde. Bezüglich der Frage, wie Jobs auf den Namen Apple gekommen ist, kursieren mehrere Legenden. Die erste Version besagt, dass sich Jobs zeitweise als Vegetarier überwiegend von Äpfeln ernährt haben soll. Die zweite Version verweist auf den Beatles-Fan Jobs, der mit der Namens-Gebung den Beatles seine Referenz erweisen wollte.

Die letzte Variante ist dagegen weitaus prosaischer – ihr zufolge hätten die beiden Jung-Unternehmer auf jeden Fall im Telefonbuch vor Atari auftauchen wollen.

Ein Blick in die legendäre Garage von Steve Jobs Elternhaus.

Zunächst wollten die beiden Jung-Unternehmer lediglich Platinen produzieren, die dann von Hobby-Tüftlern selbst zu kompletten Computern zusammengebaut werden sollten. Doch ihr Auftraggeber, Paul Terrell, seinerseits Gründer des Computer-Versands «Byte Shop», verlangte einen kompletten Computer, wie Steve Jobs sich erinnert:

«*Der Kerl, der einen der ersten Computerläden eröffnet hatte, erzählte uns, er könne sie als voll bestückte Leiterplatten verkaufen, wenn wir sie zusammensetzen und liefern könnten. Diese Idee war uns dahin noch nicht gekommen.*»

Paul Terrell wollte seinen Byte Shop in Mountain View zu einem landesweit agierendem Versandhandel für Computer ausbauen. Er hatte bereits den nordkalifornischen Vertrieb für den Altair unter seine Kontrolle gebracht und sah im Apple I, den er erstmals auf einem der Treffen des Hombrew Computer Clubs gesehen hatte, ein weiteres attraktives Produkt für den «Byte Shop».

Terrell brauchte Ware, die er seinen Kunden anbieten konnte und es gab nicht viele Alternativen. Obwohl ihm Steve Jobs nicht ganz geheuer war, machte er das Angebot, 50 fertige Computer zu 500 Dollar das Stück zu kaufen; der Preis war zahlbar bei Lieferung.

Durch dieses Angebot ergaben sich völlig neue Perspektiven. Während der ursprüngliche Plan darin bestanden hatte, 50 Leiterplatten, die etwa 25 Dollar pro Stück kosteten, für einen Gesamtpreis von rund 1000 Dollar zu liefern, würde Terrell nun insgesamt 25.000 Dollar für 500 komplette Geräte bezahlen. Zunächst mussten zu diesem Zweck alles vorfinanziert werden. Bei Lieferung würden die beiden Jungunternehmer dann 500 Dollar pro Computer kassieren.

Mit der Liste der benötigten Bauteile in der Tasche machte sich Steve Jobs auf die Suche nach Geldgebern. Während er bei den Banken keinen Erfolg hatte, erklärte sich Al Alcorn von Atari bereit, einige Teile für ihn zu kaufen, wenn er bei Lieferung zahlte. Über einen Physik-Professor in Stanford, Mel Schwarz, kam schließlich der Kontakt zu Bob Newton, dem Direktor der Firma Kierulff Electronics zustande.

Nachdem sich Newton durch einen Anruf vergewissert hatte, dass jener langhaarige Hippie, der vor ihm stand, tatsächlich ein Geschäftspartner von Paul Terrell war, gewährte er der Firma Apple Computer einen Kredit in Höhe von 20.000 Dollar, der für einen Zeitraum von 30 Tagen zinsfrei blieb. Nun war der Weg zum Apple I frei. Die Kosten für die Bauteile für einen Apple Computer lagen bei rund 250 Dollar. Der Rechner bestand aus einer Leiterplatte, dem Mikroprozessor, einem Speicher von acht Kilobytes sowie einer Reihe von integrierten Schaltungen. Der Ladenpreis des Rechners sollte 666,66 Dollar betragen.

Mit ihm fing alles an: Der «nackte» Apple I.

Als das erste Dutzend Rechner fertig war, brachte Steve Jobs die Geräte zum Byte Shop, wo Terrell ihm zwar einen Scheck über 6.000 Dollar übereichte, zugleich aber monierte, dass das Gerät weder über ein Gehäuse noch über einen Netz-Anschluss, einen Monitor oder eine Tastatur verfügte.

Mit anderen Worten: Jobs hatte ihm einen kompletten Computer versprochen. Was er nun lieferte, war jedoch nur ein Motherboard. Man einigte sich jedoch darauf, dass die nächsten Geräte kompletter ausgestattet sein sollten und in der Folgezeit wurden die Computer auf Wunsch mit einem Gehäuse und einer Benutzer-Schnittstelle ausgeliefert.

Im Laufe des Jahres 1976 eröffnete Terrell quer durch die Vereinigten Staaten 74 Byte Shops. Ende 1976 waren über sein Vertriebs-Netz 150 Apple Computer verkauft worden. Dies ergab einen Umsatz von rund 95.000 Dollar, ungefähr die Hälfte dieser Summe war Gewinn.

Schrittweise lieferten die beiden Jung-Unternehmer den Apple I inklusive vernünftigem Gehäuse und Tastatur aus.

Ein beachtlicher Erfolg für das junge Computer-Unternehmen, das am 1. April 1976 gegründet wurde – zumal, wenn man bedenkt, dass es es im Grunde äußerst mühsam war, den Apple I überhaupt zum Laufen zu bringen. Mehr als eine halbe Stunde lang musste Basic-Code von Hand eingetippt werden, damit der Rechner überhaupt starten konnte. Da Wozniak selbst, der den Code auswendig gelernt hatte, schaffte es, diese Start-Prozedur innerhalb von 20 Minuten hinter sich zu bringen.

Das Problem bestand darin, dass der Rechner über keinen festen Speicher zum Ablegen von Daten verfügte. Wozniak entwickelte deshalb ein Cassetten-Interface, das in den Erweiterungs-Slot (einen Einschub-Platz) des Rechners eingesetzt werden konnte. Auf diese Weise war es nun auch endlich möglich, Programme dauerhaft abzuspeichern. Das Interface arbeitete zwar leider ziemlich unzuverlässig, doch es war trotzdem der entscheidende erste Schritt in die richtige Richtung.

Zur Geburtsstunde der Firma Apple bleibt noch anzumerken, dass ursprünglich neben Jobs und Wozniak noch ein dritter Mann in der Anfangsphase bei Apple mit an Bord war: Ronald Gerald Wayne, der als Ingenieur bei Atari arbeitete. Jobs wollte seinem etwas skeptischen Partner Wozniak – der sich davor scheute, wegen eines «nebulösen Computer-Unternehmens» seinen festen Job aufzugeben – zeigen, dass es ihm wirklich Ernst mit der Unternehmensgründung war.

Ron Wayne war das dritte Apple-Gründungsmitglied. Er glaubte jedoch nicht an die Zukunft des Unternehmens und stieg deshalb schon bald wieder aus.

Indem er Ron Wayne in das Unternehmen holte, sollte der seriöse Charakter der Unternehmensgründung unterstrichen werden. Ron Wayne erhielt 10 Prozent, während die beiden Steves mit jeweils 45 Prozent beteiligt waren. Aufgrund der mangelnden Kapitaldeckung des jungen Unternehmens bekam Wayne jedoch bereits nach kurzer Zeit kalte Füße und gab im April 1976 seinen ursprünglichen Anteil von zehn Prozent an der Firma gegen Zahlung von 8.000 Dollar ab. Wayne war von dem finanziellen Glücksfall der Zahlung von 8.000 Dollar begeistert. Er konnte damals nicht ahnen, dass er mit seinem Anteil, falls er bei Apple geblieben wäre, nach dem Aktien-Split von 1987 einen Reingewinn von etwa 244 Millionen Dollar zuzüglich Dividenden erzielt hätte.

Wenn Apple-Gründungsmitglied Ron Wayne nicht vorzeitig kalte Füsse bekommen hätte, sondern bei Apple geblieben wäre, wären nach dem Aktien-Split im Jahre 1987 aus seinem ursprünglichen Anteil von 8.000 Dollar sagenhafte 244 Millionen Dollar geworden.

Die Erfolgsstory des Apple II

Die Erfolgsstory des Apple II

Der Apple II war nach heutigen Maßstäben der erste wirkliche Personalcomputer. Steve Jobs ging nach dem ersten Erfolg, den der Apple I der jungen Firma beschert hatte, sofort auf weiteren Expansions-Kurs und lieh sich von dem Jung-Millionär Mike Markkula weiteres Betriebskapital, das in die Entwicklung des Apple II floss.

Aus Apple wird ein seriöses Unternehmen

Das Ziel lautete: Der Apple II sollte wesentlich flotter als sein Vorgänger werden, Video-Speicher besitzen, um so Farb-Grafiken anzeigen zu können und einen auf 64K erweiterbaren Arbeitsspeicher bekommen. Weitere wichtige Features sollten eine Ton-Erzeugung und mehrere Erweiterungs-Schächte sein. Das neue *BASIC*-Betriebssystem – das «Integer Basic» genannt wurde, da es nur Ganzzahlen berechnen konnte – wurde von Wozniak nur auf ein Papier gekritzelt, ohne jemals maschinell übersetzt zu werden.

Die beiden Jung-Unternehmer bei der Arbeit am Apple II – nach heutigen Maßstäben der erste richtige Personalcomputer.

Allmählich glaubte nun auch der bisher skeptische Wozniak, dass aus Apple eine seriöse erfolgreiche Firma werden könnte; doch seinen Job bei HP wollte er trotzdem nicht vollständig aufgeben.

Steve Jobs betätigte sich auch beim Apple II mehr als Visionär als in der Rolle des Mechanikers. Er hatte zum Beispiel die Vision, dass der Rechner – im Gegensatz zur seinerzeit gängigen Praxis – einfach von seinem Benutzer ohne Werkzeug zu öffnen sein sollte.

Um Schäden an der Platine zu vermeiden, bekam der Rechner eine Lichtdiode, die dem Anwender signalisierte, wenn er vergessen haben sollte, das Gerät vor dem Öffnen abzuschalten. Ein weiterer Punkt war das Fehlen von Lüftern, die Jobs als äußerst lästig empfand. So waren im Apple II-Gehäuse lediglich einige Schlitze zur Belüftung vorgesehen. Aus diesem Grund erfand Rod Holte, einer der Ingenieure von Apple, mit dem Schaltnetzteil eine neue Technologie, um die hohe Netz-Spannung in die für den Rechner benötigte Niedervolt-Spannung umzuwandeln. Eine weitere Forderung von Steve Jobs war, benutzerfreundliche Handbücher zu verfassen. Mit dieser Aufgabe wurde Jef Raskin betraut, der auch für die Software verantwortlich war. Er verfasste ein Handbuch, das auch für technische Laien verständlich war, womit Apple wieder einmal gegenüber der Konkurrenz die Nase vorn hatte, da zur damaligen Zeit Computer-Handbücher in der Regel äußerst kryptische Werke waren.

Nach dem Besuch des Personal Computer Festivals in Atlantic City im Herbst 1976, wo Jobs mit einem Prototypen des Apple II auftauchte, ging Jobs auf die Suche nach Geldgebern, welche die Entwicklung des kompletten Computers finanzieren sollten. Zum damaligen Zeitpunkt hatte die Firma Commodore gerade *MOS*-Technology, den Hersteller des 6502-Chips gekauft. Jobs bot Commodore die Firma Apple sogar zum Verkauf an. Doch Jack Tramiel, der Chef von Commodore, sah in der Garagenfirma Apple keine ernsthafte Konkurrenz und lehnte das Angebot ab.

Chuck Peddle, der den 6502-Prozessor entwickelt hatte, konstruierte den Commodore *PET*, der zum selben Zeitpunkt wie der Apple II und zu einem wesentlich günstigeren Preis auf dem Markt erschien. Der *PET* war ein vollständiger Computer mit Monitor, Tastatur und einem Kassetten-Laufwerk. Er fehlten jedoch Anschluss-Möglichkeiten für Erweiterungs-Karten – und nicht zuletzt deshalb konnte sich der *PET* von Commodore trotz seines günstigen Preises nicht gegen den Apple II durchsetzen.

Mit dem «PET» brachte die Firma Commodore ein preisgünstiges Konkurrenz-Produkt gegen den Apple II auf den Markt, das sich jedoch nicht durchsetzen konnte.

Nach dem Misserfolg des *PET* dürfte sich Commodore-Chef Jack Tramiel vielleicht doch noch einmal gefragt haben, ob es nicht ein Fehler war, das Kaufangebot von Apple abzulehnen. Zu Beginn der achtziger Jahre gelang der Firma Commodore dann jedoch mit dem Commodore *VIC*-20 ein großer Hit. Von dem Gerät, das durch seinen Video Interface Chip auch besonders gut zum Spielen geeignet war, wurden insgesamt über 2,5 Millionen Stück verkauft. Der kleine Commodore, Vorläufer des legendären Commodore C 64 war damit der erste Heimcomputer, der die Millionen-Schallmauer durchbrach. In Deutschland wurde der VIC 20 als VC 20 unter dem Namen «Volkscomputer» zum Preis von rund 1.000 DM – rund 500 Euro – verkauft.

Mike Markkula steigt bei Apple ein

Nachdem er bei Commodore eine Abfuhr erhalten hatte, versuchte es Steve Jobs noch bei zwei weiteren Computer-Unternehmen. Doch auch die beiden Silicon Valley-Firmen Atari und HP zeigten kein Interesse daran, Apple zu kaufen. Schließlich gelang es Jobs jedoch zwei wichtige Persönlichkeiten für Apple zu gewinnen. Mit Mike Markkula stieg ein Jung-Millionär bei Apple als Finanzier ein, der dafür ein Mitspracherecht bei der Firma erhielt und Regis McKenna übernahm das Marketing für Apple und ließ als eine seiner ersten Maßnahmen das bis heute gültige Apple-Logo mit dem angebissenen Apfel von dem Designer Rob Janov entwerfen.

Das ursprüngliche von Ron Wayne entworfene Apple-Logo war viel zu kompliziert, um als Logo für eine Computerfirma geeignet zu sein. Es zeigte Sir Issac Newton unter einem Apfelbaum sitzend.

Apples neuer Finanzier Mike Markkula hatte sich mit dreißig Jahren als leitender Angestellter bei Intel zurückgezogen, um in den vorzeitigen Ruhestand zu gehen, nachdem er mit seinem Intel-Aktienpaket zum Millionär geworden war. Eigentlich hatte Markkula vor, möglichst viel Zeit mit seiner Familie zu verbringen und einfach nur noch das Leben zu genießen, doch dann machte er die Bekanntschaft von Steve Jobs.

Das bis heute gültige Apple-Logo war ursprünglich in den Farben des Regenbogens in umgekehrter Reihenfolge gehalten. Die drucktechnische Reproduktion des Logos war deshalb äußerst kostenspielig und hat die Firma Apple im Laufe ihrer Geschichte eine Menge Geld gekostet. Seit 1997 erscheint das Apple-Logo nach dem Willen von Steve Jobs nur noch einfarbig.

Obwohl Markkula von Haus aus Ingenieur war, lag seine eigentliches Talent im finanziellen Bereich. Er kannte die Wirtschafsstruktur des Valley und wusste wie man an Risikokapital heran kam. Gleichzeitig verfügte er auch über Kenntnisse im Programmieren. Unter dem Pseudonym «Johnny Appleseed» schrieb Markkula einige Programme in der Frühphase der Firma Apple.

Um an weiteres Risikokapital zu gelangen, wandte sich Markkula an Arthur Rock, der als einer der gerissensten Risikokapital-Geber in der Technologie-Branche galt. Dieser war zunächst skeptisch. Nach dem Besuch einer Computermesse, bei der der Apple Stand so dicht umlagert war, dass man gar nicht heran kam, änderte Rock jedoch seine Meinung.

> «Alles drängte sich um die Apple-Stände. Ich kam noch nicht einmal nahe genug heran, um eines der Geräte zu berühren. Wie bei einer Autogrammstunde von Willie Mays, dem Baseballspieler – nur schlimmer.»

Rock, der auch an den Firmen Intel und Xerox beteiligt war, beteiligte sich mit 57.600 Dollar an der Firma Apple. 1978 wurde Rock bei Apple in den Aufsichtsrat aufgenommen.

Jobs, Wozniak und Markkula gründeten am 3. Januar 1977 die neue Firma Apple Computer, Inc. Markkula investierte nicht nur 92.000 Dollar aus seinem Privatvermögen in die von ihm mit gegründete Firma, sondern organisierte bei der Bank of America zusätzlich einen Kredit in Höhe von 250.000 Dollar. Das nunmehr reichlich vorhandene Firmenkapital bot die nötige finanzielle Ausgangsbasis für den nun folgenden Höhenflug der Firma Apple.

Markkula definierte die folgenden Ziele für die Firma Apple:

1. *einen Marktanteil erreichen, der größer oder sogar zweimal so groß sei wie der des nächsten Konkurrenten;*

2. *20 Prozent oder mehr Gewinn vor Steuerabzug realisieren;*

3. *innerhalb von 10 Jahren auf einen jährlichen Umsatz von 500.000 Dollar kommen;*

4. *ein Betriebsklima schaffen und erhalten, das das menschliche Wachstum und die Entwicklung fördert.*

5. *weiterhin bedeutende technologische Beiträge für die* Heimcomputerindustrie *leisten;*

6. *die Gesellschaft möglichst so zu strukturieren, dass die Gründer innerhalb von fünf Jahren leicht aussteigen könnten.*

Als Schlüsselstrategien zur Erreichung der Firmenziele definierte Markkula die folgenden Punkte:

1. *Es ist äußerst wichtig für Apple, dass die Firma tonangebend auf dem* Heimcomputermarkt *anerkannt wird.*

2. *Kontinuierlich müssen periphere Produkte für den Basiscomputer auf den Markt gebracht und dadurch Umsätze erreicht werden, die genauso groß oder größer sind als die anfänglichen Umsätze mit dem Computer.*

3. *Genügend Mittel müssen für die Forschung und Entwicklung zur Verfügung gestellt werden, um zu garantieren, dass die technologische Entwicklung mit den Marktanforderungen im Einklang steht.*

4. *Absolut hervorragendes Personal muss gewonnen und gehalten werden.*

5. *Erobert werden muss der Hobbymarkt als erstes Sprungbrett zum tatsächlichen Markt.*

6. *Besondere Anstrengungen bei der Herstellung müssen aufrechterhalten werden, um kontinuierlich die Produktionskosten zu senken.*

7. Die Wachstumsraten müssen denen des Marktes entsprechen.

8. Der Computer muss so entworfen und vermarktet werden, dass er wirtschaftlicher ist als ein für bestimmte Verwendungszwecke entworfenes System, selbst wenn nicht alle Eigenschaften des Apple benutzt werden.

Eine der Bedingungen, die Markkula als Risikokapital-Geber an Woz stellte, war, dass dieser seinen Job bei HP aufgeben sollte, um sich ganz auf Apple konzentrieren zu können. Woz lehnte jedoch zunächst ab, da die Firma HP nicht nur aufgrund ihrer technischen Leistungen, sondern auch wegen ihrer fortschrittlichen mitarbeiterfreundlichen Firmen-Philosophie ein hohes Ansehen im Valley genoß:

> *«Wenn man fühlt, dass es eine Firma gut mit einem meint und sich Gedanken um seine Angestellten macht, wenn man zum Beispiel gemeinsam mit den Vorgesetzten versucht, seine eigene Stellung so zu gestalten, dass man Spaß daran hat, wenn also eine Firma sich um die Menschen kümmert, fällt es einem schwer zu gehen. Aus diesem Grund sagte ich zu Mike Markkula nein, als meine Frist abgelaufen war. Für Steve Jobs war dieses Nein ein Schock, und er setzte alles daran, um mein Nein in ein Ja umzuwandeln. Er überredete alle meine Freunde und Verwandten, anzurufen, um mich zu einer Meinungsänderung zu bewegen.»*

Letztlich entschied sich Woz dann nach dem guten Zureden seiner Freunde doch für Apple, da er bei einer Firma, die ihm zu einem gewissen Teil selbst gehörte, zweifellos ein Höchstmaß an kreativer Freiheit für sich beanspruchen konnte. Nachdem ihm dieser Aspekt bewusst geworden war, verließ er HP, um sich zukünftig voll und ganz Apple widmen zu können.

Eine weitere Maßnahme Markkulas bestand darin, Mike Scott, der damals bei Fairchild Semiconductor war, zum CEO (Geschäftsführer) von Apple zu machen. In Markkulas Augen waren die beiden Steves einfach noch zu unreif, um ein Unternehmen zu leiten. Während Woz dieser Maßnahme zunächst nicht allzu viel Bedeutung zumaß, war dem ehrgeizigen Steve Jobs der von Markkula ernannte Geschäftsführer von Anfang an ein Dorn im Auge.

Das Amt des CEOs war zu Anfang die höchste bei Apple zu vergebende Position. Häufig war das Amt des CEOs noch mit dem des Präsidenten oder Chairman bei Apple gekoppelt. In der knapp dreißigjährigen Geschichte der Firma Apple gab es bisher lediglich sechs CEOs:

- Juni 1977 bis März 1981: Mike Scott
- März 1981 bis April 1983: Mike Markkula
- April 1983 bis Juni 1993: John Sculley
- Juni 1993 bis Februar 1996: Michael Spindler
- Februar 1996 bis Juli 1997: Gil Amelio
- Juli 1997 bis Januar 2001: Steve Jobs als Interims-CEO
- Januar 2001 bis heute: Steve Jobs

Das Amt des Präsidenten wurde in der bisherigen Firmengeschichte stets von derselben Person besetzt, die auch das Amt des CEOs bekleidet hat. Seit Februar 1996 ist das Amt des President allerdings nicht mehr besetzt worden:

- Juni 1977 bis März 1981: Mike Scott
- März 1981 bis April 1983 Mike Markkula
- April 1983 bis Juni 1993: John Sculley
- Juni 1993 bis Februar 1996: Michael Spindler

In einigen Fällen behielten Apple-CEOs nach ihrem Rücktritt auch ihr Amt als Chairman, um so weiter der Firma als Gallionsfigur zu dienen und weiterhin ein sattes Gehalt kassieren zu können. Seit dem Anbruch der neuen Ära Jobs wurde das Amt des Chairman jedoch nicht mehr besetzt:

- Januar 1977 bis März 1981: Mike Markkula
- März 1981 bis September 1985: Steve Jobs
- Januar 1986 bis Oktober 1993: John Sculley
- Februar 1996 bis Juli 1997: Gil Amelio

Markkulas Investition in Apple sollte sich schon bald als voller Erfolg erweisen. Ende 1980 ging Apple an die Börse. Die ursprünglich auf 14 Dollar angesetzte Aktie eröffnete jedoch bereits bei 22 Dollar. Innerhalb von Minuten waren sämtliche 4,6 Millionen Aktien verkauft. Der Kurs der Aktie schloss am Ende des ersten Börsentages bei 29 Dollar.

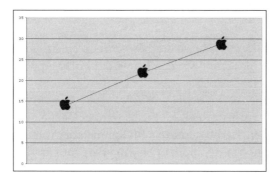

Die Apple-Aktie kletterte bis zum Ende des Tages auf 29 Dollar.

Die vor nicht allzu langer Zeit gegründete Garagenfirma Apple hatte damit plötzlich den sagenhaften Börsenwert von 1,778 Milliarden Dollar. Aus Jobs, Wozniak und Markkula waren aufgrund ihrer Aktien-Anteile Multimillionäre geworden. Im Dezember 1982 erreichte Apple als erstes Unternehmen aus der Computer-Industrie jährliche Verkaufszahlen in Höhe von einer Milliarde Dollar. Nur wenige Monate später erschien die Computerfirma aus Cupertino als bisher schnellster Aufsteiger überhaupt auf Rang 411 in der Liste der Fortune 500.

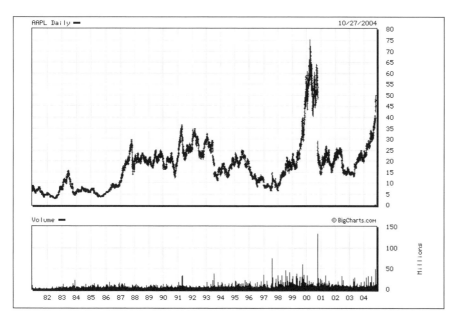

Der historische Kursverlauf der Apple-Aktie von 1980 bis 2004.
(Quelle: Bigcharts.com)

Der Siegeszug des Apple II

Jobs war sich der Tatsache bewusst, dass – neben einem potenten Geldgeber – das professionelle Marketing für den Erfolg der Firma Apple entscheidend sein würde.

Der von ihm angeworbene Regis McKenna war der Chef einer der renommiertesten amerikanischen Werbeagenturen. Im Rahmen der von dieser Agentur organisierten Kampagne wurde mit dem Slogan «Byte into an Apple» für «das erste preiswerte Mikrocomputers-System mit Bildschirm-Anschluss und 8 Kilobyte RAM auf einer einzigen PC-Karte» geworben. Wie bereits erwähnt stammt von McKenna auch die Idee für das berühmte angebissene Apple-Logo in Regenbogen-Farben. Dabei ist zu beachten, dass das englische Wort für den Biss in den Apfel «Bite» in der englischen Aussprache genauso wie die Computer-Maßeinheit «Byte» klingt – zweifellos eine äußerst elegante Verknüpfung zwischen der Form und dem Inhalt eines Logos. Der sympathisch wirkende Apfel in Regenbogen-Farben blieb über Jahrzehnte hinweg das unverkennbare Erkennungszeichen für sämtliche Apple-Produkte. Erst gegen Ende des Jahres 1997 entschied Steve Jobs, dass alle künftigen Produkte ein einfarbiges Logo zu tragen hätten. Das neue Logo fand dann erstmalig 1998 bei einem Notebook aus der Power-Book-G3-Modellreihe Verwendung, auf dem ein ganz in Weiß gehaltenes Apple-Logo prangte.

Bereits vor seiner triumphalen Zeit bei Apple war McKenna eine äußerst erfolgreiche meinungsbildende Instanz im High Tech-Bereich. Zunächst sträubte er sich dagegen, nun auch für Apple zu arbeiten, da er bereits einige andere äußerst hochkarätige Computer-Firmen wie Intel und National Semiconductor betreute. Doch schließlich gelang es Steve Jobs, McKenna von der reizvollen Aufgabe zu überzeugen, das Image der jungen Firma Apple entscheidend mitzugestalten und in der Öffentlichkeit bekannt zu machen. Doch zurück zu Apple: Der zweite Apple-Computer wurde im April 1977 in San Francisco auf der West Coast Computer-Messe vorgestellt und sorgte sogleich in der aufkeimenden Computer-Industrie für Furore. Obwohl der Apple-Stand kleiner als bei den anderen Firmen war, erregte der Hintergrund-beleuchtete Apfel die Aufmerksamkeit zahlreicher Besucher. Da man sich bereits frühzeitig für die Messe angemeldet hatte, befand sich der Apple-Stand günstigerweise direkt am Eingang, so dass jeder Besucher an ihm vorbeikam. Auf dem Monitor des Apple II liefen farbige Kaleidoskope ab, welche die Zuschauer in ihren Bann zogen.

Während der Apple I noch ein Gerät war, das für Bastler und Freaks gedacht war, verfügte der Apple II bereits über eine Tastatur und er war mit Hilfe der Programmiersprache *BASIC* auch programmierbar. Im August 1977 erwarb Apple für 21.000 Dollar die Lizenz für *BASIC*, eine relativ einfache Programmiersprache, die von der noch jungen Firma Microsoft entwickelt worden war (siehe auch das Vorkapitel). Aus diesem Produkt entstand das leicht abgewandelte «Applesoft Basic», dass sich im ROM des Apple II befand und dem Anwender erlaubte, auf einfache Art und Weise Programme zu erstellen, die das Leistungsspektrum des Rechners erweiterten und damit nicht unwesentlich zu seiner großen Popularität beitrugen.

Anders als bei den bisher erhältlichen Computern wie zum Beispiel auch dem Apple I wurde der Apple II mit einem Gehäuse aus Kunststoff ausgeliefert. Seine Benutzer mussten sich also bei dem 1.298 Dollar teuren Gerät nicht mehr mit einer lose herumliegenden Platine herumplagen. Ein weiterer Vorteil bestand darin, dass auch ein Fernseher als Bildschirm angeschlossen werden konnte; sparsame Kunden konnten sich also die zusätzlichen Kosten für die Anschaffung eines Monitors sparen.

Der Apple II hatte durchschlagenden Erfolg. Die Bestellungen für den Rechner erreichten innerhalb kürzester Zeit Rekordhöhen und als Apple 1978 dann mit der Apple-Disk noch ein passendes Laufwerk herausbrachte, führte dies erneut zu einem enormen Schub an Bestellungen. Mit der Apple-Disk gelang Wozniak ein wahres Meisterstück. Zur damaligen Zeit waren sämtliche Floppy-Systeme noch «hardsectored» – das bedeutete, dass pro Sektor ein Loch in der Disk eingestanzt war, damit der Anfang eines Sektors vom Lesegerät erkannt werden konnte. «Floppy» (wörtlich übersetzt: «Schlappscheibe») ist dabei eine Diskette für den Computer; das zugehörige Laufwerk nennt man Floppy-Laufwerk oder Disketten-Laufwerk.

Wozniak definierte stattdessen ein bestimmtes Bitmuster als Erkennungszeichen für den Sektoren-Anfang. Die Hardware-Anforderungen für Wozniaks Verfahren waren wesentlich kostengünstiger als bei den bisher üblichen Disk-Controllern. Das Floppy-Laufwerk und der zugehörige Controller waren wesentlich preiswerter zu produzieren, da von Wozniak zahlreiche Hardware- durch Software-Funktionen ersetzt worden waren. Als die Apple-Disk im Juli 1978 auf dem Markt erschien, stellte sie das zur damaligen Zeit mit Abstand kostengünstigste und zugleich leistungsfähigste Floppy-System dar. Der Preis betrug 600 Dollar, während die Produktion des Gerätes etwa 80 Dollar kostete. Mit der Apple-Disk wurde aus einem Computer für Bastler, ein richtiger Personalcomputer.

Wichtig für den Erfolg des Apple II waren auch die wie schon zuvor beim Altair zu findende offene Architektur. Der Apple II verfügte über acht Steckplätze für Erweiterungskarten. In die Steckplätze konnten beliebige Karten – auch von anderen Herstellern – hinein gesteckt werden. Das Gerät verkaufte sich so gut, dass es der Firma Apple gelang, ihre Rechner als Standard im Heimcomputer-Markt innerhalb der USA zu etablieren. Das erste Geschäftsjahr schloss Apple mit einem Umsatz von 774.000 Dollar ab, wobei immerhin 42.000 Dollar als Gewinn blieben.

Regis McKenna – Apples Marketing-Guru

Eine weitere Weichenstellung für die Zukunft, die im Zuge des Marketings für den Apple II erfolgte, war die Entscheidung erstmals für einen Computer außerhalb eines Fachmagazins eine Anzeige zu schalten. Regis McKenna legte von Anfang an Wert darauf, dass die Firma Apple sich ein Image in der Öffentlichkeit aufbaute, das durch Mut zum Individualismus und Risikobereitschaft gekennzeichnet sein sollte. Im Zuge des Marketings für den Apple II sollte daher eine Anzeige für einen Computer erstmals außerhalb eines Fachmagazins geschaltet werden. So konnte Apple seinen Mut eindrucksvoll unter Beweis stellen, in bisher unbekannte Zonen vorzustoßen.

Der beste Ort zur Platzierung einer Anzeige war nach Meinung des Werbeprofis McKenna eine Zeitschrift mit einem möglichst hohen Anteil an männlichen Lesern. Zugleich bestand der Reiz darin, eine Zeitschrift auszuwählen, von der niemand erwarten würde, dass in ihr Computer auftauchen würde. Er wählte deshalb das Playboy-Magazin aus, um Anzeigen für den Apple II zu schalten.

Die erste in einer Nicht-Fachzeitschrift geschaltete Anzeige für den Apple II erschien im amerikanischen Playboy-Magazin. Dieser geschickte Schachzugdes Marketing Gurus Regis McKenna sorgte mit dafür, dass der Name Apple auch bei Nicht-Computerfreaks bald im ganzen Land bekannt war.

Es gelang ihm mit dieser Strategie eine Menge Aufmerksamkeit für das Produkt zu erzeugen und Apple auf diese Weise zu einem der bekanntesten Unternehmen Amerikas zu machen. McKenna hatte sich ursprünglich zunächst dagegen gesträubt, für Apple zu arbeiten, da er bereits einige andere äußerst hochkarätige

Computerfirmen wie Intel und National Semiconductor betreute. Doch schließlich gelang es dem hartnäckigen Steve Jobs McKenna davon überzeugen, dass es eine reizvolle Aufgabe sei, das Image der jungen Firma Apple entscheidend mitzugestalten und in der Öffentlichkeit bekannt zu machen. 1970 eröffnete McKenna, nachdem er zuvor bereits erfolgreich Werbekampagnen für National Semiconductor durchgeführt hatte, seine erste PR-Agentur. Aufgrund seines hervorragenden Rufes wurde die Firma Intel zu einem der ersten Klienten seiner Firma. Mc Kenna sorgte mit seiner genialen Kampagne unter dem Namen «Operation Crush» dafür, dass Intel in den Augen der Öffentlichkeit als Technologieführer im Bereich der Mikroprozessortechnik erschien. Die «Operation Crush» wurde 1978 von Intel initiiert und hatte den Zweck Erzkonkurrenten Motorola vom Markt zu drängen und Intel öffentlich als technologischen Vorreiter zu etablieren, wobei der folgende Slogan zum Einsatz kam:

«There is only one high-performance VLSI computer solution – Intel delivers it.» (Es gibt nur eine leistuntsstarke sehr hoch integrierte Computerlösung – Intel liefert sie.)

Die Kampagne machte aus Intels Not nicht die schnellsten und fortschrittlichsten Prozessoren anbieten zu können, eine Tugend indem man sich als Anbieter von integrierten Systemen präsentierte. Es ließen sich außerdem Zahlen präsentieren, die belegten, dass der Intel-Prozessor innerhalb eines optimalen Systemverbunds besser abschnitt als vergleichbare Motorola-Produkte.

Intel setzte Motorola zudem mit einem über hundert Seiten umfassenden Katalog zukünftiger Produkte mächtig unter Druck. Der Katalog enthielt unter anderem Beschreibungen von Prozessoren, die fünfmal schneller als die Motorola-Produkte arbeiten sollten. Der Haken an der Sache war nur, dass sich diese Prozessoren im Grunde zum Zeitpunkt der Veröffentlichung des Katalogs noch nicht einmal im Entwicklungsstadium befanden. Die Intention des Katalog bestand darin, treuen Kunden zu zeigen, was sie in den kommenden Jahren erwarten würde, wenn sie der Firma Intel die Treue hielten.

Die von Regis McKenna geleitete Intel-Marketing-Kampagne «Operation Crush» etablierte Intel in den Augen der Öffentlichkeit äußerst erfolgreich als Technologieführer, obwohl die Konkurrenz von Motorola eigentlich die schnelleren Chips anbot. Trotzdem verlor Motorola in Folge der Kampagne den Großteil seiner Marktanteile im Computerchip-Sektor an Intel.

Motorola reagierte mit einem ähnlichen Katalog, der jedoch weniger eindrucksvolle Zukunfts-Produkte enthielt. Hinzu kam, dass sich Motorola darauf einließ, seine Prozessoren im Systemvergleich gegen Intel antreten zu lassen, wobei Motorola deutlich den Kürzeren zog, obwohl man über die definitiv schnellere Prozessortechnologie verfügte. Die Operation Crush entwickelte sich zu einem solchen Erfolg, dass Intels 8086-Prozessor gegen Ende 1980 sämtliche Konkurrenten vom Markt verdrängt hatte. Motorolas Marktanteil konnte auf erbärmliche 15 Prozent gedrückt werden, während Intel zum klaren Marktführer aufstieg. Regis McKenna hatte aufgrund seiner äußerst geschickten Kampagne an diesem Aufstieg Intels zum Weltmarktführer einen nicht unbedeutenden Anteil.

Software und neue Märkte für den Apple II

Auf der West Coast Computer Fair wurde 1979 «VisiCalc» – ein Programm zur Tabellenkalkulation, das ausschließlich auf dem Apple II lief – vorgestellt. Der Erfolg von «VisiCalc», das später unter dem Namen «Lotus 123» firmierte, übertraf alle Erwartungen. Zahlreiche Anwender legten sich nur wegen dieser Software die nötige Apple-Hardware zu. Der Apple II wurde dank der neuen Killer-Applikation zum Standard für Business-Computer und verkaufte sich bis Ende 1979 fast 50.000 Mal.

Ein weiterer Aspekt der Erfolgsstory des Apple II war das sehr gute Verhältnis, das die Firma Apple zur Programmierer-Gemeinde entwickelte. Bei anderen Firmen bestand die übliche Praxis darin, nur den hauseigenen Programmierern Einblicke in das eigene Betriebssystem zu gewähren. Bei Apple wurde im Gegensatz dazu das Betriebssystem von Anfang an transparent gemacht. Zum Lieferumfang des Apple II gehörte ein kommentiertes ROM-Listing ebenso wie das Angebot, sich bei Fragen schriftlich an den Entwickler Wozniak wenden zu können. Apple tat sehr viel, um den Programmierern die Entwicklung neuer Programme so einfach wie möglich zu machen.

Und so hob sich Apple nicht nur Dank seines Logos vom Image her stark von den anderen grauen Mäusen der Computer-Konkurrenz ab; es entwickelte sich eine positive Eigendynamik, da ein besseres und umfangreicheres Software-Angebot automatisch dazu führte, dass mehr Anwender den Apple zum Computer ihrer Wahl machten. Und je mehr Anwender vorhanden waren, desto lukrativer wurde es, Software für Apple zu entwickeln. Dem Ruf, eines der innovativsten Unternehmen der gesamten Branche zu sein, wurde die Firma Apple zweifellos zu jener Zeit schon mehr als gerecht.

Eine Vielzahl von Entwicklungen an Hardware und Software wurde erstmals für den Apple II konzipiert und war später äußerst erfolgreich auf dem Markt: Neben VisiCalc wurden für den Apple II auch mit Electric Pencil die erste Textverarbeitung und mit AppleWorks die erste integrierte Büro-Software entwickelt. Weitere Innovationen waren zum Beispiel Mailbox-Systeme als Vorläufer der heutigen großen Internetdienst-Anbieter sowie HyperCard – als Vorläufer von HTML! – als erste HyperText-Anwendung. HyperCard ist im März 2004 von Apple eingestellt worden. Die Mac OS X-kompatible Weiterentwicklung von HyperCard trägt den Namen «SuperCard».

SuperCard – die Mac OS X-kompatible Weiterentwicklung von HyperCard.

Der Apple II blieb als regelrechter «Dauerbrenner» bemerkenswerterweise mehr als 16 Jahre lang auf der offiziellen Produktliste der Firma Apple. Erst im November 1993 wurde mit dem Apple IIe der letzte Vertreter der Apple II-Modellreihe aus dem Programm genommen. Bis zu diesem Zeitpunkt wurden insgesamt über fünf Millionen Rechner dieser Reihe ausgeliefert.

Mit dem Apple II wurde aus der Garagenfirma Apple ein ernst zu nehmendes Unternehmen, wie auch Steve Wozniak rückblickend zu berichten weiß:

«Im Sommer 1978, nur ein halbes Jahr nach der Vorstellung des Diskettenlaufwerkes, arbeiteten bereits über 60 Angestellte bei Apple. Insgesamt wurden 1978 vom Apple-II-Computer 8.000 Exemplare verkauft, und das Management war der Meinung, dass man mit dieser Zahl das Maximum des Absatzes erreicht hätte.»

Diese Prognose sollte sich jedoch als falsch erweisen, da Apple 1979 über 35.000 Geräte verkaufen und damit einen Umsatz von rund 50 Millionen Dollar erzielen konnte. Die Firma Apple befand sich auf einem rasanten Expansionskurs.

Der Bildungssektor wurde schon früh von Apple als lohnender Markt entdeckt und kultiviert. Bis auf den heutigen Tag gehört er zu den wichtigsten Absatzmärkten für die aus Cupertino kommenden Computer «für den Rest von uns».

Mike Markkula fasste sein Verständnis von Marketing in drei prägnanten Thesen zusammen, die jahrelang für jeden Marketing-Mitarbeiter der Firma Apple das «Evangelium» darstellten:

«Einfühlungsvermögen:
Wenn wir unseren Kunden und Händlern gegenüber Einfühlungsvermögen besitzen, werden wir deren Bedürfnisse in der Tat besser verstehen als irgendeine Firma sonst. Wir werden wissen, wie sie über unsere Produkte und über Apple denken.

Konzentration:
Um innerhalb der Dinge, die wir tun wollen, gute Arbeit verrichten zu können, müssen wir alle unwichtigen Möglichkeiten eliminieren, aus den übriggebliebenen nur diejenigen auswählen, zu denen wir auch die Mittel haben, sie gut zu verrichten, und auf diese müssen wir schließlich unsere ganzen Bemühungen konzentrieren.

Zuschreibung:
Tatsächlich wird ein Buch nach seinem Umschlag beurteilt, eine Firma nach deren Repräsentanten, die Qualität eines Produkts nach seiner Verpackung. Durch die Produktion qualitativ hochwertiger Anzeigen, Broschüren, Handbücher und anderer Begleitmaterialien haben wir den Eindruck vermittelt, dass der Apple II ein qualitativ hochwertiges Produkt ist.»

Als einen für Apple geschickten Schachzug sah Markkula vor, ein spezielles Ausbildungs-Programm ins Leben zu rufen, durch das den Schulen Apple-Computer zur Verfügung gestellt wurden. Markkula ging davon aus, dass Schüler, die mit dem Apple-Computer groß wurden, der Firma Apple auch als Erwachsene ihre Treue halten würden. Zu diesem Zweck gründete er als Bildungs-Stiftung die Apple Education-Foundation. Sein Konzept war so erfolgreich, dass Apple über einen langen Zeitraum ein Quasi-Monopol im Bereich von Lern-Software aufrechterhalten konnte.

Der Apple II etablierte sich schnell zum Standard-Rechner für Schulen und Universitäten. Mit der Programmiersprache *BASIC* eignete sich der Apple II als ideales Gerät zum Erlernen des Programmierens. Bis auf den heutigen Tag ist der Bildungssektor neben dem Publishing-Bereich für Apple einer der wichtigsten Märkte.

Apples erste Flops – Apple III und Lisa 3

Apples erste Flops – Apple III und Lisa

Neben dem von Apple anvisierten Bildungssektor sollte mit dem Apple III auch das wichtige Marktsegment der Firmen- und Geschäfts-Welt erschlossen werden. Kunden aus dem Unternehmensbereich benötigten – neben Programmen zur Textverarbeitung und Tabellenkalkulation – auch einen Bildschirm, der mehr als 40 Zeichen darstellen konnte.

Der Apple III sollte deshalb in der Lage sein, insgesamt 80 Zeichen auf dem Bildschirm darzustellen und zur Software des Modell-Vorgängers kompatibel sein. Zudem sollte der Apple III über mehr Speicherplatz für Anwendungen verfügen.

«Sara» entwickelt sich zum Sorgenkind

Der Codename für das Projekt lautete – nach der Tochter des Chef-Ingenieurs Wendell Sanders – «Sara».

Steve Jobs entwarf das Gehäuse für den Apple III, doch um die ganze Technik, die in das Gerät hineingepackt werden sollte, unterbringen zu können, erwies es sich als zu klein, wie sich Apple-Mitarbeiter Trip Hawkins erinnert:

> «Steve Jobs beteiligte sich am Apple III in einer Art und Weise, die wirklich zersetzend war. Der Apple III ist eine Konsequenz aus Woz' Träumen. Woz ist jemand, der die Zusammenhänge überblickt. Er war in der Lage, all die Dinge, auf die geachtet werden musste, zu berücksichtigen, und all diese Gedanken in die Entwicklung des Geräts zu integrieren. Aber für den Apple III wollte Steve das Gehäuse entwerfen und er hatte schon damit begonnen, lange bevor sie beschlossen hatten, was die CPU ausführen sollte. Im Laufe der Zeit steckten sie mehr und mehr auf die PC-Platine und schließlich konnten sie sie nicht in dem Gehäuse unterbringen, das Steve entworfen hatte. Aber er war nicht bereit, es zu ändern.»

Nach der großen Anerkennung, die das Design des Apple II geerntet hatte, war Steve Jobs davon überzeugt, ein besonderes Talent für Design zu haben. Wohl deshalb sollte das Gehäuse nicht verändert werden.

Nach über zweijähriger Entwicklungszeit erschien der Apple III, dessen Verkaufszahlen jedoch aufgrund des hohen Preises erheblich hinter den hochgeschraubten Erwartungen zurückblieben.

Der Apple III konnte nicht an die Erfolge seiner Vorgänger anknüpfen.

Zum Glück fand die Apple II-Modellreihe jedoch weiterhin guten Absatz. Aufgrund des ständig zunehmenden Absatzes wurde auch die Firma Apple immer größer. 1980 besaß Apple bereits über 1.000 Angestellte. Neben den USA wurde nun zunehmend auch das Ausland mit Apple-Computern beliefert. In Irland wurde eine eigens für den europäischen Markt vorgesehene Produktionsstätte für die Herstellung des Apple II eröffnet.

Im gleichen Jahr machte das junge Unternehmen bereits mehr als 100 Millionen Dollar Umsatz. Nach dem triumphalen Börsengang erfolgte ein Jahr später der erste Tiefschlag, den Apple hinnehmen musste: Im Februar 1981 gab Apple offiziell bekannt, dass die interne Uhr des Apple III aufgrund von Qualitätsmängeln entfernt worden war. National Semiconductor, der Hersteller der Uhr, erfüllte angeblich nicht die hohen Anforderungen Apples.

Die massiven Probleme mit diesem Computer blieben jedoch bestehen. Beinahe zwanzig Prozent (!) aller Rechner ließen ihre Besitzer im Stich. Bei einigen Exemplaren hatten sich beim Versand Chips und andere Bauteile aus ihren Sockeln gelöst, so dass sich die Computer überhaupt nicht mehr starten ließen. Andere Rechner versagten schon nach kurzer Laufzeit ihren Dienst.

Die tiefere Ursache für die schwerwiegenden Probleme mit dem Apple III ging auf Jobs zurück. Er hatte auf den Einbau eines Kühlers verzichtet und ein extrem kompaktes Gehäuse gefordert, wobei er irrtümlicherweise davon ausgegangen war, dass die Konstruktion selbst genug Wärme ableiten könne. Dies war jedoch nicht der Fall. Die Computer litten an massiver Überhitzung und der gute Ruf der Firma Apple nahm empfindlichen Schaden. Mit dem Apple III sollte eigentlich nach Meinung der Marketing-Manager eine neue Strategie verwirklicht werden, die eine klare Trennung zwischen Business- und Heim-Anwendern vorsah.

Trotz der genannten Mängel hatten die Apple-Ingenieure auch dieses Mal eine Fülle von Neuerungen in das aktuelle Modell gepackt. Erstmals gab es Cursortasten mit zwei Druckpunkten, so dass ein starker Tastendruck zu einer Beschleunigung der Cursor-Bewegung führte; mit «SOS» (Sophisticated Operation System) war ein hoch entwickeltes Betriebssystem mit an Bord. Der Rechner verfügte über eine Echtzeit-Uhr mit Batterie-Pufferung, 128K serienmäßigen Hauptspeicher, die Möglichkeit eine externe Festplatte anzuschließen sowie noch einige weitere Verbesserungen. Etwas absurd mutet die trotz des Apple III-Desasters betriebene Modellpolitik der Firma Apple an.

Der Apple III war aufgrund seiner technischen Unzulänglichkeiten ein ziemlicher Flop für Apple. Daran konnten auch die kreativsten Werbeanzeigen nichts ändern.

Obwohl man eigentlich vom Erfolg des Apple II existierte, wurden Neuentwicklungen stets zuerst in den Apple III gesteckt. Der Apple II wurde gewissermaßen künstlich «klein gehalten». Andererseits wollte man natürlich alte Modelle allmählich durch neuere ablösen. Niemand konnte ahnen, dass der Apple II noch bis 1989 produziert werden sollte. Die Apple III-Baureihe entpuppte sich dagegen als finanzielle Katastrophe für die Firma aus Cupertino.

Es vergingen einige Jahre, bis man mit dem Erscheinen des Apple IIe eine echte Produktpflege der IIer-Linie betrieb; und Wozniak meinte diesbezüglich einmal, dass der IBM PC vielleicht nicht zu dem Erfolg gekommen wäre, zu dem er in diesen Jahren gelang, wenn die Firma Apple ihm rechtzeitig – in Form eines besser ausgestatteten Apple IIe – auf dem Markt Paroli geboten hätte.

Apple an der Börse

Mike Markkula und der erste Geschäftsführer der Firma Apple, Mike Scott, wollten mit dem Lisa-Projekt endlich den Durchbruch auf dem Büromarkt schaffen, der ihnen mit dem Apple III verwehrt geblieben war. Das Projekt hatte höchste Priorität und sollte auf jeden Fall so schnell wie möglich in die Tat umgesetzt werden. Steve Jobs sollte aus dem Projekt entfernt werden, da beide befürchteten, dass Jobs mit seinen ständigen kreativen Visionen nur Chaos stiften würde. Das Projekt sollte stattdessen von John Couch geleitet werden, der das volle Vertrauen der beiden Apple-Manager genoss. Jobs wurde zum Vorsitzenden des Verwaltungsrats (siehe auch Kapitel 2) gemacht, wo er keine leitende Funktion mehr innerhalb der Firma bekleidete und aktuelle Projekte wie zum Beispiel das Lisa-Projekt nicht mehr gefährden konnte. Jobs war über seine «Beförderung» alles andere als glücklich. Obwohl er nicht einverstanden war, hielt er zunächst still und beschränkte sich auf seine neue Rolle – gänzlich unbedeutend war seine neue Aufgabe nicht, da er nun gegenüber der Öffentlichkeit als Gallionsfigur der Firma Apple fungieren und den Börsengang des Unternehmens vorbereiten sollte. Und tatsächlich wurde der Börsengang von Apple 1980 zu einem äußerst spektakulären Ereignis.

Die ursprünglich auf 14 Dollar angesetzte Aktie, eröffnete jedoch bereits bei 22 Dollar. Innerhalb von Minuten waren sämtliche 4,6 Millionen Aktien verkauft. Der Kurs der Aktie schloss am Ende des ersten Börsentages bei 29 Dollar. Die vor nicht allzu langer Zeit gegründete «Garagenfirma» Apple hatte damit plötzlich den sagenhaften Börsenwert von 1,778 Milliarden Dollar.

Aus Jobs, Wozniak und Markkula waren aufgrund ihrer Aktienanteile Multimillionäre geworden. Im Dezember 1982 erreichte Apple als erstes Unternehmen aus der Computer-Industrie jährliche Verkaufszahlen in Höhe von einer Milliarde Dollar. Nur wenige Monate später erschien die Computerfirma aus Cupertino als bisher schnellster Aufsteiger überhauptauf Rang 411 in der Liste der Fortune 500. Der Börsengang von Apple war ein typisches Kapitel in der bewegten Geschichte der Start-up-Unternehmen des Silicon Valley. Über Nacht waren über 40 Apple Mitarbeiter zu Millionären geworden. Am Ende des Börsentages war Steve Jobs um 256,4 Millionen Dollar reicher, Steve Wozniak verfügte plötzlich über 135,6 Millionen Dollar und Mike Markkula – der ursprünglich 92.000 Dollar aus seinem Privatvermögen in die Garagenfirma Apple investiert hatte – freute sich nach dem Börsengang über 239 Millionen Dollar. Dem Unternehmen aus Cupertino war die Verwirklichung des Amerikanischen Traums vom «Overnight Millionaire» gelungen.

Mit einem Umsatz von 583 Millionen Dollar stellte Apple 1982 zwar einen Umsatzrekord auf und schaffte es als jüngstes Unternehmen in die Top 500 Liste der führenden amerikanischen Unternehmen, doch neben diesen Erfolgen gab es auch einen schweren Schicksals-Schlag: Im Februar 1981 wäre Steve Wozniak bei einem Flugzeugunglück beinahe ums Leben gekommen. Gemeinsam mit drei weiteren Passagieren – unter ihnen auch seine spätere zweite Ehefrau Candice Clark – bestieg Woz am Nachmittag des 7. Februar 1981 seine Beechcraft Bonanza A36 TC. Kurz nach dem Abheben stürzte das Flugzeug wieder auf die Rollbahn. Da bei späteren Untersuchungen keinerlei technische Effekte am Flugzeug gefunden wurden, weist vieles auf einen Pilotenfehler hin. Candi Clark erlitt schwere Schnittwunden im Gesicht und auch die beiden anderen Passagiere wurden schwer, jedoch glücklicherweise nicht tödlich verletzt.

Woz erlitt eine schwere Gehirn-Erschütterung. Für einen gewissen Zeitraum funktionierte sein Kurzzeit-Gedächtnis nicht mehr; ein Schock, der ihn dazu bewog, Apple für einige Zeit zu verlassen, um einige Dinge zu tun, für die er bisher keine Zeit gehabt hatte.

Der genialeEntwickler, der den Apple I im Grunde komplett im Alleingang und den Apple II, bis auf das Netzteil, ebenfalls praktisch allein entwickelt hatte, war bis 1983 nicht mehr bei Apple aktiv. 1983 kehrte Woz zwar noch einmal zurück, doch nach einer Reihe von schweren Auseinandersetzungen mit Steve Jobs verließ er Apple 1985 endgültig. Steve Wozniak blieb der Firma jedoch als externer Berater erhalten. Woz war überhaupt nicht begeistert darüber, dass Steve Jobs offensichtlich nur an seinem Macintosh-Projekt interessiert war. Im Winter 1984 rief er bei Sculley an und beschwerte sich heftig über seinen Kompagnon:

> «Als drittgrößter Aktionär möchte ich dir mitteilen, dass ich total sauer bin, und das trifft auch auf eine Menge anderer Leute zu. Diese Leute arbeiten an dem Apple II, und alles, was sie hören, ist Mac, Mac, Mac. Es schmerzt mich zu erleben, wie die Leute demoralisiert werden. Als ich an diesem Morgen zur Arbeit kam, wollten die Ingenieure, die Manager und die Sekretäre ganz einfach kündigen, sie waren so empört darüber. Die Aktionäre mussten den Eindruck gewinnen, dass die Gesamteinnahmen des Unternehmens vom Macintosh stammen.»

Steve Wozniak – the Wizard of Woz

Als drittgrößter Aktionär von Apple, konnte Woz es sich jederzeit leisten, aus der Firma zusteigen. Und das tat er dann auch mehrfach. Steven Gary Wozniak, auch genannt der «Wizard of Woz», wurde am 11. August 1950 in San José, Kalifornien, als Sohn eines Elektroingenieurs bei der Lockheed Missiles and Space Company geboren. Schon von Kindesbeinen an galt der Junge als mathematisches Genie. Bereits mit zehn Jahren baute er eigene Transistor-Radios und mit elf seine erste Rechenmaschine. Die Aufnahmeprüfung für das Studienfach Mathematik an der Universität von Colorado schloss er mit der maximal erreichbaren Punktzahl von 800 Punkten ab.

Während er wie ein Besessener an seinem ersten Computer arbeitete, heiratete Woz Anfang 1976 seine erste Frau, Alice Louise Robertson, für die er jedoch so wenig Zeit fand, dass die Ehe nach einem Jahr schon wieder geschieden wurde. Woz konstruierte den Apple I und anschließend den Apple II. Doch bereits bei der Arbeit am Apple II fiel es ihm zunehmend schwer, sich voll und ganz auf seine Aufgabe zu konzentrieren.

Die Konstruktion des Apple I sowie das Disketten-Laufwerk zum Apple II bezeichnet Steven Gary Wozniak selbst als seine größten technischen Leistungen bei Apple.

Der Börsengang Apples 1980 machte Woz zum Multimillionär. Vor dem Börsengang hatte der stets als äußerst gutmütig geltende Woz an alle möglichen Freunde und verwandte Apple Aktien verschenkt. Eine Idee, auf die Jobs nicht im Traum gekommen wäre.

In der Zeit nach seinem Flugzeugabsturz im Februar 1981 wurde Woz zum Veranstalter von nur mäßig erfolgreichen Rock-Festivals. Aus einer spontanen Laune heraus war ihm die Idee gekommen, eine Art Woodstock der achtziger Jahre ins Leben zu rufen. Woz gründete zu diesem Zweck eine Organisation namens UNUSON («unite us in a song»). Zweihunderttausend Rockfans pilgerten im

Sommer 1982 in ein Tal im San Bernardino Gebirge, um beim ersten von Woz organisierten Festival den Klängen von so bekannten Gruppen wie Police, Tom Petty und Fleetwood Mac zu lauschen. Woz empfand das ganze Event als «big fun»; finanziell war das Festival jedoch ein Debakel. Der exzentrische Woz verlor beinahe 13 Millionen Dollar, beschloss jedoch trotzdem sogleich im kommenden Jahr ein weiteres Festival auf die Beine zu stellen.

Am Memorial Day-Wochenende des Jahres 1983 wurde das zweite Festival veranstaltet. Das Line-Up konnte sich wahrlich sehen lassen: Unter anderem waren David Bowie, Van Halen und U2 am Start. Es war jedoch erneut ein Verlustgeschäft für Woz – und auch der Geist von Woodstock konnte nicht erfolgreich reanimiert werden. Während des Konzerts tauchten Rowdies auf, so dass es zu einer Massenschlägerei kam. 145 Festival-Teilnehmer landeten im Gefängnis und zwei verloren ihr Leben. Mit seinem zweiten Festival setzte Woz nochmals mehrere Millionen Dollar in den Sand.

Schon bald später kehrte Woz dem Festival-Geschäft jedoch den Rücken und begann wieder bei Apple einzusteigen, wo er die Maus für den Apple IIc entwickelte. Lange hielt er es jedoch nicht bei Apple aus, da ihm die von Steve Jobs ausgelöste Macintosh-Hysterie zu sehr gegen den Strich ging und man ihm auch keine herausfordernden Aufgaben mehr übertrug, die ihn wirklich reizten.

Als Woz 1985 Apple wieder einmal verließ, betrug sein vierprozentiger Aktienanteil an Apple einen Wert von rund 70 Millionen Dollar. Er gründete die Firma CL-9 (Cloud 9), die eine universell programmierbare Fernbedienung für elektronische Unterhaltungsgeräte auf den Markt brachte.

Als Jobs von Sculley bei Apple an die Luft gesetzt worden war, reagierte Woz darauf, indem er weitere Apple-Aktien im Wert von fünf Millionen Dollar erwarb. Er verkündete öffentlich, dass Apple sich unter Sculley nun wieder auf dem besten Weg befände. Die Moral würde wieder stimmen und auch die Produkt-Qualität würde wieder passen.

1985 erhielt Woz auch noch gemeinsam mit Steve Jobs aus der Hand von Präsident Reagan mit der «National Medal of Technology» die höchste Auszeichnung für Forscher in den USA. Im selben Jahr ging er wieder zur Universität von Berkeley, um sein 1972 begonnenes Elektrotechnik-Studium zu beenden. Der alte Spaßvogel Woz zog es vor, als Student inkognito zu bleiben und schrieb sich deshalb unter dem Namen «Rocky Raccoon Clark» an der Uni ein; Clark war der Mädchenname seiner Frau und Rocky Raccoon der Name seines Hundes. Im Juni 1986 wurde Woz sein akademischer Grad verliehen. Zu diesem Anlass hielt er eine Rede, in der er auch sein Lebensmotto verkündete:

«Glück ist das Wichtigste im Leben. Man kauft keinen Computer, wenn man nicht überzeugt ist, dass er eine Straße zu größerem Glück bedeutet. Alles, was man im Leben tut, ist auf das Glück ausgerichtet.»

Steve Jobs hätte möglicherweise anstelle des Glücks den Erfolg in den Vordergrund gestellt. Doch Woz war immer ein spielerisch durch das Leben gehender Mensch. Woz hatte schon immer davon geträumt, Kinder im Umgang mit Computern zu unterrichten. Seine Firma CL-9 war nur mäßig erfolgreich und so begann er sich Ende der achtziger Jahre verstärkt im sozialen und erzieherischen Bereich zu engagieren. Er gab nicht nur Unterricht, sondern entwickelte auch Lehrmaterial, das Schülern den Zugang zum Computer erleichtern sollte.

Woz gründete 1990 als ein Beispiel für seine vielfältigen sozialen Aktivitäten die Electronic Frontier-Stiftung, die Hackern zur Seite steht, die strafrechtlich verfolgt werden. Im selben Jahr gründete er in San José auch das Tech Museum, das Silicon Valley Ballet und das Childrens' Discovery Museum.

In der Zeit von 1982 bis 1987 war Woz mit – der Olympia-Teilnehmerin im Kajak – Candi Clark verheiratet, mit der er drei Kinder hat. Seit 1990 ist er in dritter Ehe mit der Rechtsanwältin Suzanne Mulkern verheiratet. Kinder spielen seitdem eine noch größere Rolle in seinem Leben. Woz engagiert sich weiterhin intensiv für öffentliche Einrichtungen und leistet freiwillige Erziehungsarbeit in Kindergärten im Silicon Valey, wo er Kinder von spanischsprachige Einwanderern unterrichtet.

Woz wohnt heute in Los Gatos, Kalifornien und ist weiterhin als externer Berater für Apple tätig. 1997 und 2003 tauchte er noch einmal in der Öffentlichkeit im Rahmen von Apple Messe Events auf. Ansonsten ist er jedoch eher öffentlichkeitsscheu. Den Platz im Rampenlicht überlässt er lieber Steve Jobs.

Woz wird der Firma Apple vermutlich für immer in gewisser Weise verbunden bleiben, doch es ist davon auszugehen, dass er niemals mehr eine tragende Rolle bei Apple spielen wird. Offensichtlich ist die Freundschaft zu seinem ehemaligen Kompagnon Steve Jobs schon vor langer Zeit zerbrochen. Vermutlich hat die Beziehung zwischen Jobs und Woz einen erheblichen Knacks, von dem sie sich nie mehr erholt hat, bekommen, als Woz davon erfuhr, dass Jobs ihn beim Honorar für das Breakout-Spiel, das beide im Auftrag von Atari entwickelt hatte, übers Ohr gehauen hatte. Die schmerzliche Erkenntnis, von seinem Partner betrogen worden zu sein, ereilte Woz erst rund ein Jahrzehnt nach der Arbeit an ihrem ersten gemeinsamen Projekt. In einem Buch von Andy Hertzfeld über die Firma Atari, das gegen Mitte der achtziger Jahre erschien und das ihm vom Autor persönlich überreicht wurde, war zu lesen, dass Jobs den Großteil des Honorars für

Breakout für sich behalten hatte, anstatt es brüderlich mit seinem Partner zu teilen. Woz muss damals so geschockt gewesen sein, die Wahrheit über den Breakout-Deal zu erfahren, dass ihm die Tränen kamen.

Jobs holte Woz in der ersten Jahreshälfte 1997 noch einmal kurz zu Apple, doch nachdem Jobs nach Amelios Abgang endgültig die Macht in Cupertino übernommen hatte, wurde Woz von ihm wieder vor die Tür gesetzt.

Obwohl Woz seit seinem letzten Intermezzo bei Apple nun noch mehr Zeit für sein Privatleben und seine wohltätigen Aktivitäten hat, ist er zugleich auch ein technischer Tüftler geblieben, der es nach wie vor liebt, elektronische Geräte zu entwerfen. Seit Januar 2002 betreibt er daher die Firma WOZ («Wheels of Zeus»), die kabellose Elektronik-Produkte entwickelt.

Mit seiner neuen Firma «WOZ» (Wheels of Zeus) möchte der notorische Menschenfreund Woz Technik entwickeln, «die Menschen im Alltag unterstützt».

Das Herz der WOZ-Plattform ist das lokale Datenfunknetz «WOZ-Net»: Es ermöglicht via GPS die Lokalisierung von mit Sendern ausgestatteten Objekten, die sich innerhalb der Reichweite des lokalen Netzes bewegen. Dabei kann es sich zum Beispiel um Hunde, Kinder oder Autos handeln. Woz erklärt hierzu:

«Meine Vision zur Gründung dieses Unternehmens war die Entwicklung von Technik, die Menschen im Alltag unterstützt. Wir entwickeln eine bahnbrechende Netzwerktechnik, die eine substanzielle Lücke im Datenfunkmarkt füllt.»

Aus Wozniak ist im Gegensatz zu Leuten wie Steve Jobs oder dem Oracle-Chef Larry Ellison kein großer Silicon-Valley-Tycoon geworden. Er ist in gewisser Weise ein Kind geblieben und er liebt es von Kindern umgeben zu sein. Ob der «Wizard of Woz» mit seiner neuen Firma erfolgreich sein wird, bleibt abzuwarten. Im Zweifelsfall besitzt der geniale Tüftler, Schelm und Menschenfreund Woz schließlich immer noch ein ansehnliches Apple-Aktienpaket. Er wird also sicherlich nicht Sozialhilfe beantragen müssen, falls seine neue Firma ein Flop wird.

Lisa gegen Mac

Nach dem phänomenalen Erfolg an der Börse wog Apple zwar millionenschwer, doch im Grunde hatte Jobs in seiner Firma nichts mehr zu sagen. Er fungierte nur noch als das Aushängeschild des Unternehmens und nach dem erfolgreichen Börsengang verlor auch diese Funktion erheblich an Bedeutung. Nachdem man ihn vom Lisa-Projekt ausgeschlossen hatte, entdeckte Jobs dann das parallel laufende Macintosh-Projekt als neues Betätigungsfeld für sich.

Jobs Engagement für den Macintosh hatte sowohl positive als auch negative Konsequenzen für Apple. Der Macintosh sollte sich im Gegensatz zum Lisa-Rechner später als Begründer einer Modellreihe erweisen, mit der das Unternehmen wieder auf Erfolgskurs ging. Kurzfristig lief Apple jedoch Gefahr, seine Einheit als Unternehmen zu verlieren, da es zu einer heftigen Rivalität zwischen den einzelnen Entwicklungs-Abteilungen für die Lisa- und die Macintosh-Modellreihe kam. Aus der Sicht der von Jobs angeführten Macintosh-Fraktion besaß Lisa «keine Seele»; es war kein Gerät, das sich von seinem Design her als echtes Apple-Produkt zeigte. Es war vielmehr ein Rechner, der genauso unscheinbar daherkam wie die vergleichbaren Geräte von IBM. Während im Lisa-Team erfahrene Ingenieure arbeiteten, galten die Macintosh-Entwickler als jugendliche Hacker, die als Autodidakten an die technischen Probleme herangingen, mit denen sie konfrontiert wurden.

Lisa und Mac sollten sich eigentlich weder firmenintern noch auf dem Computermarkt Konkurrenz machen. Doch das Gegenteil war der Fall.

Die Macintosh-Entwickler wurden daher von den Lisa-Entwicklern nicht als seriöse Fachleute ernstgenommen. Den Wettlauf mit der Zeit entschied auf jeden Fall das Lisa-Team für sich. Im Januar 1983 – ein Jahr vor dem ersten Mac – erschien der nach einer von Jobs Töchtern benannte Lisa-Rechner auf den Markt.

Die Vorgeschichte zum Lisa ist ein wichtiges Kapitel in der Geschichte des Computers, da sie erklärt, wie es zur Entwicklung von grafischen Benutzeroberflächen gekommen ist, die das Bild des Computer bis auf den heutigen Tag in entscheidender Form geprägt haben.

Jobs Pilgerfahrt zum Xerox PARC

Im Jahre 1979 wurde Steve Jobs zu einem Besuch im *PARC*, dem Palo Alto Research Center des großen Kopiergeräte-Herstellers Xerox in Palo Alto eingeladen. Der Hintergrund für die Einladung bestand darin, dass Xerox gerade ein Aktienpaket von Apple erworben hatte.Im PARC wurden neue visionäre Zukunftstechnologien entwickelt. Hier hatten Forscher die Möglichkeit, Grundlagenforschung zu betreiben, ohne dabei Rücksicht auf die Erfordernisse des Marktes nehmen zu müssen. Xerox konnte es sich leisten, 50 der besten Forscher Amerikas an Dingen arbeiten zu lassen, die nicht innerhalb kürzester Zeit zu einem marktfähigen Produkt werden mussten. Im Verlauf der siebziger Jahrewurden so einige innovative Produkte entwickelt, wie zum Beispiel der Laserdrucker oder das Ethernet-Netzwerksystem, die sich später als äußerst erfolgreich erweisen sollten.

Die Xerox Corporation rief 1970 das Forschungslabor ins Leben, um für das Zeitalter des papierlosen Büros gewappnet zu sein. Als führender Hersteller von Kopiergeräten war man bei Xerox berechtigterweise darüber beunruhigt, dass neuere technologische Entwicklungen den Gebrauch von Papier zukünftig eventuell obsolet machen würden. Man war sich zwar nicht ganz sicher, ob diese «worst case scenario» tatsächlich eintreten würde, doch mithilfe eines innovativen Forschungslabors wollte man dazu in der Lage sein, zukünftige Entwicklungen voraussagen oder auch selbst mitgestalten zu können.

Eine der wichtigsten computerwissenschaftlichen Pioniere, der wichtige Vorarbeiten leistete, auf die man im *PARC* aufbaute, war der Elektronikingenieur Douglas Engelbart. Er prophezeite schon in seinem ein Jahrzehnt zuvor erschienenen Aufsatz «Man-Computer-Symbiosis» für die Zukunft ...

> «eine sehr enge Verbindung zwischen dem Menschen und seinem elektronischen Partner».

Im Dezember 1968 führte Engelbart einen «Augmented Knowledge Workshop» durch, bei dem Computer-Programme mithilfe einer Maus gesteuert wurden. Engelbart war von der Reaktion des Publikums nicht übermäßig begeistert, das offensichtlich die revolutionäre Leistung, die sich hinter der Präsentation verbarg, nicht genügend zu würdigen wusste. Doch es handelte sich auf dem Weg zum benutzerfreundlichen mausgesteuerten PC, der auch für einen Nicht-Informatiker bedienbar sein würde, zweifellos um einen Meilenstein.

Engelbart selbst ging zwar nicht zum Xerox-*PARC*, jedoch einige seiner fähigsten Mitarbeiter. Unter ihnen auch Bill English, der weitere wichtige Beiträge zum Bedienungskonzept der Computermaus beisteuerte. Das Revolutionäre an der Maus bestand darin, dass sie als Eingabemedium eine intuitive Nutzung durch den Benutzer erlaubte.

Im Xerox-*PARC* wurde zusätzlich ein System von Bild-Symbolen (Icons) entwickelt, die es dem Benutzer erlauben, bestimmte Befehle unmittelbar durch Mausklick auszuführen, ohne (wie bisher) dafür irgendwelche Kommandos via Tastatur eintippen zu müssen.

Die wichtigste Entwicklung im Xerox-*PARC* war jedoch die Erfindung eines Arbeitsplatz-Rechners, der die herkömmlichen Großrechen-Anlagen ersetzen sollte und vom Benutzer anhand einer grafischen Benutzeroberfläche mit einem neuen Eingabegerät – der Maus – gesteuert wurde. Der Prototyp des Arbeitsplatz-Rechners – der Alto: mit grafischer Benutzeroberfläche, Fenstern und Icons sowie Ethernet-Technik – erblickte hier das Licht der Welt. Der Preis für einen Alto betrug rund 18.000 Dollar. Er war einerseits der Urvater des PCs, jedoch andererseits natürlich viel zu teuer für den Massenmarkt.

Der Alto verfügte nicht nur über eine grafische Benutzeroberfläche, sondern auch einen «bit-mapped»-Bildschirm. Das bedeutete, dass jedes Bild-Element, jedes Pixel mittels Eingabe von Bits im Speicher des Alto verändert werden konnte. Auf diese Weise verfügte dieser Rechner bereits über die wichtigsten Fähigkeiten für die spätere Technologie des Desktop Publishing. Schon auf dem Alto konnten Texte und Grafiken gemeinsam auf dem Bildschirm dargestellt und verändert werden. Er funktionierte somit nach dem so genannten *WYSIWYG*-Prinzip («What you see is what you get»), das wiederum die Basis für die 1984 mit dem Macintosh einsetzende Desktop Publishing Revolution war.

Als Jobs bei seinem Besuch die Gelegenheit hatte, den Alto zu begutachten, entwickelte er die Vision, den Alto nachzubauen und – zum Preis eines Apple II – für den Massenmarkt erschwinglich zu machen. Der Anblick des Alto muss demnach so etwas wie ein Offenbarungserlebnis für Jobs gewesen sein: Fortan war er von der Idee eines Computers, der so einfach und intuitiv zu bedienen sein sollte, dass kein Handbuch für die Benutzung notwendig wäre, gleichermaßen fasziniert wie besessen. In der Tat sollte das einige Jahre darauf erscheinende Benutzerhandbuch lediglich Hinweise auf das Auspacken und Anschließen des Rechners an das Stromnetz in Textform enthalten. Alle übrigen Instruktionen wurden mittels Bildern und Symbolen gegeben.

Lisa besaß allerdings als eigentlicher Vorläufer des Macs bereits eine grafische Benutzeroberfläche und konnte mit einer Maus bedient werden. Lisa war jedoch mit 4 MHz und später 6 MHz Prozessor-Geschwindigkeit ein für den hohen Preis zu langsamer Rechner und wurde vom Markt nicht angenommen.

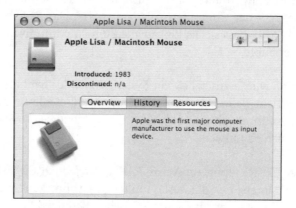

Der Lisa-Rechner war der erste in Serie hergestellte Rechner für den Massenmarkt, der mit einer Maus bedient werden konnte.

Zum Glück für die Firma Apple hatte Jef Raskin im Auftrag von Chairman Mike Markkula bereits 1979 mit der Entwicklung einer weiteren Produktlinie begonnen. Diese wurde nach Raskins Lieblings-Apfelsorte benannt: «Macintosh».

Der Rechner sollte nach dem Willen seines Erfinders auch von einem technisch nicht vorgebildeten Anwender problemlos bedienbar sein. Vor dem ersten Mac liegt jedoch unter chronologischen Gesichtspunkten noch der Apple IIe, die Fortentwicklung des legendären Apple II. Vor dem Apple IIe lag genau genommen noch der Apple II+, der jedoch ebenso wenig innovativ wie erfolgreich war.

Nachdem sich sowohl Apple II+, Apple III und Lisa als Flops erwiesen hatten, besann man sich bei Apple darauf, ein wirklich entscheidend verbessertes Modell des Apple II herauszubringen, der nach wie vor die wichtigste Einnahmequelle darstellte.

In der Zwischenzeit hatte die Computer-Technik einige Fortschritte gemacht: Mithilfe neuer Schaltkreise, die eine höhere Packungs-Dichte aufwiesen, war die Integration mehrerer Chips in Form von so genannten «Gate Arrays» möglich, die relativ kostengünstig produziert werden konnten. Mit neuen RAM-Bausteinen und Techniken zur Speicherverwaltung war der Apple IIe zudem nun auf bis zu 128K Arbeitsspeicher erweiterbar. Im Mai 1983 erreichte Apple mit dem Apple IIe 60.000 verkaufte Modelle im Monat – endlich hatte man in Cupertino wieder einen Hit gelandet.

Lisa – «die freundliche Assistentin»

Obwohl Lisa ein kommerzieller Flop war, erwies sich dieser Rechner doch als Meilenstein in der Geschichte des Computers, da er den Generationswechsel von den ersten noch recht umständlich zu bedienenden Personalcomputern zur neuen Generation von intuitiv bedienbaren Rechnern markiert. Als Zielgruppe wurden nicht nur Elektronik-Freaks, sondern auch Manager angepeilt, da der Preis für diese Art von Rechnern Deutschland bei rund 30.000 DM lag. Die Computerzeitschrift *CHIP* schrieb in diesem Sinne anlässlich der Vorstellung des Rechners: «Die freundliche Assistentin».

Die Hardware bestand aus einem 68.000er Prozessor von Motorola, der bis zu 1 MByte Hauptspeicher verwalten konnte. Der Rechner verfügte über einen hoch auflösenden Schwarzweiß-Monitor, eine abnehmbare Tastatur, die mit Spiralkabel und einem Klinkenstecker mit dem Gerät verbunden war, eine Maus und zwei Disketten-Laufwerke. Hinzu kam eine parallele und zwei serielle Schnittstellen sowie drei Steckplätze für Erweiterungskarten. Der Rechner war relativ leise, da keine Lüfter zur Wärme-Abfuhr zum Einsatz kamen. Ähnlich benutzerfreundlich wie die Software war auch die Hardware leicht zu warten. Das Gehäuse konnte ohne Schraubenzieher geöffnet und Einzelteile konnten ohne Werkzeug ausgewechselt werden.

Der Lisa Rechner war zu teuer und technisch unausgereift und entwickelte sich daher zum Flop für Apple.

Das eigentliche Glanzstück war jedoch die Software, die aus dem Lisa Operating System (Lisa OS) und der Lisa Shell mit einigen integrierten Programmen bestand. Der Bildschirm symbolisierte den Schreibtisch, auf dem die zu bearbeitenden Dokumente zu finden waren. Mithilfe des Befehls «Alles zur Seite legen» konnten alle auf dem Schreibtisch befindlichen Dokumente automatisch ordentlich auf dem Desktop aufgereiht werden. Die zugehörigen integrierten Programme waren das Kalkulations-Programm LisaCalc, das Präsentations-Programm LisaGraph, das Zeichen-Programm LisaDraw, das Text-Programm LisaWrite, das Programm zum Projekt-Management LisaProject sowie die Datenverwaltungs-Software LisaList.

Erstmals fand bei Lisa auch die Software Smalltalk breite Anwendung. Smalltalk war bereits 1972 von Alan Key entwickelt worden und diente für die Kommunikation der einzelnen Programme untereinander. Trotz allem war der Anschaffungs-Preis einfach zu hoch.

1984 brachte Apple ein weiteres Modell, die Lisa 2, zum halben Preis auf den Markt – doch auch diese konnte sich nicht behaupten. Im folgenden Jahr wurde das Gerät in «Mac XL» umbenannt und mit einer Emulation versehen, die das Mac OS unterstützte. 1986 wurde die Produktion des Mac XL dann endgültig eingestellt.

Trotz vollmundiger Presse-Anzeigen, in denen Lisa als «Masarati for your mind» beworben wurde, tat Steve Jobs in der Öffentlichkeit alles, um Lisa gegenüber dem Macintosh äußerst schlecht aussehen zu lassen.

Die letzten 2.700 unverkauften Modelle fanden ein ziemlich unsanftes Ende, sie landeten im Schrott. An dem ziemlich unrühmlichen Ende des Lisa-Projekts war

Steve Jobs sicherlich nicht ganz unschuldig. Neben einer Vielzahl von technischen Unzulänglichkeiten und der starken Konkurrenz durch IBM, das mit Lotus 123 ein Kalkulations-Programm herausgebracht hatte, das weitaus zuverlässiger und leistungsfähiger als VisiCalc war, scheiterte Lisa auch aufgrund der kontraproduktiven Pressearbeit, die Jobs für einen Rechner betrieb, der ihm aus tiefstem Herzen verhasst war.

In einem New Yorker Hotel hatten sich anlässlich der Produkteinführung von Lisa eine Reihe von wohlgesonnen Journalisten eingefunden, die nun erwarteten, dass Steve Jobs seine übliche Show für den neuen Rechner abzog. Stattdessen sprach Jobs jedoch fast die ganze Zeit über sein Lieblingsprojekt, den Macintosh, und ließ durchblicken, dass dieser Rechner zu einem Bruchteil des Preises von Lisa mehr Leistung bringen würde. Nach dem Lisa-Desaster geriet auch der Kurs der Apple-Aktie ins Taumeln. Während der Kurs der Apple-Aktie im Sommer 1983 mit 63 Dollar ihren bisherigen Höchststand errcicht hatte, fiel nach der Veröffentlichung der Gewinne des letzten Geschäftsjahres, die um 80 Prozent gesunken waren, der Kurs der Aktie auf 23 Dollar pro Stück. Apple befand sich in einer Krise.

Doch es zeichnete sich bereits eine neue Hoffnung am Horizont ab. Zu Beginn des Jahres 1984 sollte der von Steve Jobs heiß geliebte Macintosh auf dem Markt erscheinen, um den Aktienkurs und die Gewinnzahlen des Unternehmens wieder in ungeahnte Höhen zu katapultieren. Zumindest Jobs war felsenfest davon überzeugt, dass mit dem Macintosh eine neue Computerrevolution eingeleitet werden würde.

In gewisser Weise behielt er mit dieser Vision auch Recht, auch wenn die Verkaufszahlen des Macintosh für lange Zeit unterhalb der allzu optimistischen Verkaufsprognosen blieben.

Die Macintosh-Computer-Revolution 4

Die Macintosh-Computer-Revolution

Der Mac und sein Nachfolger der Mac Plus begründeten eine legendäre Rechner-Familie, die sich in jeder Beziehung wohltuend von den IBM-kompatiblen «Rechenknechten» abhob. Nach dem Lisa-Flop wurde das gleichnamige Projekt-Team bei Apple aufgelöst und Mike Markkula, der Präsident von Apple, zog sich zunehmend ins Privatleben zurück.

Steve Jobs wählte daraufhin 1983 John Sculley als neue Führungs-Persönlichkeit für Apple aus. Jobs leitete zudem nun die Mac-Entwicklungsgruppe. Nachdem er einige Forscher vom ursprünglichen Xerox-*PARC* Forscherteam abgeworben hatte, arbeitete man unter Hochdruck am Urmodell des Macintosh-Rechners, der die Leistungsfähigkeit von Lisa zu einem wesentlich günstigeren Preis bieten sollte.

Nicht Apple, sondern ein Forschungsteam der Firma Xerox entwickelte das Konzept der grafischen Benutzeroberfläche, dass von Apple allerdings stark erweitert und erstmals für den Konsumentenmarkt zur Marktreife gebracht wurde.

Jef Raskin – der geistige Vater des Macintosh

Die Geschichte wird bekanntlich von den Siegern geschrieben und Steve Jobs hat den Macintosh stets als sein geistiges Kind präsentiert. Doch in Wirklichkeit kommt dieses Verdienst dem ursprünglichen Leiter der Macintosh-Abteilung Jef Raskin zu. Raskin wurde von Jobs schrittweise entmachtet und da er ähnlich wie Jobs über ein sehr ausgeprägtes Ego verfügte, entschloss sich Raskin 1982, Apple schließlich für immer zu verlassen.

Jobs wurde somit in jenem Jahr der Leiter des Macintosh-Teams und konnte dann später den Ruhm für die Entwicklung des Macintosh für sich einheimsen, obwohl dabei in erster Linie auf die langjährige Pionierarbeit Raskins zurückgegriffen wurde.

Eine der zentralen Bestandteile des Macintosh-Mythos – so wie er von Jobs stets kultiviert worden ist – besteht darin, dass Jobs seinerzeit im Xerox-Forschungspark die Inspiration für die Entwicklung des Macintosh bekam. Wenn man sich die Chronologie der Ereignisse anschaut, stellt man jedoch fest, dass es hier eine kleine Unstimmigkeit gibt. Jobs besuchte Xerox Ende 1979. Die Pläne für die Macintosh- und Lisa-Projekte lagen bei Apple jedoch schon im Frühling 1979 auf dem Tisch und wurden im September 1979 genehmigt. Rund drei Monate, bevor Jobs sein viel zitiertes Offenbarungs-Erlebnis hatte.

Schon im März 1979 wurde Jef Raskin die Aufgabe übertragen, ein Projekt namens «Annie» zu leiten. Die Idee zu «Annie» ging auf Mike Markkula zurück, der einen Low-Cost-Rechner für unter 500 Dollar, der hauptsächlich für Spiele gedacht sein sollte, auf den Markt bringen wollte.

Nicht Steve Jobs, sondern Jef Raskin war der geistige Vater des Macintosh.

Raskin hatte jedoch keine Lust, sich mit «so etwas wie einem Spielecomputer» abzugeben und schlug stattdessen einen universell einsetzbaren preisgünstigen Rechner vor, wobei er darauf hoffte, seine jahrelange intensive Beschäftigung mit dem Problem des Designs einer optimalen Benutzer-Schnittstelle einbringen zu können:

> *«Ich fand das Projekt gut, aber an einem Spielecomputer war ich eigentlich nicht besonders interessiert. Aber es gab ja noch dieses andere Ding, das mir schon lange im Kopf herum schwirrte und das ich Macintosh nannte. Es sollte aus Sicht des Anwenders entwickelt werden, was zum damaligen Zeitpunkt einfach unvorstellbar war.»*

Schon als Student war Raskin Mitte der sechziger Jahre aufgefallen, wie mühsam Computer doch eigentlich zu bedienen waren. In seiner Doktorarbeit waren bereits Ansätze zur Gestaltung einer grafischen Benutzeroberfläche zu finden. Im Sommer 1973, lange bevor Jobs seinen legendären Besuch im Xerox-Forschungspark machte, besuchte Raskin das *SAIL*-Forschungslabor für Künstliche Intelligenz (Stanford Artificial Intelligence Laboratory).

Da sich der Xerox-Forschungspark in unmittelbarer Nachbarschaft des Forschungslabors befand, stattete Raskin auch ihm einen Besuch ab. Bei Xerox wurde Raskin zum ersten Mal mit den bahnbrechenden Arbeiten von Douglas Engelbart bekannt gemacht, dem Erfinder der Maus als Eingabemedium. Was Raskin bei Xerox sah, brannte sich für immer in sein Gedächtnis ein.

Im Xerox-Forschungslabor hatte Steve Jobs dem gerne kultivierten Mythos nach sein Offenbarungserlebnis, das zur Entwicklung des Macintosh führte. In Wirklichkeit war jedoch Jef Raskin, der eigentliche geistige Vater des Macintosh, schon lange vor ihm dort gewesen.

Als sich ihm bei Apple die Chance eröffnete, einen neuen Computer zu konzipieren, präsentierte er seine Ideen zur Gestaltung eines fortschrittlichen Benutzer-Interfaces in einem Paper namens «Computers by the Millions», das als philosophisches Manifest mit den wichtigsten Ideen zur Gestaltung des späteren Macintosh betrachtet werden kann. Raskin behandelte nicht nur das Thema des Interface-Designs, sondern auch die Auswirkungen einer fortschrittlichen Computer-Technologie auf die Gesellschaft. Raskins Papier geriet auch in die Hände von Steve Jobs, der sich möglicherweise zu einem gewissen Grad in seiner persönlichen Eitelkeit verletzt sah, da bisher Jobs als der große Visionär und Zukunftsdenker bei Apple gegolten hatte.

Das Konzept eines kompakten und einfach zu bedienenden All-in-One-Computers, das Jahrzehnte später beim iMac noch einmal eine äußerst erfolgreiche Renaissance erleben sollte, wurde bereits 1979 von Raskin im Rahmen seiner Ideen eines Computers «für den gewöhnlichen Anwender» formuliert: Raskin war ein Gegner des für technische Laien nur sehr schwer zugänglichen Produkt-Designs bisheriger Rechner. Dies bezog sich nicht nur auf die Benutzeroberfläche, sondern auch auf die technische Erweiterbarkeit des von ihm geplanten Volkscomputers.

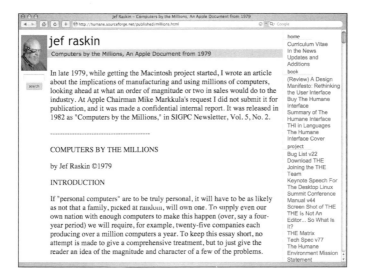

Jef Raskin stellt im Internet seine grundlegenden Beiträge zur Zukunft des Computers und zum Interface-Design zur Verfügung.

Das Konzept eines kompakten und einfach zu bedienenden All-in-One-Computers, das Jahrzehnte später beim iMac noch einmal eine äußerst erfolgreiche Renaissance erleben sollte, wurde bereits 1979 von Raskin im Rahmen seiner Ideen eines Computers «für den gewöhnlichen Anwender» formuliert: Raskin war ein Gegner des für technische Laien nur sehr schwer zugänglichen Produkt-Designs bisheriger Rechner. Dies bezog sich nicht nur auf die Benutzeroberfläche, sondern auch auf die technische Erweiterbarkeit des von ihm geplanten Volkscomputers.

Im Gegensatz zur bisherigen Vorgehensweise sollte der Macintosh Erweiterungsplätze besitzen, die von außen auch für technisch unbedarfte Benutzer zugänglich sein sollten, ohne dafür extra den Rechner öffnen zu müssen. dass es notwendig war den Rechner extra zu öffnen. Das Macintosh-System sollte von seinem Aufbau her in jeder Hinsicht einfach zu benutzen und zu erweitern sein:

> «Es sollte von außen zugängliche Erweiterungssteckplätze geben, damit die Anwender den Computer niemals öffnen müssten (externe Ports waren vorgesehen). Der Arbeitsspeicher sollte eine vorgegebene Größe haben, damit alle Anwendungen auf allen Macintosh-Rechnern laufen würden. Bildschirm, Tastatur und Massenspeicher (sowie ein Drucker, hofften wir) sollten eingebaut werden, sodass der Kunde wirklich ein vollständiges System bekommen würde und wir das Erscheinungsbild von Zeichen und Grafik kontrollieren könnten.»

Zu Raskins Konzept gehörte es auch, dass der Rechner mit einem Gewicht von rund 20 Pfund noch tragbar sein und über einen Akku für den mobilen Betrieb verfügen sollte. Nicht zu vergessen war schließlich das revolutionäre Konzept der grafischen Benutzeroberfläche. Sämtliche Aktivitäten des Benutzers sollten auf einer einheitlichen Oberfläche stattfinden. Egal ob Schreiben, Rechnen oder Zeichnen – alle Aktivitäten des Benutzers würden auf dem Desktop stattfinden.

Mit der firmeninternen Veröffentlichung von Raskins Paper entstand ein Spannungsfeld zwischen Raskin und Jobs, das schließlich einige Jahre später in einem offenen Konflikt zwischen beiden kulminierte. Bis der Vorstand «grünes Licht» für seinen Vorschlag eines Volkscomputers gab, arbeitete Raskin im Lisa-Team mit. Das Lisa-Projekt war bereits genehmigt worden.

Im September 1979, kurz bevor das Annie-Projekt genehmigt wurde, schlug Raskin dem Lisa-Team vor, einen Besuch im Xerox-Forschungspark zu machen. Das Lisa-Team sah dort den Alto-Rechner mit einer grafischen Benutzeroberfläche und einer Maus als Eingabemedium.

Der im Xerox-Forschungslabor entwickelte Alto war der erste Rechner mit grafischer Benutzeroberfläche und Maus.

Für die Mitglieder des Lisa-Teams war es ein regelrechtes Offenbarungserlebnis, für Raskin war es «Schnee von gestern». Er hatte all diese Dinge schon vor langer Zeit gesehen.

Nach dem Besuch im Xerox-*PARC* war das Lisa-Team derartig enthusiastisch, dass man beschloss den mächtigsten und zugleich benutzerfreundlichsten PC aller Zeiten zu bauen. Raskins Konzept eines Volkscomputers geriet dagegen ein wenig ins Abseits.

Trotzdem erhielt Raskin die Genehmigung, an Annie weiter zu arbeiten, während Jobs über Annie nur die Nase rümpfte; Jobs war zu diesem Zeitpunkt noch ein fanatischer Befürworter des Lisa-Projekts. Zu den ersten Amtshandlungen von Raskin als Leiter des Annie-Projekts gehörte die Änderung des Projektnamens. Raskin hatte eine Abneigung dagegen, die neuen Computermodelle alle mit Mädchennamen zu belegen. Deshalb taufte er den Computer nach seiner Lieblingsapfelsorte «Macintosh», wobei der ursprüngliche Name der Apfelsorte «McIntosh» lautete. Um juristische Probleme zu vermeiden, wählte Raskin bewusst eine modifizierte Version des Namens.

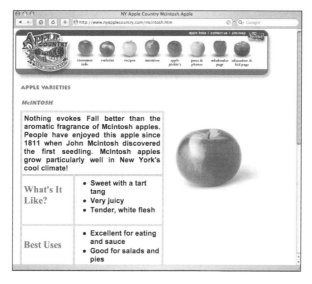

Jef Raskin taufte den Macintosh-Computer nach seiner Lieblingsapfelsorte, dem McIntosh-Apfel, da er der Meinung war, dass Mädchennamen für Computer sexistisch seien.

Anschließend veröffentlichte Raskin die erste Version seines Grundlagenwerkes «The Book of Macintosh», eine am Ende der Laufzeit über 400 Seiten lange ausführliche Dokumentation über sämtliche Schritte, die zum Macintosh-Rechner führen sollten. Raskin wollte einen Rechner konstruieren,

> «der so nützlich sein sollte, dass sein Benutzer ihn vermissen würde, wenn er nicht da war».

Ähnliche Sätze waren später aus dem Mund von Steve Jobs zu hören, nachdem er «The Book of Macintosh» gelesen hatte.

Das Macintosh-Team wurde langsam größer. Unter den Team-Mitgliedern befand sich kurioserweise auch Bill Atkinson, der offiziell eigentlich ein Mitglied des Lisa-Teams war. Atkinson hatte allerdings einen solchen Narren an der Idee des Macintosh-Projekts gefressen, dass er freiwillig heimlich beim Macintosh-Team mitmachte. Atkinson war zugleich auch eine Schlüsselfigur in Hinblick auf Steve Jobs Offenbarungserlebnis im Xerox-*PARC*.

Raskin schickt Jobs zu Xerox

Eigentlich hatte Raskin bereits im Jahr 1978 Wozniak und Jobs zu einem gemeinsamen Besuch im Xerox-*PARC* eingeladen. Beide lehnten jedoch aus verschiedenen Gründen ab. Jobs bemerkte Raskin gegenüber, dass eine so gigantische Firma wie Xerox ohnehin nicht dazu in der Lage sein könne, etwas wirklich Innovatives zu gestalten. Hinzu kam das Problem, dass Jobs ihn «uncool» fand und dass davon auszugehen war, dass jeder Vorschlag, den er gegenüber Jobs äußern würde, von diesem als ebenso «uncool» befunden würde.

Raskin wollte jedoch, dass Jobs die Pionier-Leistungen von Xerox mit eigenen Augen sah, damit die Idee der Entwicklung einer fortschrittlichen Benutzerschnittstelle auch vom Top-Management befürwortet wurde. Raskin schickte deshalb Atkinson zu Jobs, von dem er wusste, dass Job ihm vertraute. Atkinson schlug Jobs vor, das Palo Alto Research Center von Xerox zu besuchen – und ohne lange zu zögern war Jobs einverstanden. Als Jobs sich gemeinsam mit Atkinson auf dem Rückweg nach Cupertino befand, fragte er Atkinson aufgeregt wie ein kleines Kind, wie lange es dauern würde, bis man die Ideen, die Jobs soeben gesehen hatte, in die Entwicklung der Lisa- und Macintosh-Rechner integrieren könne.

Atkinson, der zu diesem Zeitpunkt bereits gemeinsam mit Raskin an der Verwirklichung eben dieser Ideen gearbeitet hatte, antwortete ruhig und gelassen, dass es in etwa 6 Monate dauern würde, bis man bei Apple ebenfalls über eine grafische Benutzerschnittstelle verfügen könne. Wenn Atkinson und Raskin zu diesem Zeitpunkt nicht schon erhebliche Vorarbeiten in dieser Richtung geleistet hätten, wäre ein solch kurzer Zeitraum für die Entwicklung einer derart fortschrittlichen Technologie absolut unrealistisch gewesen. Doch Atkinson wusste genau was er tat, als er Jobs seine optimistische Antwort gab und Jobs war sofort Feuer und Flamme.

Atkinson machte sich später mit der Entwicklung von HyperCard einen großen Namen bei Apple. HyperCard ermöglichte große Informations-Mengen mithilfe von Verweisen und Verknüpfungen interaktiv miteinander zu verbinden. Die HyperCard-Software gestattete dabei auch die Einbindung von Grafiken und Musik. HyperCard kann zu Recht als Vorläufer von HTML, der Sprache des World Wide Web, betrachtet werden.

John Sculley bezeichnete in diesem Sinne HyperCard zwar einerseits prophetisch als «einen weiteren Baustein für die kommende Computerrevolution», doch er verpasste die Chance HyperCard zu einem allgemeinen Standard für interaktive Autoren-Systeme zu machen. Möglicherweise wäre ansonsten eine der wichtigsten Schlüssel-Technologien für das World Wide Web ein Lizenzprodukt aus dem Hause Apple gewesen.

Monitor und Computer sollten im ersten Mac laut Raskins Konzept in einem integrierten Gehäuse stecken. Steve Jobs war ursprünglich in den ersten beiden Jahren ein erbitterter Gegner der Macintosh-Linie, da er davon überzeugt war, dass Raskins Konzept niemals funktionieren würde. Angesichts der beachtlichen Fortschritte von Raskin änderte er jedoch schließlich seine Meinung und machte sich intern zum bedingungslosen Befürworter des Mac-Computers, um ihn gleichzeitig in der Öffentlichkeit als «sein Baby» zu präsentieren.

Jef Raskins Idee eines kompakten All-in-One-Computers mit integriertem Bildschirm wurde erstmals mit dem Macintosh verwirklicht und erlebte in letzter Zeit in der neuen Ära Jobs mit der iMac- und eMac-Modellreihe eine außerordentlich erfolgreiche Renaissance.

Jobs und Raskin im Clinch

Jobs betrieb etwas, was Raskin als «MDH» bezeichnete: «Management durch Herumrennen». Jobs gab Impulse und war an allen Orten gleichzeitig, getrieben von einem grenzenlosen Streben nach technischer und ästhetischer Perfektion.

Schon bald wurde klar, dass der ursprünglich geplante Verkaufspreis von 500 Dollar für den Macintosh nicht zu halten war. Als Raskin sich über das mögliche Scheitern seines Projekts eines Volkscomputers Sorgen machte, erklärte ihm Jobs, dass er sich über den Preis keine Gedanken verschwenden müsse. Er solle einfach die Features verwirklichen, die seiner Meinung nach unabdingbar zum Macintosh-Konzept gehören mussten.

Raskin hielt diese Vorgehensweise für absolut realitätsfremd. Ein realistisches Konzept zur Entwicklung eines neuen revolutionären Rechners musste beides berücksichtigen – sowohl die Leistungsmerkmale als auch die Kosten. Seinen zweifellos richtigen Standpunkt formulierte er in einem von ironischen Untertönen gespickten Memo, dass er als Reaktion auf Jobs Antwort diesem im Oktober 1979 zukommen ließ.

«Ein kleiner, leichter Computer mit einer ausgezeichneten Schreibmaschinen-Tastatur. Dazu gehören ein 96 Zeichen breiter und 66 Zeilen hoher Bildschirm ohne nennenswerte Tiefe sowie ein Drucker in Briefqualität, der ebenfalls nur wenig wiegt, gewöhnliches Papier annimmt und eine Seite Text pro Sekunde ausgibt (allerdings nicht so schnell, dass man die Blätter nicht mehr auffangen kann, wenn sie herauskommen). Der Drucker ist außerdem in der Lage, jede Grafik auszudrucken, die sich auf dem Bildschirm (mit mindestens 1.000 x 1.200 Punkten Auflösung) darstellen lässt. In Farbe.

Der Drucker sollte nur einen Bruchteil eines Pfundes wiegen, niemals ein Farbband oder mechanische Einstellungen benötigen. Er sollte jede Schriftart drucken können. Neben dem Bildschirmspeicher gibt es etwa 200 Bytes Hauptspeicher und eine kleines, brieftaschengroßes Speicherelement mit 1 MB Speicherkapazität, das 50 Cent pro Stück kostet.

Mit dem Kauf des Computers erwirbt man unbeschränkten Zugriff auf das ARPA-net, verschiedene Timesharing-Dienstleistungen und andere, über das Netzwerk zugängliche Datenbanken. Dazu eine unübertroffene Sammlung von Software, die die Programmiersprachen BASIC, Pascal, LISP, FORTRAN, APL, PLM, COBOL und einen Emulator für jeden Prozessor umfasst, der neuer ist als der IBM 650.

Beziehen wir Sprachsynthese und -erkennung mit einem Vokabular von 34.000 Wörtern mit ein. Er kann außerdem Musik erzeugen und selbst den singenden Caruso mit dem Mormonischen Tabernakel-Chor simulieren, mit variablem Klang natürlich.

Schlussfolgerung: Mit den Fähigkeiten zu beginnen, ist Quatsch. Wir müssen sowohl mit einer Preisvorstellung als auch mit einer Reihe von Fähigkeiten anfangen und sowohl die heutige als auch die zukünftige Technologie im Auge behalten. Diese Faktoren sind gleichzeitig zu bedenken.»

Es handelt sich in mehrfacher Hinsicht um ein interessantes Dokument aus der Frühzeit des Macintosh. Zum einen zeigt sich ganz klar die große Spannung, die seinerzeit schon zwischen Jobs und Raskin herrschte; zum anderen beinhaltet es – wenngleich in ironisch überzogener Form – zahlreiche Merkmale, die später tatsächlich an Bord des Macintosh zu finden waren:

Soweit Raskins freche Replik auf die von Jobs ausgegebene unrealistische Marsch-Route. Der Macintosh sollte ein Gesamt-Kunstwerk aus Hardware und Software werden. Für einen Peis von 500 Dollar pro Gerät würde dieses Kunstwerk jedoch niemals zu realisieren sein. Die Software für den Macintosh-Rechner sollte kinderleicht zu bedienen sein. Für diesen Part war der Programmierer Andy Hertzfeld, zuständig.

Die Designerin Susan Kare war für den Look des Rechners verantwortlich war. Sie gestaltete nicht nur das sympathische Selbstporträt des Computers, das auf dem Startbildschirm erschien, wenn man den Computer einschaltete, sondern auch die Menüleiste und den Papierkorb, der wie ein gewöhnlicher Mülleimer aussah.

Susan Kare war als Designerin maßgeblich für die Gestaltung der Macintosh Benutzeroberfläche verantwortlich.

Steve Jobs wurde 1981 zunächst ein Mitglied des Macintosh-Teams. Zunächst war Jobs nur für die Hardware des Macintosh zuständig, während Raskin für die

Software und die Dokumentation zuständig war. Doch schon bald versuchte er mit allen Mitteln, das von Raskin geleitete Projekt an sich zu reißen.

Im Februar 1982 erklärte Jobs gegenüber Raskin, dass er jetzt Hardware und Software und damit die Leitung des Projekts übernehmen werde, Raskin könne sich in Zukunft ausschließlich auf die Dokumentation konzentrieren. Für Raskin war damit nach jahrelangen endlosen Reibereien mit Jobs endgültig das Maß voll. Am 1. März 1982 kündigte Raskin und verließ Apple für immer.

Jobs macht sich zum Führer der Macintosh-Revolution

Steve Jobs wollte einen Computer, der sich radikal von jedem bisher auf dem Markt erhältlichen Computer unterscheiden sollte. Der Macintosh sollte ein wahrhaft revolutionäres Gerät sein, das – wie seinerzeit die Einführung des Telefons – zu einem ähnlich dramatischen Umbruch führen sollte.

Besessen von dieser Idee kam Jobs der Gedanke, dass Telefone sehr häufig auf Telefonbüchern standen und dass es doch toll wäre, wenn ein Computer so klein wäre, dass er ebenfalls mit einem Telefonbuch als Standfläche auskommen würde.

Wenige Tage später konfrontierte er seine Designer auf einer Besprechung mit dieser Forderung; sie erschien utopisch. Dies hätte bedeutet, einen Computer zu bauen, der dreimal kleiner sein würde als bisherige Computermodelle.

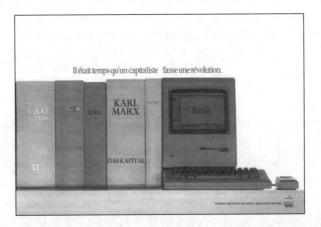

Der Mac sollte nicht mehr als die Standfläche eines Telefonbuches benötigen.

Wollte man es dennoch versuchen, wäre – so die erste logische Schlussfolgerung – anstelle einer horizontalen eine vertikale Konstruktion zu wählen. Auch wenn Steve Jobs Idee in gewisser Weise irrational war, trug sie maßgeblich zur magischen Wirkung des Macintosh bei. Während das Gerät von seinen inneren Werten her nicht viel Neues zu bieten hatte, war der extrem kompakte würfelartige vertikale Aufbau eine wirkliche Innovation. Mitte 1981 stand das Design für den Macintosh fest. Anschließend bestand die Herausforderung darin, so viel wie möglich an Technik in dem sehr engen Gehäuse unterzubringen.

Jobs setzte alles daran zu zeigen, dass er dazu in der Lage war, gemeinsam mit Raskin einen Computer zu entwickeln, der besser als der Lisa war. Am 12. August 1981 tauchte jedoch ein, wie sich schon bald herausstellen sollte, weitaus bedrohlicherer Konkurrent für den Macintosh auf. Die Firma IBM stellte ihr Modell eines Personalcomputers der Öffentlichkeit vor; in der Folgezeit verlor Apple beständig Marktanteile an Big Blue. Wenn der neue Mac nicht bald fertig sein würde, lief Apple Gefahr, völligen Schiffbruch zu erleiden.

So genial Jobs in seinen visuellen Entwürfen war, so unrealistisch waren seine Vorstellungen bezüglich der Erweiterbarkeit des Macintosh-Computers. Schon beim Apple II war dieses Thema ein Streitpunkt zwischen ihm und Wozniak gewesen. Und auch diesmal wollte er als Hauptverantwortlicher des Projekts, dass das elegante Designerstück durch keinerlei Zusatzgeräte in seiner ästhetischen Wirkung gestört werden sollte. Der Computer «für den Rest von uns» sollte überhaupt keine Erweiterungs-Steckplätze besitzen. Wer Wert auf Erweiterbarkeit legte, sollte nach Jobs Meinung im Lisa-Rechner die geeignete Alternative finden.

Obwohl die Entscheidung, den Macintosh sozusagen «nackt» auf den Markt zu bringen, sicherlich kritikwürdig war, befand sich Jobs im Frühling 1981 in einer Phase, in der ihm firmenintern zunehmend Anerkennung gezollt wurde. Er profitierte davon, dass Apples Präsident Michael Scott nach seinen Entlassungs-Maßnahmen zu einer ziemlich unpopulären Figur innerhalb des Unternehmens geworden war. Im März kam der Vorstand zusammen, um über das weitere Schicksal von Scott, dem in letzter Zeit immer weniger treue Anhänger und loyale Mitarbeiter geblieben waren, zu entscheiden. Scott selbst befand sich zu diesem Zeitpunkt auf einem Hawaii-Urlaub. Nach seiner Rückkehr informierte ihn Markkula darüber, dass er ihn in seinem Amt ablösen werde.

Mit Markkula als Präsidenten erweiterte sich der Spielraum von Jobs, der wie besessen an seinem Macintosh-Projekt arbeitete, erheblich. Markkula kannte Jobs und seine Tricks zwar in- und auswendig, doch er war von seinem Temperament her einfach zurückhaltender, was Jobs automatisch zu Gute kam.

Nachdem Jobs zum Macintosh-Team gestoßen war, entbrannte ein regelrechter «Memo-Krieg» zwischen Raskin und Jobs. Jobs Eskapaden wurden für Raskin immer unerträglicher. Jobs wollte das Macintosh-Projekt in «Bicycle» umbenennen, um damit auch durch die Namensgebung zu verdeutlichen, dass es sich um sein Projekt handelte. An den Vorstand händigte er ein Paper mit Plänen zum Projekt «Bicycle» aus, das mehr oder weniger von Raskins Produktplänen abgeschrieben war. Jobs stellte Raskin zudem eine Falle, indem er ihm in letzter Sekunde mitteilte, dass eine Präsentation, die Raskin zu halten hatte, nun doch nicht stattfinden würde. In Wirklichkeit war die Präsentation jedoch nicht abgesagt worden.

Raskin ging, geleitet von einer bösen Vorahnung, trotzdem zum Konferenzraum, den er voll mit Apple-Mitarbeitern vorfand, die auf seine Präsentation warteten. Raskin führte seine Präsentation durch. Als Jobs davon Wind bekam, feuerte er Raskin, um dann eine Stunde später wieder bei ihm aufzutauchen und die Kündigung zurückzunehmen. Raskin war zutiefst enttäuscht und schrieb voller Verzweiflung ein Memo an Mike Scott, in dem er ausführlich über seine Probleme mit Jobs berichtete.

Scott gab das Memo an Mike Markkula, der es wiederum an Jobs weiterleitete. In dem Memo wurde von Raskin eine Vielzahl von Führungsfehlern, die Jobs seiner Meinung nach begangen hatte, angesprochen. Raskin kam zu der Schlussfolgerung, dass Jobs aus zahlreichen Gründen nicht fähig sei, dass Macintosh-Projekt zu leiten:

> «Die folgenden Beispiele verdeutlichen, dass Steve Jobs sich nicht seiner Position als mein Vorgesetzter entsprechend verhalten hat und dass er andere Angestellte und einige, für die Firma lebensnotwendige Produkte demoralisiert bzw. zerstört hat. Die hier dargelegten und Ihnen anvertrauten Vorfälle müssen dazu führen, dass ich unter einer anderen Leitung arbeite, ein neuer Projektleiter für das Macintosh-Unternehmen gefunden wird und an Mr. Jobs die Aufgaben übertragen werden, die mit seinen aufgeführten Fähigkeiten übereinstimmen und bei denen seine Probleme mit der Produktivität und Moral nicht nachteilig beeinflussen. (...)»

Raskin monierte anhand von ausführlichen Beispielen, dass Jobs regelmäßig zu Meetings zu spät kam, oftmals ohne nachzudenken handelte, keine Anerkennung zollte, wo sie angebracht wäre, häufig zu personenbezogen reagiere, zur Verschwendungssucht neige, nicht zuhören könne, sich nicht an Vereinbarungen halte, Entscheidungen oftmals mutterseelenallein treffe, Zeitpläne viel zu optimistisch einschätze, verantwortungs- und rücksichtslos handele und überhaupt ein schlechter Leiter von Software-Projekten sei.

Unter Hochdruck ging trotz dieser erheblichen Spannungen die Entwicklung des Mac voran, der ursprünglich bereits 1982 fertig sein sollte.

Eine zweifellos äußerst konstruktive Idee von Jobs war es, den Macintosh mit einer Reihe von standardisierten Hilfs-Tools für Programmierer auszustatten. So sollte gewährleistet werden, dass jede Anwendung, die für den Macintosh geschrieben wurde, sich automatisch an einen einheitlichen Menü-Aufbau und eine einheitliche Benutzeroberfläche anpassen würde. Im Hintergrund stand dabei die Idee, dass für den Benutzer alles so einfach wie irgend möglich zu benutzen sein sollte. Auf diese Weise machte Jobs aus der Not eine Tugend, dass er einfach nicht über die Zeit verfügte, so wie beim Lisa-Team in jahrelanger Entwicklungs-Arbeit spezielle Software für ein bestimmtes Computer-Modell zu entwickeln. Der Macintosh verfügte zwar über keine Hardware-Schnittstellen, doch die Software-Architektur war sehr offen konzipiert.

Ironischerweise war die erste externe Software-Firma, an die sich Jobs wandte, die von Bill Gates geleitete Firma Microsoft. Bei einem Besuch von Jobs bei Microsoft zeigte sich Gates sichtlich beeindruckt von der Persönlichkeit des hitzköpfigen Jung-Millionärs. Jobs schaffte es, Gates dazu zu verpflichten, innerhalb eines Jahres eine Tabellen-Kalkulation für den Macintosh zu programmieren.

Ein Problem, das – außer von Jobs – schon früh bei Apple erkannt wurde, war die Zielgruppe für den Macintosh. Sowohl der Lisa-Rechner als auch der Macintosh zielten beide auf den Geschäftskunden-Markt. Diese unheilsame Konkurrenzsituation schien für Jobs jedoch kein Problem zu sein, der in einem Memo vom 12. Juli 1981 drei zentrale Marktsektoren für den Macintosh definierte:

> «*Ein Werkzeug für jeden Manager*
> *Jeden Tag verlassen sich mehr und mehr Manager auf den Computer, der ihnen bei der effizienten Ausübung ihrer Aufgaben helfen soll. Der MAC ermöglicht es jedem Manager, das automatisierte Büro mit einem minimalen Einsatz von Zeit und Geld kennen zu lernen. Der MAC wird eine erste und lohnenswerte Erfahrung mit einem Computer sein.*
>
> *Kleine Lisa*
> *Der MAC wird die Produktivität eines jeden Managers wesentlich erhöhen, indem er einige der fortschrittlichen Möglichkeiten der Lisa zu einem Einstiegspreis zur Verfügung stellt.*
>
> *1) Bei der Beförderung und dadurch bedingter Erweiterung des Verantwortungsbereichs wird jeder Manager bereit sein, auf einen Lisa umzusteigen.*
>
> *2) Manager, die bereits einen Lisa benutzen, können den MAC benutzen, wenn sich nicht ihrem Büro sind (auf Reisen, zu Hause).*

'Gewöhnliche Büro- und Schreibarbeiten'

Der MAC kann jeder Sekretärin helfen, sich mit dem Computerbereich vertraut zu machen. Mit dem Macintosh können Sekretärinnen interessantere Aufgaben und mehr Verantwortung übernehmen, was wiederum ihre Manager leistungsfähiger machen kann.»

In den Augen von Jobs sollte der Macintosh sozusagen als «Einstiegs-Droge» für den wesentlich kostspieligeren Lisa-Rechner fungieren; wenn der Mac als (zu einem gewissen Grad) portabler Rechner angesehen wurde, konnte er innerhalb einer Firma auch friedlich mit dem stationären Lisa-Rechner koexistieren.

Der Mac sollte für Manager das portable Zusatzgerät zum stationären Lisa-Rechner sein. Die nüchterne Realität sah jedoch etwas anders aus.

Im Grunde sah die Realität des Marktes jedoch so aus, dass beide Rechner auf dasselbe Markt-Segment hin ausgerichtet waren, wobei der Macintosh außer der Erweiterbarkeit mehr oder weniger die Leistung des Lisa-Rechners zu einem Bruchteil des Preises bot. Daraus folgte eigentlich zwingend, dass der Lisa-Rechner erhebliche Markt-Anteile an den Macintosh verlieren würde.

«Big Blue» schlägt zurück – der IBM-Computer

Als im Juli 1981 IBM seinen ersten PC vorstellte, war das Macintosh-Team zunächst voller Angst, ob dieser Computer eine ernsthafte Konkurrenz für ihr eigenes Projekt darstellen könnte. Doch bereits von seinem Äußeren her wirkte der Computer beinahe wie ein Monster im Vergleich zum niedlichen Macintosh.

Als die Apple-Ingenieure einen Blick in das Innenleben des IBM-PCs warfen, waren sie vollends beruhigt. Der Rechner barg keine wesentlichen technischen Highlights, hatte kein ansprechendes Design, war jedoch trotzdem erfolgreich, wie auch Chris Espinosa feststellte, der seinerzeit für die Dokumentation zum Macintosh verantwortlich war:

> *«Wir schauten uns ihren PC nach der Markteinführung genau an. Zuerst fanden wir es peinlich, wie schlecht ihr Apparat war. Dann versetzte uns der Erfolg einen Schrecken. Wir hofften, der Macintosh werde den Leuten zeigen, was der Personal Computer von IBM war – ein abgedroschener, banaler Versuch auf der Grundlage der alten Technologie.»*

In seinem Kampf gegen die Vorherrschaft von IBM sah Steve Jobs sich in der klassischen Rolle des Underdogs. Um dieses Bild auch in der Öffentlichkeit publik zu machen, startete er eine landesweite Zeitungskampagne, in der die innovativen Jungs von Apple mit ihrem Lebensmotto «Computer-Power-to-the-people» auf eine etwas überhebliche Art den schwerfälligen Giganten IBM als Herausforderer auf dem Computermarkt begrüßten:

> *«Willkommen, IBM.*
> *Ernsthaft.*
>
> *Seien Sie herzlich willkommen im aufregendsten und wichtigsten Markt seit Beginn der Computerrevolution vor 35 Jahren. Und herzlichen Glückwunsch zu Ihrem ersten Computer. Die wahre Macht des Computers dem Einzelnen in die Hand gelegt zu haben, veredelt bereits die Art, wie die Menschen arbeiten, denken, lernen, kommunizieren und ihre Mußestunden verbringen. Computerbildung ist im Begriff, rasch ebenso selbstverständlich wie das Lesen und Schreiben zu werden. Als wir das erste Personal-Computer-System erfanden, schätzten wir, dass über 140 Millionen Menschen weltweit den Erwerb eines solchen rechtfertigen konnten, wenn sie nur die Wohltaten verstünden. Allein im kommenden Jahr, so ahnen wir, werden wohl mehr als eine Million Menschen zu diesem Verständnis finden. Im Laufe der nächsten Dekade wird sich das Wachstum des Personal Computers in logarithmischen Sprüngen fortsetzen. Wir freuen uns auf den verantwortungsvollen Wettbe-*

werb in der gewaltigen Anstrengung, diese amerikanische Technologie der Welt zu unterbreiten. Und wir wissen das Ausmaß Ihrer Verpflichtung zu schätzen. Denn was wir hier verrichten, ist die Steigerung des sozialen Vermögens durch Verbesserung der individuellen Leistungsfähigkeit. Willkommen bei dieser Aufgabe.»

Apple hieß IBM spöttisch auf dem Computermarkt willkommen und startete in der Folgezeit eine gegen IBM gerichtete Anzeigenkampangne. Doch wer zuletzt lacht, lacht bekanntlich am besten.

Der IBM-Computer war zwar alles andere als ein aufregendes Gerät; aber in gewisser Weise lag genau darin die tödliche Gefahr, die von diesem neuen Rechner ausging, der von Apple in der Öffentlichkeit nur spöttisch belächelt wurde. IBM war schon seit jeher ein Synonym für Stabilität und Verlässlichkeit. IBM definierte einen Computer-Standard nach dem anderen und konnte aufgrund seines guten Namens mühelos immer mehr Markt-Anteile auf dem PC-Markt gewinnen, während Apples Anteile zwar immer noch stiegen, jedoch längst nicht in dem dramatischen Umfang wie bei IBM.

Der «Hundert-Milliarden-Fehler» von Big Blue

IBM stieg zwar zunächst mit seinem PC zum Branchenführer auf, doch heutzutage dominieren bekanntlich die Firma Microsoft mit ihrer Software und die Firma Intel mit ihrer Hardware den Computermarkt.

In den jungen Jahren der PC-Ära beauftragte IBM die Firma Microsoft das *DOS* (Disc Operating System) sowie weitere Software und Hilfs-Programme für die hauseigene Hardware zu entwickeln. IBM beging jedoch den kapitalen Fehler, sich nicht die Exklusiv-Rechte an *DOS* käuflich zu sichern.

Erworben wurden lediglich die nicht ausschließlichen Rechte von Microsoft. Das Unternehmen von Bill Gates konnte somit den für IBM entworfenen *MS-DOS*-Code an jedes externe, interessierte Unternehmen verkaufen. Laut Oracle-Chef Larry Ellison erwies sich IBMs Verzicht, auf eine ausschließliche Lizenz zu pochen, als «Hundert-Milliarden-Fehler».

IBMs Verzicht auf eine nichtexklusive MS-DOS Lizenz gegenüber Microsoft erwies sich im Nachhinein als einer der teuersten Fehler der Computergeschichte.

Die Hardware allein reichte für IBM nicht aus, um sich langfristig eine führende Position auf dem Computermarkt zu sichern. Der erste von IBM hergestellte PC setzte zwar einen neuen Standard, doch die meisten Teile, aus denen der Computer zusammengesetzt war, stammten von Intel. Die Original-Konstruktion des IBM-PCs konnte von IBM nicht patentiert werden; jeder Hersteller, der sich die entsprechenden Komponenten besorgte, konnte die Hardware des IBM-PCs kopieren.

Weitaus schwieriger gestaltete sich für die Konkurrenz das Kopieren der zugehörigen *BIOS*-Software, da diese urheberrechtlich geschützt war – *BIOS* («Basic Input/Output System») stellt eine Schnittstelle zwischen der Hardware und Software eines PCs sowie anderer Computer dar.

Eines der ersten Unternehmen, das diesbezüglich zu einer legalen Lösung des Problems gelangte, war die Firma Phoenix Software. Firmenintern waren hier zwei Entwickler-Teams positioniert, die sozusagen aus eigener Kraft ein neues *BIOS* entwickeln sollten, indem das erste Team die Funktionen des IBM-*BIOS* dokumentierte und das zweite Team anhand der Dokumentation eine neue Software zusammenbaute. Als Ergebnis kam bei dieser Vorgehensweise ein *BIOS* heraus, das funktional identisch war, jedoch vom Code her keine Kopie des Original-IBM-*BIOS* darstellte. Dieser – in Anlehnung an die Halbleiter-Fertigung – rechtlich unbedenklichen, so genannten «Reinraum-Methode» folgten auch zahlreiche andere Firmen.

Gary Kildalls Verdienste für die Firma Microsoft

Möglicherweise wäre die Firma Microsoft für immer eine «unbedeutende kleine Software-Schmiede» geblieben, wenn es nicht einen Mann namens Gary Kildall gegebenhätte, der – ähnlich wie Apple und IBM – eine der größten Chancen in der Geschichte der Computers ungenutzt ließ und ansonsten heute anstelle von Bill Gates vielleicht der reichste Mann der Welt sein könnte.

Der promovierte Informatiker arbeitete als Berater für Intel und entwickelte Software für die Prozessoren 8008 und 8080. 1975 erfand er im Zuge seiner Entwicklungsarbeit ein komplettes Betriebssystem, das er *CP/M* («Control Program/Monitor») nannte. Es handelte sich bei seiner genialen Schöpfung um das erste wirkliche «Platten-Betriebssstem» / *DOS* (Disk Operating System).

Während Apple ein eigenes Betriebssystem benutzte, dass auf Motorola-Prozessoren basierte, entwickelte sich *CP/M* bei den Computern der frühen PC-Ära zum Betriebssystem-Standard. Kildall machte sich gemeinsam mit seiner Frau Dorothy mit einer eigenen Firma zur Vermarktung von *CP/M* selbständig. Das Unternehmen entwickelte sich prächtig und Kildall wurde mit *CP/M* zum Multimillionär. Als IBM seinen ersten eigenen PC auf den Markt bringen wollte, machte man sich auf die Suche nach einem geeigneten Betriebssystem. *CP/M* zu verwenden erschien naheliegend, da es als Betriebssystem-Standard eine breite Akzeptanz genoss.

Bill Gates bekam durch einen für ihn äußerst glücklichen Zufall mit, dass IBM nach einem Betriebssystem sucht. Die Manager von Big Blue glauben irrtümlicherweise, dass *CP/M* ein Microsoft-Produkt sei und fragen deshalb zuerst bei Gates in Seattle danach an. Gates verwies die IBM-Manager in einem Anflug von ungewohntem Altruismus weiter an Kildall, da *CP/M* leider kein Microsoft-Produkt sei.

Schon am nächsten Tag stand eine hochkarätige IBM-Delegation bei Kildall mit ihrem Ansinnen auf der Matte. Das Problem war nur, dass Kildall nicht da war. Was an jenem schicksalsschweren Tag genau geschah, gehört zum reichen Schatz der Sagen und Legenden des Sillicon Valley. Kildall befand sich jedenfalls auf einem Ausflug mit seiner zweimotorigen Flugmaschine, obwohl Bill Gates ihn zuvor angerufen und den Besuch der IBM-Delegation angekündigt hatte. Unklarheit herrscht darüber, was genau Bill Gates Kildall damals mitgeteilt hat. Kildall hat später erklärt, dass aus den Worten von Gates die Wichtigkeit des Termins mit den IBM-Vertretern für ihn «nicht klar erkennbar» gewesen sei.

Den Managern von Big Blue blieb nichts anderes übrig als mit Kildalls Frau Dorothy vorlieb zu nehmen. Eigentlich führte Dorothy Kildall ohnehin die Geschäfte, während – ähnlich wie Woz bei den beiden Steves – Gary mehr der technische Tüftler war. Als erster Tagesordnungs-Punkt sollte Kildalls Gattin eine Geheimhaltungs-Verpflichtung von IBM unterzeichnen, die zuvor auch Bill Gates vorgelegt worden war. Dorothy weigerte sich jedoch, da sie die Geheimhaltungs-Klausel als Einschüchterungs-Versuch von IBM interpretierte.

Damit waren die Verhandlungen mit IBM praktisch schon geplatzt, bevor sie überhaupt angefangen hatte. Kildall selbst erklärte später zum fraglichen Zeitpunkt «auf einer Geschäftsreise gewesen zu sein». Er selbst wäre auch zu Verhandlungen mit IBM bereit gewesen, die Geheimhaltungs-Klausel hätte ihm persönlich keine Kopfschmerzen bereitet. Doch da war es schon zu spät.

Nachdem IBMs Verhandlungen mit Kildall gescheitert waren, erklärte sich Bill Gates großmütig bereit, für IBM ein Betriebssytem zu entwickeln. Dabei darf man Gates einen gewisssen Respekt für seinen Mut und seine Entschlossenheit nicht vorenthalten, da er zum damaligen Zeitpunkt überhaupt kein Betriebssystem anzubieten hatte.

Er bekam den Auftrag von IBM und es ist ein verrückter Zufall der Computergeschichte, das einer von Gates Mitarbeitern zufällig von einem Unternehmen wusste, das ebenfalls seinen Sitz in Seattle hattet und günstigerweise bereit war, sein Betriebssystem zu verkaufen.

Es handelte sich um die Firma Seattle Computer Systems mit ihrem Betriebssystem *Q-DOS* («Quick and Dirty Operating System»). *Q-DOS* war im Grunde eine schlechte Kopie von *CP/M*, gegen die jedoch aufgrund ihrer mangelhaften Qualität nicht juristisch vorgegangen wurde. Ende September 1980 erwarb Microsoft *Q-DOS* für einen Ramschpreis in Höhe von 75.000 Dollar und taufte es in *MS-DOS* um.

Anschließend machte Gates seinen zweiten genialen Deal mit IBM, indem er sich das Recht vorbehielt, MS-DOS auch anderen PC-Firmen als Betriebssystem anbieten zu dürfen. Vor Anbruch der Windows-Ära scheffelte Microsoft Millionengewinne mit seinem gegenüber dem ursprünglichen *Q-DOS* leicht modifizierten *MS-DOS* und mit Windows – mehr oder weniger einer schlechten Kopie des Macintosh-Betriebssytems – wurde Gates bekanntlich der reichste Mann der Welt.

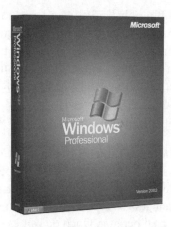

Schon vor der Veröffentlichung von Windows machte Microsoft mit MS-DOS Millionengewinne, da Microsoft sich das Recht vorbehielt MS-DOS nicht ausschließlich für IBM zu entwickeln. Mit Windows, einem Betriebssystem, das seine Wurzeln bei den Produkten und Konzepten der Firmen Xerox und Apple hat, wurde Bill Gates dann Milliardär.

In der heutigen Zeit produzieren neben Phoenix auch Firmen wie AMI oder Award *BIOS*-Software für Computer-Hersteller. Nachdem die Konkurrenz von IBM somit über das *BIOS* und die Hardware verfügte, fehlte nur noch das Betriebssystem, um ein hundertprozentig IBM-kompatibles System herstellen zu können. Da IBM von Microsoft keinen exklusiven Lizenzvertrag verlangt hatte, konnte Microsoft *MS DOS* frei an die Konkurrenz verkaufen. Mit einer lizenzierten Kopie von *MS DOS* war der IBM-kompatible PC perfekt und es war nur noch eine Frage der Zeit, bis der Original-IBM-PC von den Millionen von IBM-kompatiblen PCs auf dem Markt überrollt wurde. Jede Firma, die es wollte, konnte ein IBM-kompatibles System entwickeln.

Apple ging ja bekanntlich den genau umgekehrten Weg – bis auf ein kurzes Intermezzo innerhalb der Firmengeschichte gab Apple niemals die Lizenzen für das Betriebssystem und *ROM* der eigenen Hardware frei. Im Gegensatz zu IBM besitzt Apple auch sämtliche notwendigen Rechte am *ROM* und Betriebssystem, um ein Apple-kompatibles System auf den Markt bringen zu können. Die Hardware zu kopieren, wäre kein allzu großes Problem, da in Apple-Computern ohnehin zahlreiche Standard-PC-Komponenten zu finden sind. Es ist jedoch aus juristischen Gründen für andere Computer-Hersteller absolut unmöglich, ohne Apples Segen einen Mac-Clone auf den Markt zu bringen. Die theoretisch noch denkbare Möglichkeit der Entwicklung einer Betriebssystem-Kopie (nach der Reinraum-Methode) wäre aufgrund der Komplexität heutiger Betriebssysteme zu aufwendig.

Wenn man sich heutzutage anschaut, von welchem Hersteller die meisten Mainboards stammen, gibt es eine sehr klare Antwort: Nicht nur die meisten Prozessoren auf dem Computermarkt, sondern auch die meisten Mainboards stammen von Intel. Bereits seit dem Jahre 1981, als IBM die *CPU 8088* von Intel für den Original-PC von IBM verwendet hat, ist Intel der führende Hersteller für Prozessoren-Chips gewesen.

Schon zu Beginn der achtziger Jahre stieg Intel zum führenden Chip-Hersteller auf und ist es bis auf den heutigen Tag geblieben.

Es blieb jedoch nicht bei den Chips für Prozessoren; Intel ist seit etwa einem Jahrzehnt der größte Zulieferer für sämtliche Chips, die auf einem typischen PC-Motherboard zu finden sind und seit 1994 wurde Intel zum weltweit führenden Hersteller für komplette Motherboards. Im Jahre 1996 stellte Intel beispielsweise mehr Hauptplatinen her als die nächsten fünf größeren Hersteller von Hauptplatinen zusammen. Ähnlich wie Microsoft weite Teile des Marktes für PC-Software kontrolliert, hat Intel den Markt für PC-Hardware im Griff. Apple erscheint im Vergleich dazu so etwas wie «das letzte Dörflein», das noch erbitterten Widerstand gegen die übermächtige Wintel-Allianz leistet.

Früher hieß der Gegner IBM. Heutzutage sieht sich Apple der übermächtigen Wintel-Allianz gegenüber.

Die Bedrohung durch Big Blue

Bevor im August 1981 der IBM-PC den Computermarkt aufrollte, besaßen die Firmen Apple, Commodore und Radio Shack von Tandy gemeinsam 75 Prozent der Anteile am PC-Markt. Obwohl der IBM-PC kein innovatives Gerät war und daher wohl nicht nur von Apple, sondern auch von den übrigen Konkurrenten unterschätzt wurde, stieg der Markt-Anteil von IBM mit jedem neuen Tag unaufhörlich an.

Ironischerweise gehörtes es durchaus zum Kalkül der IBM-Ingenieure, das ihr Computer nicht gerade die «heißeste Kiste» auf dem Markt war, wie Donald Estridge, der Leiter des Projekts mit dem Codenamen «Chess» zwei Jahre später freimütig in einem Interview in der Zeitschrift «Byte» erklärte:

> «Als wir 1980 auf die Idee gekommen sind, einen Personalcomputer zu bauen, haben wir darüber gesprochen, IBM müsse in der Lage sein, einen neuen Standard zu schaffen. Aber dann haben wir uns überlegt, dass wir gar keinen neuen Standard einführen wollten.
> Wir erkannten, dass etwas Neues zu bringen das Falscheste wäre, was wir machen könnten, weil wir fest daran glaubten, dass sich der PC viel allgemeiner durchsetzen würde, als damals, 1980, absehbar war. Unser Vorteil war, dass kein einzelner Softwarelieferant oder einzelner Hardwareergänzungshersteller imstande sein würde, alle die Funktionen bereitzustellen, die der Kunde verlangen würde. Wir wollten keine Standards setzen. Wir versuchten zu analysieren, was vorhanden war, und dann eine Maschine, eine Marketingstrategie und einen Vertriebsplan zu entwerfen, die zu dem, was andere schon an Maschinen, Software und Marketingkanälen entwickelt und eingeführt hatten, passten.»

Der ab 1981 den Markt erobernde IBM-PC war von Anfang an von den IBM-Strategen als bewusst «nicht-innovatives Produkt» konzipiert worden.

Im Gegensatz zu den heißblütigen Exzentrikern bei Apple hatten die nüchternen Strategen bei IBM den Markt genau analysiert und die entsprechenden – offensichtlich richtigen – Schlussfolgerungen gezogen. John Sculley räumte später ein, dass die Anzeige von Apple im Grunde darauf hinausgelaufen sei, dass Rotkäppchen den bösen Wolf im Hause der Großmutter willkommen hieß. Treffender kann man es eigentlich kaum umschreiben.

Der Siegeszug des IBM-PC war nicht nur ein Ergebnis nüchterner Analysen, sondern auch gekonnten Marketings. In einem Fernsehspot sah man Charlie Chaplins «Tramp», der auf einem Computer tippte. Der Spot kam offenbar gut an, denn IBM verkaufte von August bis Dezember 1981 über 13.000 IBM-PCs und erzielte damit einen Umsatz in Höhe von 43 Millionen Dollar. Bis Ende 1983 konnten über eine halbe Million IBM-PCs verkauft werden.

In einem Interview, das Steve Jobs 1984 anlässlich der Einführung des Macintosh gab, war von der Überheblichkeit, die in Apples Willkommensgruß an IBM zum Ausdruck gebracht wurde, nicht mehr viel übrig geblieben. Stattdessen resümierte Jobs ganz nüchtern:

> *«Es läuft wirklich alles auf Apple und IBM hinaus und keinen sonst. Wenn wir aus irgendeinem Grund einen riesigen Fehler machen sollten und IBM gewinnt, dann werden wir für mindestens 20 Jahre ins Mittelalter der Computer zurückkehren.»*

Zumindest war Apples großspurige Art, IBM auf dem PC-Markt zu begrüßen aus marketingtechnischer Sicht ein voller Erfolg. Im Verlauf des Jahres 1981 konnte Apple seinen allgemeinen Bekanntheitsgrad in der Öffentlichkeit erheblich steigern. Dies lag nicht nur an dem Apple versus IBM / dem David-gegen-Goliath-Effekt, sondern auch daran, dass die bloße Präsenz von IBM auf dem PC-Markt diesen in ein völlig neues Licht rückte. Während der PC-Markt zuvor als eine Art Abenteuer-Spielplatz galt, dessen Zukunft äußerst ungewiss erschien, hatte nun der Gigant unter den Computer-Herstellern auf eben diesem Markt seine Flagge gehisst, wodurch der PC-Markt sozusagen seinen offiziellen Ritterschlag als ernst zunehmendes Markt-Segment erhielt.

Der «kurbellose Computer»

Angesichts der von Steve Jobs schon relativ früh erkannten Bedrohung, die von IBM ausging, konzipierte er als Grundlage für die Entwicklung des Gegenmodells Macintosh die Idee des «kurbellosen Computers».

Im November 1981 legte Jobs ein Grundlagen-Papier vor, in dem er die wesentlichen Merkmale und Intentionen des kurbellosen Computers ausführlich beschrieb:

«Personal Computer befinden sich derzeit in dem Stadium, in welchem die Automobile waren, als sie von Hand angekurbelt werden mussten. Sie stehen auf der gleichen Stufe wie die Wäscherinnen vor der Erfindung der Schleuder, als das Wringen der Wäsche mit der Hand gemacht werden musste. Der Personal Computer bedarf der weiteren Eingriffe der Menschen und großer Bemühungen, um voll funktionsfähig zu sein. Personal Computer sind einfach noch nicht vollkommen, so wie die Autos im Kurbelstadium noch nicht vollkommen waren. Die Kurbel des Personal Computers ist die schwer zu handhabende Benutzer-Schnittstelle.

Benutzer müssen eine Menge ziemlich unnatürlicher Befehle und Operationen erlernen, um den Computer das, was sie wollen, ausführen zu lassen. Diese Befehle sind eine Folge des undurchdachten Innenlebens des Computers.

Der Jahrzehntwechsel sah viele Hersteller, einige von ihnen waren sehr groß, auf den fahrenden PC-Zug aufspringen. Einige Personal Computer verfügen über einen umfangreicheren Speicher als andere, einige haben mehr Massenspeicher, einige Farbe, andere eine höhere Bildschirmauflösung, aber alle müssen per Hand angekurbelt werden. Es gibt nur einen kurbellosen Computer auf dem Markt, und das ist der Xerox Star. Er ist ein kurbelloser Rolls Royce und nur für wenige erschwinglich.

Seit 1979 hat Apple Millionen von Dollar und Tausende von Arbeitsstunden in die Entwicklung einer konsequenten Benutzer Schnittstelle investiert, die die Kurbel vom Personal Computer wegnimmt. Die Ergebnisse dieses Mammut-Unternehmens können folgendermaßen zusammengefasst werden:

— eine den Benutzer nicht einschränkende Benutzer-Schnittstelle basierend auf bekannten Konzepten und Modellen (wie dem Schreibtisch), die stark auf grafischen und visuellen Elementen aufbaut;

— ein Zeigegerät (die Maus), das dem Benutzer erlaubt, einfach auf eine beliebige Stelle des Bildschirms zu zeigen;

— ein System, das dem Benutzer meist intuitiv verständlich ist.

Diese überragende Benutzer-Schnittstelle wurde im Kontext eines Bürosystems entwickelt: der Lisa. Der Lisa ist Apples kurbelloser Mercedes: er ist technisch wunderbar geplant und für einen besonderen Markt gedacht, der sich seine feinen Besonderheiten leisten kann.

Der Macintosh übernahm das fortschrittliche Konzept der Benutzer-Schnittstelle des Lisa und passte sie einem allgemeinen Zweck, einem kostengünstigen Gerät an.

Die dem Macintosh zugrunde liegende Philosophie ist sehr einfach: damit ein Personal Computer ein wirkliches Massenprodukt werden kann, muss er funktional, billig und sehr benutzerfreundlich sein. Der Macintosh ist ein bedeutender Schritt in der Entwicklung des Personal Computers zum Massenartikel.

Der Macintosh ist Apples kurbelloser Volkswagen – erschwinglich für den qualitätsbewussten Käufer.»

Der Xerox Star erschien 1981 als erster Desktop Computer auf dem Markt. Die Ähnlichkeit zur Benutzeroberfläche des Mac ist unverkennbar. Aufgrund seines hohen Preises war er kommerziell wenig erfolgreich.

Die revolutionäre Avantgarde – das Macintosh-Team

Das Konzept des «kurbellosen Computers» fand beim Apple-Vorstand äußerst positive Resonanz, wobei die im Grunde nach wie vor ungelöste Problematik, dass der Macintosh dem Lisa-Rechner zwangsläufig Marktanteile abnehmen würde, von Jobs mit dem trivialen Hinweis darauf relativiert wurde, dass der Macintosh eben diejenigen Marktsegmente ansprechen würde, die vom Lisa-Rechner nicht adressiert wurden.

Als ob die Konkurrenzsituation zwischen beiden Rechnern nicht ohnehin schon problematisch genug gewesen wäre, versäumte man es bei Apple zudem völlig, die Rechner wenigstens miteinander kompatibel zu machen. Obwohl der Vision von Jobs zufolge der Manager eines Unternehmens zugleich einen Lisa-Rechner und einen Macintosh nutzen sollte, waren beide in Hinblick auf den Austausch von Daten gänzlich inkompatibel. Es erübrigt sich zu erwähnen, dass beide Rechner diesbezüglich nicht nur untereinander, sondern auch gegenüber sämtlichen anderen IBM-kompatiblen PCs inkompatibel waren.

Der Vorstand genehmigte jedenfalls die Fortführung des Macintosh-Projekts. Eine Entscheidung, die Jobs als persönlichen Triumph für sich feierte. Das Macintosh-Projekt wurde von Jobs nun mit fanatischem Eifer weitergetrieben.

Die Programmierer des Macintosh-Teams wurden wie Pop-Stars behandelt, wie sich auch Guy Kawasaki, einer der wichtigsten «Software-Evangelisten» Apples in jener Zeit erinnert:

> «Jeden Donnerstag und Freitag kamen Masseurinnen in unser Gebäude an der Brandley Road 3, und wir ließen uns auf dem Schreibtisch massieren. Im Foyer standen ein Bösendörfer-Flügel sowie eine CD-Anlage mit Lautsprechern zu 10.000 Dollar (CD-Spieler waren damals noch etwas Exotisches).»

Der Begriff des «Software-Evangelisten», der möglichst viele Software-Entwickler anderer Firmen für die Entwicklung von Macintosh-Programmen überzeugen sollte, wurde ursprünglich von Mike Murray, einem Mitglied des Macintosh-Teams geprägt; diese Art von Evangelist bezeichnet Kawasaki – nicht ohne beißende Ironie – als eine Person, die sich mit Feuereifer und wilder Begeisterung dafür einsetzt, ...

> «Software für einen Computer mit folgenden Eigenschaften zu schreiben: 128K RAM, kein installierter Park, keine Festplatte, keine Dokumentation, keine technische Unterstützung;

Hersteller: ein exzentrisches Unternehmen, das kurz davor steht, von IBM ausgelöscht zu werden.»

Im Gegensatz zu allen anderen Betriebs-Bereichen von Apple flog die Macintosh-Division – wenn die Reisezeit mehr als drei Stunden betrug – stets in der ersten Klasse:

«Diese drei Stunden begannen für mich an der Haustür, und so flog ich immer erster Klasse. Wir hatte eine nie versiegende Quelle frisch gepressten Orangensafts – die Flasche zu 1,50 Dollar, nicht die Sorte aus Konzentrat. In der Lobby hingen Originale von Ansel Adams.»

Das Mac-Entwicklungsteam folgte einer gemeinsamen Vision:

«Wir in der Macintosh Division teilten den Traum, die Welt zu verändern. Wir wollten mehr Menschen einen Computer geben, mit dem sie ihre Kreativität steigern und ihr Leben bereichern konnten. Es stand für uns fest, dass wir es schaffen würden, mit unserem kleinen Rechner die Welt zu verändern. So arbeiteten wir 90 Stunden die Woche und so tranken wir täglich sechsfarbiges Kool Aid.»

Das sechsfarbige Kool Aid ist eine Anspielung auf das bis Mitte der neunziger Jahre ebenfalls sechsfarbige Apple-Logo. Das Arbeiten für den stets zu Extremen neigenden Jobs bedeutete – wie auch Guy Kawasaki bezeugt – sich auf einer permanenten Achterbahn-Fahrt zwischen Himmel und Hölle zu befinden:

«Oft wird fälschlich angenommen, dass es die Exzesse der Macintosh Division waren, die uns motivierten. Nichts könnte weiter von der Wahrheit entfernt sein. Steve motivierte uns. Er konnte jedem das Gefühl geben, Gott zu sein – oder ein Schwachkopf (in seinen Augen gibt es nur zwei Arten von Menschen). Unsere Ausschweifungen – frischer Orangensaft, Massagen und Erste-Klasse-Flüge – betonten lediglich die Wichtigkeit unserer Mission.

Für Steve zu arbeiten war eine schreckliche Erfahrung, die süchtig machte. Er brachte es fertig, dir vor anderen ins Gesicht zu sagen, dass er deine Arbeit, deine Ideen, ja manchmal deine Existenz für absolut wertlos hielt. Selbst als Zuschauer bekam man solche Angst, dass man bereit war, unfassbar lange zu arbeiten.

Doch die Arbeit für Steve konnte auch die reinste Ekstase sein. Hin und wieder sagte er dir, dass er dich für toll hielt, und das machte alles wieder wett. Auch wenn man nur zusah, wie er jemanden in den Himmel hob, bekam man einen solchen Motivationsschub, dass man über sich hinauswuchs.»

Die Firma HP führte in dieser Zeit anstelle der üblichen starren Mitarbeiter-Hierarchien, so genannte «egalitäre Betriebs-Strukturen» ein. Die progressive Firmenphilosophie von HP wurde laut Kawasaki dann von der Firma Apple adaptiert und weiterentwickelt:

> «In den achtziger Jahren entriss Apple HP das Kommando.
> Apple – ein arroganter, energiesprühender Emporkömmling – behielt den zwanglosen Charakter des HP-Weges bei und gab ihm eigene Merkmale wie aufsehenerregende Produkte, spritziges Marketing und ein gutes Maß an Realitätsverzerrung: Dies war der Apple-Weg.»

Der «Macintosh-Weg» bedeutet jedoch noch mehr: Er steht – selbst wenn Kawasaki nicht explizit darauf hinweist – für die zunehmende Dominanz von Steve Jobs und seinem Lieblingsprojekt innerhalb der Firma Apple.

> «Irgendwo auf der Strecke trat jedoch erneut ein Wandel ein, und wiederum wurde der Stab weitergereicht. Diesmal ging er von Apple zum Macintosh, vom Unternehmen zum Computer.
>
> Der Macintosh-Weg für Unternehmen heißt, die richtigen Dinge tun und die Dinge richtig tun. Er verbindet die Zwanglosigkeit des HP-Weges und das Flair des Apple Weges mit seinem idealistischen Glauben an Mitarbeiter, Kunden und Produkte. Er ist der Weg für Menschen, die verrückt oder mutig genug sind, in einer Welt der Mittelmäßigkeit etwas anders machen zu wollen.»

Was es nun bedeutete, «die Dinge richtig zu tun» und «die richtigen Dinge zu tun», das bestimmte im Zweifelsfall Steve Jobs. Doch die Mitarbeiter des Macintosh-Teams waren derartig von ihrer Mission überzeugt, dass es zuweilen sogar vorkam, dass jemand bereit war, seinen Job zu riskieren, wenn er überzeugt davon war, dass eine bestimmte Idee – die von Jobs abgelehnt worden war – im Grunde richtig war.

So waren beispielsweise damals George Crow, ein Hardware-Ingenieur und Bob Belleville, der Technische Leiter davon überzeugt, dass für den Macintosh ein 3,5-Zoll-Disketten-Laufwerk von Sony am besten geeignet sei. Steve Jobs lehnte dies jedoch strikt ab. Im Endeffekt konnten sich die mutigen Apple-Ingenieure mit ihrer zweifellos richtigen Überzeugung gegen den allmächtigen und vermeintlich allwissenden Jobs durchsetzen, wobei einmal ein Laufwerk-Techniker von Sony sogar kurzzeitig im Schrank versteckt werden musste, als Jobs auf einmal unerwartet im Labor auftauchte.

Auch bei der Rekrutierung des Macintosh-Teams hatte Jobs seine ganz eigenen Methoden. So waren beispielsweise zwei von seinen liebsten Standardfragen bei Bewerbungsgesprächen: «Wie oft haben Sie schon LSD genommen?» und «Wann haben Sie Ihre Unschuld verloren?» Ein weiteres Einstellungs-Kriterium bestand darin, wie gut man beim Video-Ballerspiel «Defender» abschnitt.

Wer ins Macintosh-Team aufgenommen werden wollte, musste auch ein guter «Defender»-Spieler sein – so wie zum Beispiel das ewige Spielkind Steve Wozniak.

Don Denmann, ebenfalls Mitarbeiter des Macintosh-Teams kommt hinsichtlich der Methoden zur Mitarbeiter-Führung von Steve Jobs zu einem ähnlichen Urteil wie Guy Kawasaki: Entweder wurde man Jobs mehr oder weniger hörig oder – wenn man zu sensibel war, was bei den außergewöhnlich intelligenten Mitarbeitern, mit denen sich Jobs im Grunde ausschließlich umgab, nicht selten vorkam – man zerbrach und ging:

> *«Man wurde in Fetzen gerissen. Einen Augenblick sah er sich an, was man gerade machte, nur eine Sekunde lang, um zu begutachten, was Wochen gedauert hatte, und dann sagte er einem, dass dieser jüngste Versuch 'Scheiße' sei und dass man es auch besser könne.*
> *Die Steve-Süchtigen arbeiteten Tag und Nacht, die ganzen Wochenenden hindurch, sie zwangen sich, ihm zu beweisen, dass sie es gut genug machen konnten, um vor ihm bestehen zu können und dass er sich geirrt hatte.»*

Gegenwind für die Mac-Piraten

Trotzdem war wohl keiner so besessen vom Macintosh-Projekt wie Jobs selbst. Steve Jobs wurde zwar hin und wieder mit attraktiven Frauen im Arm gesichtet; im Grunde führte er jedoch kaum noch ein Privatleben, weil der Macintosh die alles beherrschende Sache in seinem Leben war.

Die Vorliebe von Jobs für natürliche Fruchtsäfte und seine ihm von unzähligen Gesprächspartnern und Biografen attestierte Fähigkeit ein «realitätsverzerrendes Feld» zu schaffen, wurde von den Mitgliedern des Macintosh-Teams mit einem T-Shirt auf die Schippe genommen, auf dessen Vorderseite «Realitätsverzerrung» und der Rückseite «Es liegt am Saft!».

Ein weiteres deutliches Zeichen für den Sonderstatus der Macintosh-Entwickler bestand darin, dass jeder Mitte 1982 zum Team gehörenden Mitarbeiter den Mac mit seiner Unterschrift versah. Die Unterschriften der «Macintosh-Artisten» befanden sich auf der Innenseite der Rückwand des Computergehäuses.

Während seine Angestellten die Nächte für den Macintosh durcharbeiteten, erkannte Jobs zwar zu einem gewissen Grad die Gefahr, die vom IBM-PC für die Firma Apple ausging, doch er war andererseits davon überzeugt, dass es ihm dank seines brillanten Teams gelingen würde, IBM mit dem deutlich besseren und innovativeren Produkt die Stirn zu bieten. So war Apple zwar mittlerweile eine Firma mit Kultstatus geworden – doch sah er nicht, dass der Apple-Kult jedoch primär mit «Freiheit, Unabhängigkeit und Individualismus» assoziiert wurde, während in der Geschäftswelt viel mehr die Werte wie Sicherheit und Verlässlichkeit – für die IBM traditionell stand – viel wichtiger waren.

Mit dem Slogan vom «Computer für den Rest von uns» gewann Apple zwar die Sympathien der Kreativen jedoch nicht unbedingt das Vertrauen der Kunden aus der «seriösen» Geschäftswelt.

Im Herbst 1982 war das ursprünglich 40 Mann starke Macintosh Team auf fast 100 Mitarbeiter gewachsen. Der anarchische Teamgeist, den Jobs seinen Leuten eintrichterte, kam in einem Wahlspruch zum Ausdruck, den er auf einer jährlich statt findenden Entwickler-Konferenz in Pajaro Dunes verbreitete:

«Es ist besser, ein Pirat zu sein, als der Navy beizutreten. Lasst uns Piraten sein.»

Jobs Losung wurde von seinem Team begeistert aufgenommen und ein Jahr später flatterte auf dem Dach des Macintosh-Gebäudes in Cupertino zeitweilig auch eine Piratenflagge; diese Flagge als ein Symbol für die aggressive Haltung, die Steve Jobs allen Firmen-Mitarbeitern entgegenbrachte, die nicht zu den Macintosh-Popstars gehörten, wurde jedoch schon bald wieder von einem Mitglied des Lisa-Teams entfernt.

Als Termin für die Markteinführung des Macintosh hatte Jobs den 16. Mai 1983 festgelegt, doch es mehrten sich die Anzeichen, dass dieser Termin nicht eingehalten werden könnte. Es gab Probleme mit den Betriebssystem-Routinen zum Abfragen und Abspeichern von Daten; sie erwiesen sich schließlich als so gravierend, dass der komplette Code noch einmal neu geschrieben werden musste.

Ärger gab es auch mit dem Namen Macintosh, der bereits von einer Firma für hochwertige HiFi-Geräte genutzt wurde. Jobs schrieb einen Brief an die Firma McIntosh Laboratories, in dem er um die Genehmigung bat, den Namen Macintosh für seine Desktop-Computer nutzen zu dürfen. Doch die Firma lehnte die Bitte von Jobs ab.

Mit der gleichnamigen Edel-HiFi-Geräteschmiede «McIntosh Laboratories» gab es ebenfalls teuren Ärger um den Namen «Macintosh».

Eine persönliche Kränkung musste Jobs zudem durch das Time Magazin hinnehmen, das ihm gegen Ende des Jahres 1982 zwar ein ganzseitiges, jedoch wenig rühmliches Porträt widmete, in dem unter anderem sein langjähriger Weggefährte Steve Wozniak hinsichtlich seiner technischen Kompetenz erklärte:

> «Er kennt sich nicht wirklich mit Computern aus, und bis auf den heutigen Tag hat er kein Computer-Handbuch durchgelesen.»

Weiterhin war dem Artikel zu entnehmen, dass der egozentrische Jobs keinerlei Rücksicht auf die Gefühle anderer Menschen nehmen würde und hinsichtlich seines Führungsstils laut seinem ehemaligen Mitarbeiter Jef Raskin wohl einen «ausgezeichneten König von Frankreich abgegeben» hätte. Bemerkenswerterweise rief Jobs sogleich nach der Lektüre des wenig schmeichelhaften Time-Artikels bei Raskin an, um diesen wieder in die Firma zu holen.

Der steinige Weg zur Macintosh-Revolution

Als sich das Entwickler-Team rund um den Macintosh im Februar 1983 zu seiner dritten Konferenz dieses Mal in Carmel zusammenfand, war die zuvor enthusiastische Stimmung in eine eher depressive Grundhaltung umgekippt. Es war nun klar, dass der ursprüngliche Auslieferungs-Termin nicht eingehalten werden könnte. Und das nach wie vor ungelöste Problem der rechtlichen Genehmigung für den geliebten Namen Macintosh trug auch nicht gerade dazu bei, die allgemeine Stimmung beim Team zu verbessern.

Jobs erwies sich jedoch wieder einmal als echter Motivations-Künstler, indem er auf der Versammlung so tat, als ob er sich inzwischen mit den Macintosh Laboratories geeinigt habe. Es war zudem die erste Zusammenkunft, auf der tatsächlich schon ein Macintosh-Prototyp zur Vorführung bereit stand. Jobs nutzte die Gunst der Stunde und leerte mit einer großen Geste eine Flasche Mineralwasser über dem Computer aus, wobei er die Worte «Ich taufe dich auf den Namen Macintosh» aussprach. Alle im Saal standen auf und jubelten.

Wieder einmal hatte Jobs bei seinen Leuten genau den richtigen Knopf gedrückt, um sie zur Weiterarbeit zu motivieren. Der Rest der Konferenz artete mehr oder weniger in eine ausgelassene Party mit reichlich Alkohol und dröhnender Rockmusik aus – und alle kehrten mit frischem Mut wieder nach Cupertino zurück.

Die technische Ignoranz gepaart mit einer gehörigen Portion von Arroganz, durch die sich Jobs zuweilen hervortat, kam besonders drastisch bei der bereits kurz erwähnten Diskussion um das richtige Disketten-Laufwerk für den Macintosh zum Vorschein.

Seit mehreren Monaten schwelte bereits die unnötige Kontroverse um das 3,5-Zoll Disketten-Laufwerk, das eine ganze Reihe von technischen Vorteilen zu bieten hatte. Auf den kleinen Disketten konnte man nicht nur wesentlich mehr Daten speichern, sondern sie waren – da sie aus Plastik waren – als Medium auch wesentlich robuster.

Trotz dieser absolut offensichtlichen Vorteile war Jobs gegen die Einführung eines 3,5-Zoll Disketten-Laufwerks, da es von Sony und damit von einem japanischen Hersteller gefertigt wurde. Seiner Meinung nach waren Computer-Produkte, die aus Japan kamen, allesamt Schrott.

Kurze Zeit nach der Entwickler-Konferenz in Carmel reiste Jobs nach Japan, wo er persönlich die Laufwerke von Sony in Augenschein nahm. Obwohl die Laufwerke tadellos funktionierten, beharrte Jobs zunächst mit der Firma ALPS auf einem nicht-japanischen Lieferanten, obwohl alles für die Sony-Laufwerke sprach. Als ALPS schließlich jedoch nicht dazu in der Lage war, innerhalb der vorgegebenen Zeitspanne ein für den Macintosh passendes Laufwerk zu liefern, ließ sich Jobs in letzter Sekunde doch noch zu Sony bekehren. Bei dem Vertrag, den Jobs dann mit Sony aushandelte, bewies er wiederum großes Geschick. Er erreichte, dass die Japaner ihm die Laufwerke zum Preis der Herstellungskosten lieferten. Sony ließ sich auf diesen oberflächlich betrachtet wenig vorteilhaften Deal aus dem Grund ein, weil Jobs die Japaner davon überzeugen konnte, dass er ihr Produkt zum Industriestandard machen würde.

1983 war auch das Jahr, in dem Jobs den ehemaligen Pepsi Cola Manager John Sculley zu Apple holte. Von der Ära Sculley wird später noch ausführlich die Rede sein. Sculley war in seiner Anfangszeit bei Apple nicht nur von der Persönlichkeit von Steve Jobs zutiefst beeindruckt sondern er teilte auch dessen Begeisterung für das Macintosh-Projekt, in das er große Hoffnungen setzte; zumal gegen Ende des Jahres 1983 die Gesamtsituation des Unternehmens – in Anbetracht der permanent steigenden Markt-Anteile von IBM – ansonsten nicht gerade rosig war:

> «Inmitten der Probleme von Apple gegen Ende des Jahres 1983 war der Mac unser großer Ansporn, und wir setzten auf ihn weitreichende Hoffnungen.
>
> Ungeachtet der Probleme mit der Konkurrenz oder unserer eigenen internen Schwierigkeiten erwachten immer wieder aufs Neue meine Lebensgeister, wenn ich in das Macintosh-Gebäude kam. Wir waren sicher, dass wir bald Zeugen eines Ereignisses von historischen Ausmaßen sein würden, der Geburt von Steves großem Traum.

Hier war ein Produkt, das die kollektive Verkörperung einer kleinen Gruppe von Pionieren darstellte, die dabei waren, Neuland für den Normalbürger zu erschließen. Das Produkt hatte ihr Leben verändert, und wir glaubten fest, dass es auch das Leben Anderer verändern werde, sobald es auf der Hauptversammlung unserer Aktionäre am 23. Januar sein Debüt erlebt hättte.»

Mac gegen Big Brother – der legendäre 1984-Werbespot

Die Entscheidung, die Einführung des Macintosh mit einem spektakulären Werbespot zu koppeln, resultierte aus einer Diskussion zwischen Jobs und Sculley über den zu veranschlagenden Verkaufspreis für das Gerät. Ursprünglich sollte der Macintosh ein Volkscomputer zum Preis von 1000 Dollar werden. Kurz bevor der Rechner in die Produktion gehen sollte, zeigte sich jedoch, dass ein Preis von 1995 Dollar wesentlich realistischer war. Sculley plädierte sogar dafür weitere 500 Dollar aufzuschlagen, da in den ersten 120 Tagen bis zur vollen Produktions-Leistung das Produkt ohnehin knapp bleiben würde; später bestand dann immer noch die Option den Preis zu senken.

Zudem war Sculley der Meinung, dass man die Werbekosten für den Macintosh innerhalb des Etats für die Entwicklungs-Kosten des Geräts berücksichtigen solle. Der Preis des Macintosh war der Gegenstand wochenlanger Kontroversen zwischen Sculley und Jobs, der befürchtete, dass ein zu hoher Preis potenzielle Kunden davon abhalten würde, das Gerät zu kaufen.

Sculley stellte Jobs vor die Wahl: Entweder ein niedriger Preis und keine Werbekampagne oder ein hoher Preis, durch den sich auch eine aufwendige Werbekampagne finanzieren lassen würde. Jobs wiederum bestand darauf, dass das Gerät, mit dem er eine Computerrevolution einleiten wollte, mit einem gehörigen Knalleffekt auf dem Markt erscheinen musste.

Schließlich gab Jobs nach und man einigte sich auf 2495 Dollar für den Macintosh. Nun fehlte nur noch der «Knalleffekt»: Ursprünglich hatte die Werbeagentur Chiat/Day bereits einen Werbespot konzipiert, in dem man Mitglieder des Macintosh-Entwickler-Teams sah, die den Macintosh präsentierten. Nach Sculleys Einschätzung wäre ein solcher Spot zwar innerhalb der Grenzen des Silicon Valley sicherlich gut angekommen; doch wenn man wirklich beanspruchte eine Revolution einzuleiten, dann brauchte man einen Spot, der wesentlich spektakulärer sein musste.

Angesichts der Tatsache, dass George Orwell in seinem berühmten Roman «1984» die Herrschaft eines totalitären Regimes vorausgesagt hatte, in dem «Big Brother» das Denken und Handeln der Menschen kontrolliert, wurde Chiat/Day beauftragt zu prüfen, ob es nicht möglich wäre, einen Spot zu machen, der in irgendeiner Form Orwells pessimistische Prophezeiung mit der optimistischen «Heilsbotschaft» des Macintosh verknüpfen könne.

Einige Wochen später tauchten die Kreativen von Chiat/Day bei Apple mit einem Storyboard auf. Man sah eine Läuferin mit einem Vorschlaghammer in einem großen Raum, in dem sich ein großer Monitor befand, der den übrigen Menschen Anweisungen gab, welche von diesen blind ausgeführt wurden. Der Monitor symbolisierte Big Brothers totalitäres Regime. Die Heldin zerschmetterte am Schluss des Spots den Monitor und gab damit allen Menschen die Freiheit wieder.

Steve Haydn von Chiat/Day erklärte, dass die Botschaft darin bestand, dass der Macintosh die Welt davor bewahren würde, «von all diesem langweiligen Kram überflutet zu werden, den IBM repräsentiert.»

Jobs und Sculley sahen sich verdutzt an. Sculley war beeindruckt – aber skeptisch, was die Realisierbarkeit des Spots anbelangte:

> «So etwas habe ich in meinem ganzen Leben noch nicht gesehen. Können Sie das auch wirklich filmen? Schaffen Sie es, das wie einen Werbefilm aussehen zu lassen? Es scheint ziemlich schwer umsetzbar zu sein.»

Lee Clow, einer der Direktoren von Chiat/Day verstand Sculleys Zweifel sogleich zu besänftigen:

> «Natürlich, wir wissen, dass wir es können. Wir haben nämlich genau den Menschen gefunden, der es schaffen kann.»

Die Werbeleute hatten es geschafft, den berühmten Hollywood-Regisseur Ridley Scott, der unter anderem mit dem Film «Alien» bereits sein Talent im Science Fiction-Genre eindrucksvoll bewiesen hatte, für das Projekt zu gewinnen. Die von Chiat/Day vorgeschlagene Devise war eindeutig: «Nicht kleckern, sondern klotzen». Die Kosten für die Produktion für den Spot würden über eine halbe Million Dollar kosten. Hinzu kamen die Kosten für die Ausstrahlung.

Die Werbefachleute schlugen vor, den sechzig Sekunden dauernden Spot erstmals während der Übertragung des SuperBowl, des jährlichen nationalen Football-Endspiels zu senden. Die Sende-Kosten für diese extrem publikumswirksame Sendezeit würden sich vermutlich auf rund eine Million Dollar belaufen.

Sculley gab grünes Licht für die Produktion des Spots; die Entscheidung darüber, ob der Spot tatsächlich auch gesendet werden sollte, wollte er jedoch von den Verkaufszahlen des Apple II im kommenden Quartal abhängig machen:

«Ich denke, dass wir den Spot erst einmal anfertigen lassen sollten, aber wir sollten uns die Entscheidung noch vorbehalten, ob wir ihn später auch senden. Die große Frage ist doch meines Erachtens, was passiert, wenn Apple aus diesem Quartal mit einer echten Verkaufsschlappe herauskommt. Dann können wir keinen Werbespot herausbringen, der so unerhört ist. Man wird denken, dass wir den Verstand verloren haben. Wenn wir dagegen an Weihnachten einen echten Durchbruch beim Verkauf des Apple II erzielen sollten, sieht es natürlich ganz anders aus.»

Sculley und Jobs waren sich einig, dass man eine Kampagne auf die Beine stellen musste, bei der die Öffentlichkeit davon überzeugt werden sollte, dass der gesamte Computer-Markt sich auf ein Kopf-an-Kopf-Rennen zwischen IBM und Apple zuspitzte.

Sculley hatte bereits Erfahrungen in diesem Bereich gesammelt, da er als Pepsi-Cola-Manager eine ähnliche Kampagne durchführen ließ, in der alles auf den Kampf zwischen den beiden großen Rivalen Coca Cola und Pepsi Cola hinausgelaufen war:

«Unsere Werbekampagne musste unsere Rolle als das innovativste Unternehmen in der Industrie in diesem Rennen herausstreichen. Vielleicht konnten wir sogar aufgrund des riesigen Interesses der Konsumenten an Personalcomputern einen öffentlich geführten Computerkrieg, dem Cola-Krieg nicht unähnlich, provozieren.»

Anfang November 1983 erschienen die Werbeleute von Chiat/Day bei Apple, um den fertigen Spot zu präsentieren. Als Hauptdarstellerin hatte man eine professionelle Diskuswerferin engagiert und zu der vom Big Brother Regime unterdrückten Volksmenge gehörten unter anderem auch eine Gruppe von finster aussehenden britischen Skinheads.

Der Spot begann damit, dass eine Menge von kahlköpfigen Figuren offenbar willenlos in sackartigen Gewändern im Gleichschritt marschierte. Die Gruppe bewegte sich durch ein Glasröhren-System auf einen großen Versammlungs-Raum zu.

Die auf dem Groß-Bildschirm gezeigte Figur verkörpert die Big-Brother-mäßige Vorherrschaft von IBM auf dem PC-Markt.

In der nächsten Szene sah man, wie alle Anwesenden auf Holzbänken Platz genommen hatten, die von bewaffneten Männern bewacht wurden. Es folgte die Einblendung des Monitors, der die folgenden zum Teil unsinnig erscheinenden aber unzweifelhaft von einem totalitären Geist geprägten Worte verkündete:

«Jeder von euch ist eine Einzelzelle im großen Körper des Staates. Und heute hat sich dieser Körper seiner Parasiten entledigt. Wir haben über die gewissenlose Verbreitung von Tatsachen triumphiert. Die Schurken und Plünderer wurden verstoßen. Und das giftige Unkraut der Desinformation wurde dem Mülleimer der Geschichte übergeben. Jede einzelne Zelle möge hoch erfreut sein! Heute feiern wir den ersten ruhmreichen Jahrestag der Informations-Reinigungs-Direktive. Zum ersten Mal in der Geschichte der Menschheit haben wir ein Paradies der reinen Ideologie geschaffen, in dem jeder Arbeiter, geschützt vor der Pest der widersprüchlichen und verwirrenden Wahrheiten, gedeihen kann. Unsere Vereinigung der Gedankengänge ist eine mächtigere Waffe als jede Flotte oder Armee auf der Welt. Wir sind ein Volk. Mit einem Willen. Einer Lösung. Einem Endzweck. Unsere Feinde mögen sich selbst zu Tode reden. Und wir werden sie zusammen mit ihrer Verwirrung begraben.»

Plötzlich tauchte nun völlig unerwartet eine jugendliche Gestalt im hinteren Bereich der Halle auf, die auf den Bildschirm zulief. Sie war mit hellroten Shorts, Turnschuhen und einem weißen Macintosh T-Shirt bekleidet.

Die Hauptdarstellerin verkörperte die mit der Markt-Einführung des Macintosh gekoppelte Aufbruchsstimmung in ein neues PC-Zeitalter.

Die Kamera schwenkte, um den dramatischen Effekt zu steigern, mehrfach zwischen der Volksmenge, der Läuferin und dem Bildschirm hin und her, bis diese schließlich vor dem Bildschirm stoppte und ihn mit einem Vorschlaghammer, den sie bei sich trug, zerschmetterte. Der Bildschirm explodierte daraufhin und der Spot endete mit einer Stimme aus dem Off, welche die folgenden Worten sprach:

«Am 23. Januar wird Apple Computer den Macintosh vorstellen».

Es folgte eine kurze Pause und dann folgte die in ein Wortspiel gekleidete abschließende Verkündung der «Heilsbotschaft» der Firma Apple:

«1984 wird nicht wie '1984' sein.»

> On January 24th,
> Apple Computer will introduce
> Macintosh.
> And you'll see why 1984
> won't be like "1984."

Das Ende des Spots kündigte die Markt-Einführung des Macintosh-Computers an, der endlich Schluss mit dem langweiligen Einerlei des IBM-Computer-Regimes machen würde.

Nachdem Jobs und Sculley den Spot gesehen hatten und begeistert waren, schlug Jobs vor, den Spot auch Apples Verwaltungsrat zu zeigen. Mike Murray, der Marketingmanager für den Macintosh, präsentierte dem Verwaltungsrat den Spot mit den folgenden Worten.

> «Wir müssen zu verstehen geben, dass eine wirkliche Revolution in der Industrie stattfindet. Also sahen wir uns nach der revolutionärsten Sache um, die wir uns überhaupt ausdenken konnten, und hier ist sie.»

Anschließend ließ er den Spot laufen. Nachdem der Spot abgelaufen war, herrschte zunächst ein beklemmendes Schweigen im Versammlungsraum – von Begeisterung keine Spur: Die Mitglieder des Vorstandes waren von dem Spot entsetzt; niemandem gefiel der Spot.

Sculley und Jobs sahen sich gezwungen, die Sendezeit, die bereits beim Sender gebucht worden war, wieder abzugeben. Wenn man den Spot stornieren wollte, musste ein anderer Kunde gefunden werden, der die Sendezeit kaufen wollte. Es wurde jedoch kein Kunde gefunden, der Interesse hatte, die von Apple angebotene Sendezeit zu übernehmen und so wurde der Spot schließlich doch gezeigt, obwohl der Vorstand eigentlich absolut dagegen war.

Sculley und Jobs waren über diese Entwicklung hoch erfreut, zumal auch die Verkaufszahlen für den Apple II sich sehr gut entwickelt hatten.

Anfang 1984 wurde dann während der SuperBowl-Übertragung per Werbespot gezeigt, in dem ein Orwell-artiges Land, das unter der Vorherrschaft von IBM leidet, heroisch durch den Mac befreit wurde.

Der Spot machte den Mac auf einen Schlag weltberühmt. Die aggressive Werbekampagne sorgt für großes Aufsehen und in den Abendnachrichten der drei größten Fernsehstationen wurde über den Spot berichtet, der mehrfach nochmals in voller Länge gezeigt wurde. Der Mac wurde auf diese Weise auch für Nicht-Computerfreaks zum viel diskutierten Gesprächsthema.

Die Botschaft des Spots kam klar beim Publikum an: Apple würde die Menschheit vom Joch der langweiligen Einheits-IBM-PCs befreien. Der Werbespot gewann den goldenen Löwen in Cannes sowie zahlreiche weitere Werbefilm-Preise. Er wurde insgesamt von über 43 Millionen Fernseh-Zuschauern gesehen. Zudem war zwischen Mitte Januar und Anfang Februar der revolutionäre Macintosh auf den Covern von mehr als zwanzig Magazinen zu finden.

Der triumphale Beginn der Macintosh-Revolution

Ähnlich triumphal wie die Markt-Einführung des Macintosh verlief auch die erste Präsentation des Macintosh am 24. Januar 1984 anlässlich der offiziellen Aktionärs-Versammlung der Firma Apple, die im Auditorium des Flint Centers des De Anza Junior College stattfand.

Noch bis in die frühen Morgenstunden hinein waren die Programmierer damit beschäftigt, die letzten Bugs aus der Software zu eliminieren. Die Versammlung begann mit der Musik aus dem Film «Chariots of Fire», die von Vangelis komponiert worden war, wodurch ein Art religiöse Aura für die Präsentation des Macintosh als ultimativen Heilsbringer geschaffen wurde.

Nachdem die Aktionäre auf ihren Sitzen Platz genommen hatte, erschien ein über beide Ohren strahlender Steve Jobs auf der Bühne, der zunächst einige Zeilen aus dem berühmten Bob Dylan-Song «The times they are a changin» rezitierte:

> *«Kommt, ihr Schriftsteller und Kritiker, die ihr mit eurer Feder weissagt, und haltet die Augen weit offen, diese Gelegenheit kommt nicht wieder. Und urteilt nicht zu schnell, denn das Rad dreht sich noch, und noch kann man nicht sagen, wie es genannt werden soll, denn wer jetzt der Verlierer ist, wird später gewinnen, denn die Zeiten ändern sich.»*

Der Macintosh war ein für jedermann leicht zugänglicher PC.

Anschließend zeigte Jobs Dias mit Impressionen aus dem Computer-Markt, die mit der Musik aus dem Film «Flashdance» unterlegt wurden.

Der eigentliche großer Auftritt von Jobs sollte erst noch folgen. Zuvor kam Al Eisenstadt, der Generalberater der Firma Apple an die Reihe, um einige Formalitäten mit den Aktionären zu erledigen. Anschließend trat John Sculley auf, der unter anderem die Rekordzahlen beim Verkauf des Apple II verkünden konnte und dafür von den Aktionären stürmisch gefeiert wurde. Nach seiner kurzen Ansprache übergab Sculley wieder das Wort an Jobs, wobei er darauf hinwies, dass «der Aufbau einer Beziehung zu Steve» seit seinem Firmen-Eintritt vor einigen Monaten das wichtigste Ereignis für ihn gewesen sei.

Jobs betrat die Bühne und wurde von nur einem einzigen Spot beleuchtet. Ansonsten war alles in Dunkelheit getaucht. Jobs begann damit, die bisherige Entwicklung des Computer-Marktes einerseits aus der Perspektive von Apple und andererseits aus der von IBM zu resümieren:

«Stellen wir uns vor, wir haben 1958 und IBM verpasst die Chance, ein junges, gerade flügge gewordenes Unternehmen zu kaufen, das eine neue Technologie, genannt Xerografie, erfunden hat. Zwei Jahre später wird Xerox geboren, und IBM hat sich seitdem immer wieder Vorwürfe gemacht. Inzwischen sind nun zehn Jahre vergangen.

Wir befinden uns am Ende der sechziger Jahre. Digital Equipment Corporation und andere erfinden den Kleincomputer. IBM lehnt den Minicomputer ab, er sei zu klein für den seriösen Einsatz von Computern und daher uninteressant für das Geschäft. DEC entwickelt sich zu einem millionenschweren Unternehmen, ehe IBM sich schließlich doch auf dem Kleincomputermarkt engagiert.

Wieder zehn Jahre später, Ende der siebziger Jahre. 1977 erfindet Apple, ein junges, unerfahrenes Unternehmen an der Westküste, den Apple II, den ersten Personalcomputer, wie wir heute wissen. IBM lehnt auch diesen Computer ab, er sei zu klein für den seriösen Einsatz von Computern und daher uninteressant für ihr Geschäft.

Anfang der achtziger Jahre. 1981. Der Apple II ist der populärste Computer der Welt geworden, und Apple hat sich zu einem 300-Millionen-Dollar-Unternehmen entwickelt, zu der am schnellsten expandierenden Firma in der amerikanischen Wirtschaftsgeschichte. Zusammen mit über fünfzig Unternehmen, die um einen Marktanteil kämpfen, kommt IBM im November 1981 mit dem IBM PC auf den Personalcomputermarkt.

1983. Apple und IBM entpuppen sich als die größten Konkurrenten der Computerindustrie, jede Firma verkauft 1983 Personalcomputer im Werte von rund einer Milliarde Dollar.

Die Krise ist in vollem Gange. Die erste große Firma geht bankrott, während andere ums Überleben kämpfen. Insgesamt übersteigen die Gesamtverluste der Industrie im Jahre 1983 sogar die Gewinne von Apple und IBM zusammen.

Jetzt haben wir das Jahr 1984. IBM will scheinbar alles. Apple wird als die einzige Hoffnung empfunden, IBM etwas entgegenstellen zu können. Die Händler die IBM anfänglich mit offenen Armen aufnahmen, fürchten nun eine von IBM beherrschte und kontrollierte Zukunft. Sie kehren zunehmend zu Apple zurück als der einzigen Kraft, die ihnen in Zukunft noch Unabhängigkeit sichern kann.»

An dieser Stelle der «Predigt» von Jobs brandete mächtiger Applaus auf. Jobs gab seiner Stimme nun einen tieferen Klang und zog das Redetempo an, um den dramatischen Effekt seiner nun folgenden Worte zu steigern:

«IBM will alles verschlingen und richtet seine Kanonen auf Apple, das letzte Hindernis auf dem Wege zur Kontrolle der Industrie. Wird 'Big Blue' die gesamte Computerindustrie beherrschen, das ganze Informationszeitalter? Hatte George Orwell Recht?»

Die Rede von Jobs war perfekt getimt, während das Publikum inbrünstig «Nein» rief, begann der 1984-Werbespot hinter Steve Jobs zu laufen, der alle im Saal Anwesenden völlig in seinen Bann zog. Jobs brachte nun mit einer Form vollendeten, theatralischen Geste den Macintosh hervor und erklärte:

«Heute möchte ich den Macintosh zum allerersten Mal selbst sprechen lassen:»

Und das Gerät fing tatsächlich an, die folgenden Worte mit seiner synthetischen Computerstimme aufzusagen:

«Hallo, ich heiße Macintosh. Es ist eine tolle Sache, aus diesem Sack herauszukommen. Da ich an öffentliche Auftritte nicht gewöhnt bin, möchte ich Ihnen nur einen Gedanken mitteilen, der mir in den Sinn kam, als ich zum ersten Mal einem Großrechner von IBM begegnete: Traue niemals einem Computer, den man nicht hochheben kann! Aber jetzt möchte ich mich einfach nur zurücklehnen und zuhören und Ihnen mit beträchtlichem Stolz einen Mann vorstellen, der mir ein Vater war – Steve Jobs.»

Das Publikum war hingerissen. Unter donnerndem Applaus verließ Jobs die Bühne. Der Hohepriester des High Tech hatte eine perfekte Show hingelegt.

Nachdem man 78 Millionen Dollar in seine Entwicklung gesteckt hatte, war Apple in der Lage, einen Rechner vorzustellen, der wesentlich kompakter, schneller und preisgünstiger als der unglückseelige Lisa-Rechner war. Im Inneren des ersten Macintosh-Rechners versah ein 68.000er Mikroprozessor mit 7,83 MHz und 128 KB RAM seinen Dienst. Ein 9-Zoll Monochrom-Bildschirm, ein 3,5 Zoll Disketten-Laufwerk sowie ein Basis-Software-Paket gehörten mit zum Lieferumfang.

Aus Raskins ursprünglicher Idee eines Volkscomputers war nichts geworden. Der erste Macintosh besaß im Endeffekt einen Endverbraucher-Preis von 2.495 Dollar. Trotzdem schlug der «Computer für den Rest von uns» ein wie eine Bombe. 100 Tage nach der Produkteinführung waren bereits 72.000 Macs verkauft; der Rechner kam pünktlich zum angekündigten Termin auf den Markt. In Deutschland betrug der Anschaffungspreis rund 10.000 DM.

Der Marketing-Erfolg und die sensationellen ersten Verkaufszahlen des Macintosh konnten auf die Dauer jedoch nicht darüber hinweghelfen, dass das Gerät mit seinem kleinen Arbeitsspeicher kaum als Büromaschine taugte. Wenn man zum Beispiel eine Diskette kopieren wollte, musste man die Diskette etwa fünfzig Mal rein- und rausnehmen. Eine äußerst mühselige Prozedur, die mehr als zwanzig Minuten in Anspruch nahm.

Trotz dieser offenkundigen Mängel wurde im September 1985 eine halbe Million verkaufter Rechner und im März 1987 die Millionengrenze erreicht. Das Lisa-Projekt wurde unterdessen still und leise ad acta gelegt.

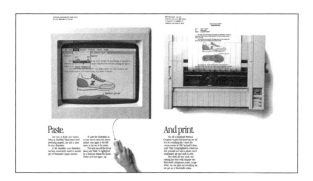

Mit den Programmen MacWrite und MacPaint konnten Texte und Grafik erstmals spielerisch einfach auf einem bezahlbaren Desktop-Computer kombiniert werden.

Da ein 128 KB großer Arbeitsspeicher auch für damalige Verhältnisse definitiv zu klein war, kam dann 1985 mit dem «Fat Mac» ein mit 512 KB ausgestatteter Mac auf den Markt, der im Januar 1986 vom «Mac Plus» abgelöst wurde, der immerhin schon über 1 MB RAM verfügte. Zunächst gab es nur zwei Programme für den Macintosh – ein Programm zur Textverarbeitung *MacWrite* und das Grafikprogramm *MacPaint*. Mit diesem Software-Paket konnte man jedoch erstmals Texte und Grafiken in einem einzigen Programm integrieren.

Der Mac stellte damit auch einen Meilenstein in der Geschichte des Desktop Publishings dar und wurde trotz seiner Unvollkommenheit von unzähligen Betrieben der grafischen Industrie zu einem hoch geschätzten Werkzeug.

Krisenstimmung in Cupertino

Erfolge im Bildungswesen, im Publishing Bereich und beim Kreis der privaten Anwender – dennoch gelang es dem «niedlichen» Macintosh nicht, IBM auf dem wichtigsten Markt zu schlagen: Die Geschäftswelt ging nüchtern und pragmatisch bei ihrer Kauf-Entscheidung vor, das «Kindchen-Schema» des kleinen Macintosh beeindruckte diesen Kundenkreis wenig. Nach der ersten Welle der Euphorie setzte – als sich im Juni 1984 die Verkaufszahlen des Macintosh dramatisch verschlechterten – zunehmend Ernüchterung in Cupertino ein.

Sculley und Jobs hatten für das vierte Quartal 1984 eine viel zu optimistische Verkaufs-Prognose aufgestellt; sie gingen davon aus, dass mit dem Macintosh im letzten Quartal des Big-Brother-Jahres ein Umsatz in Höhe von einer Milliarde Dollar erzielt werden würde. Zur Deckung der erwarteten hohen Nachfrage nach dem Macintosh waren 100 Millionen Dollar zur Erweiterung der Produktions-Kapazitäten investiert und eine Unmenge von Macintosh-Rechnern «auf Verdacht» produziert worden. Als dann der Absatz sich nicht gemäß den Prognosen des dynamischen Duos entwickelte, quellten sowohl Apples als auch die Lager der Händler mit unverkauften Macintosh-Geräten über. Ende Januar 1985 kam die Auslieferung des Macintosh zum Stillstand. Einige Händler, die auf ihren Lagerbeständen sitzen blieben, baten Apple darum, die Rechner wieder zurückzunehmen. Sculley und Jobs hatten sich gründlich verrechnet. Auf lange Sicht wurde der Macintosh zwar doch noch zu einem Erfolg. Doch die Prognose von 85.000 monatlich verkauften Rechnern hielt der Realität zunächst nicht stand. In Wirklichkeit verkaufte Apple in jener Zeit nur rund 20.000 Macintosh-Rechner pro Monat.

Als Reaktion auf die schlechten Macintosh-Verkaufszahlen wurde zunächst wie von Sculley vorgesehen der Preis für das Gerät um 500 Dollar auf 1.995 Dollar gesenkt. Dies hatte jedoch keine großen Auswirkungen auf die weiterhin mager bleibenden Absatzzahlen. Erstmals ließ Jobs eine Marktstudie in Auftrag geben, um festzustellen, warum sich das Gerät nicht mehr so gut verkaufte wie unmittelbar nach dem Verkaufsstart. Die Marktstudie ergab, dass der Großteil der Käufer auf viele Features des Macintosh emotional positiv ansprach, letztlich jedoch auch bei Kunden aus dem privaten Bereich der Pragmatismus und der nüchterne Vergleich zur Kauf-Entscheidung für einen IBM-PC führten, der neben den Attributen der Verlässlichkeit, die man mit der Traditionsmarke verband, auch einen größeren Monitor und Farbe bot.

Nachdem Jobs sich von den – für ihn schockierenden – Ergebnissen der Marktstudie wieder erholt hatte, blies er erneut zum Angriff auf Big Blue: Das neue «Macintosh Office» sollte zum «Killer-Produkt» werden, mit dem man IBM endlich in die Knie zwingen würde. Doch hatte ein Unternehmen mit 5.000 Mitarbeitern gegenüber 394.930 Beschäftigten bei IBM wirklich eine Chance? Was konnte ein Umsatz in Höhe von 1,5 Milliarden Dollar gegen 40 Milliarden Dollar bei IBM ausrichten? Und schließlich betrug der Nettogewinn von IBM zum damaligen Zeitpunkt rund 6,6 Milliarden Dollar, denen bei Apple 64 Millionen Dollar gegenüberstanden.

Das «Macintosh Office» war im Kern ein Software-Paket, das es ermöglichen sollte, eine Reihe von Macintosh-Rechnern an einen Apple-LaserWriter anzuschließen und zugleich über einen File-Server Daten zwischen den verschiedenen angeschlossenen Komponenten zu transferieren.

Das «Macintosh Office» wurde als die ultimative Geschäfts-Software angepriesen.

Das Problem bestand darin, dass der File-Server zum Zeitpunkt, als Apple seine großspurige Werbekampagne für das Macintosh Office begann, noch völlig unausgereift war. 1985 erschienen ganzseitige Anzeigen in der amerikanischen Presse, in den das Macintosh Office als die ultimative Geschäfts-Software angepriesen wurde; der File Server war jedoch erst zwei Jahre später wirklich funktionsfähig. Der Macintosh hungerte förmlich nach Software – vor allem nach Applikationen für die Welt der Geschäftskunden; doch es dauerte ebenfalls bis 1987, bis endlich allmählich ein ausreichendes Angebot an Software für den Macintosh verfügbar wurde.

Das Projekt «Macintosh Office» und die zugehörige Marketing-Kampagne im Jahr 1985 entwickelten sich dagegen zu einem regelrechten Fiasko für das langsam immer weiter auseinander driftende, einstige Traumpaar «*Sculley & Jobs*». Während der 1984-Spot ein genialer Medienkoup gewesen war, erlebte das Führungsduo von Apple mit dem 1985 wieder bei Chiat/Day in Auftrag gegebenen und erneut anlässlich des SuperBowl-Spiels gezeigten Werbespots eine regelrechte Bauchlandung.

Der Flop mit dem Lemminge-Werbespot

Diesmal wollte man vor allem Kunden aus der Geschäftswelt mit dem Spot ansprechen. Der Lemminge-Spot zeigte Angestellte in blauen Anzügen, die im Gänsemarsch mit den Händen auf den Schultern des Vordermannes wie die Lemminge blindlings auf eine Klippe am Meer hinmarschierten. Dazu ertönte als Hintergrund-Musik ein Trauermarsch.

Der Spot sollte die Botschaft vermitteln, dass die meisten Führungskräfte bei ihren Entscheidungen es einfach den anderen nachmachten – anstatt eigenständige Entscheidungen zu treffen. Am Ende des Spots wurde ein Mann mit einer Augenbinde gezeigt, der die Frage stellte: «Warum mache ich das nur?»

Im Lemminge-Werbespot läuft eine endlose Reihe von Geschäftsleuten blindlings wie die Lemminge ins Meer. Für Apple waren die Reaktionen auf den Spot durch den sich die Manager aus der Geschäftswelt lächerlich gemacht fühlten, absolut verheerend.

Sculley und Jobs waren beide skeptisch. Während der 1984-Spot neben der frechen Verhöhnung von IBM auch eine positive Botschaft enthalten hatte, schien dieser Spot restlos negativ zu sein. Sculley zog den Spot zurück. Die bereits gebuchte Sendezeit konnte diesmal an den Sender zurückverkauft werden. Doch dann geschah etwas Unerwartetes. In den Medien ging das Gerücht um, dass man bei Apple einen tollen Spot in der Schublade liegen hatte, der nun aber doch nicht gezeigt werden sollte. Sculley und Jobs, die den Spot nach wie vor nicht mochten, waren verunsichert und delegierten die endgültige Entscheidung an Mike Murray.

Nachdem sich die Verantwortlichen bei Chiat/Day mehrfach vehement für den Spot ausgesprochen hatten und angesichts der Tatsache, dass man beim letzten Mal ebenfalls einen sehr erfolgreichen Spot beinahe nicht gesendet hätte, fällte Murray schließlich die Entscheidung, den Spot doch zu senden. Im Vorfeld des SuperBowl-Spiels erschienen sogar Anzeigen, die das Publikum schon einmal auf den neuen Apple-Spot einstimmen und neugierig machen sollten. Der Text lautete:

«Wenn Sie während des vierten Spielviertels ins Badezimmer gehen, wird Ihnen das Leid tun.»

Jobs und Sculley gingen persönlich zum SuperBowl-Spiel der «San Francisco 49ers» gegen die «Miami Dolphins», um die Wirkung des Spots, der im Stadion ebenfalls auf einer riesigen Leinwand gezeigt wurde, unmittelbar miterleben zu können. Auf den Stadionsitzen waren zuvor 85.000 Sitzkissen mit dem Apple-Logo verteilt worden. Der Lemminge-Spot wurde im vierten Viertel kurz vor dem Endes des Spiels gezeigt.

Vor der Übertragung des Spiels wurde auf jedem Sitzplatz ein Kissen mit dem Apple-Logo platziert.

Im Stadion waren rund 90.000 Zuschauer versammelt, die nach dem Endes des Spots keinerlei positive Gefühlsregungen zeigten. Einen Moment lang war es im riesigen Stadion mucksmäuschenstill – und auch von Seiten der Medien erntete der Spot nur negative Reaktionen.

Büro-Angestellte fühlten sich durch den Spot diskriminiert und die Wall Street nahm den Spot, durch den Apple sich selbst lächerlich gemacht hatte, als Indiz dafür, dass in Cupertino nur ein Haufen elitärer Exzentriker vergeblich versuchte, mit immer zweifelhafteren Mitteln dem übermächtigen Rivalen IBM die Stirn zu bieten.

Auch die im Februar 1985 stattfindende Mac Expo geriet zu einer ziemlich tristen Veranstaltung für Apple, da es nach wie vor kaum Software für den Macintosh gab. Zumindest gelang es mit Versprechungen über bald erscheinende Programme die Öffentlichkeit noch für eine Weile zu vertrösten (die aber dann doch nicht eingehalten wurden). Dies änderte jedoch nichts daran, dass IBM seine Präsenz im PC-Markt unaufhörlich ausweitete.

Innerhalb der Firma Apple wurde unterdessen angesichts der sinkenden Absatzzahlen des Macintosh der Unmut über die priviligierte Gruppe der Macintosh-Entwickler immer größer.

Krisenmanagement

Selbst Steve Jobs, der bisher gegen jede Kritik hinsichtlich seiner Macintosh-Abteilung immun gewesen war, sah sich einen Tag nach seinem Geburtstag am 24. Februar 1985 veranlasst, einen Brief an seine Macintosh-Mitarbeiter zu schreiben. In diesem wurden eine Reihe von Veränderungen vorgeschlagen, um das angeschlagene Macintosh-Schiff wieder auf Erfolgskurs zu bringen:

```
«An: Alle Macintosh Mitarbeiter

Von: Steve Jobs

Datum: 25. Februar

Betr. Rauhe See voraus

Wie viele von Ihnen wissen, ist dies das Jahr, in dem wir den
Macintosh als Alternative zum IBM-PC zu einem wirtschaftlichen
Erfolg machen müssen. Zwei Dinge bedrohen derzeit unseren Erfolg:
die Macintosh-Geschäfts-Software erscheint nicht vor April/Mai
vollständig, und wir befinden uns momentan in einer ernsthaften
Krise, die die ganze Industrie betrifft. Als Folge davon fallen
```

wir Macintosh-Leute weit hinter unser Absatzziel zurück und leisten innerhalb Apples nicht unseren Beitrag.

Was können wir tun?

Nach reiflicher Überlegung wünsche ich die folgenden Veränderungen. Einige von ihnen sind substantiell, einige symbolisch, und alle treten ab heute in Kraft:

1. Wir werden die freien Getränke abschaffen, bis wir wieder auf einem akzeptablen Gewinn-Niveau angelangt sind. Wir können eine Weile mit Wasser überleben.

2. Wir werden alle Konferenzen vor Ort, also in der Firma, abhalten. Auch hier können wir ein wenig einsparen. Ich werde persönlich eine sehr preisgünstige Alternative genehmigen, wenn Sie eine vorschlagen (eine Kirche, Schlafsäcke in einer geschlossenen Grundschule...?).

3. Wir werden Essensbestellungen (Leckereien etc.) abschaffen. Unsere zukünftigen Kunden werden von unserem vierteljährlichen Gewinnen mehr beeindruckt sein als von einem Essen. Planen Sie mehr Zusammenkünfte ohne Essen ein.

4. Eine Zeitlang werden wir in der Business-Klasse fliegen. Abgesehen von Auslandsreisen werden wir die Ausgaben für die erste Klasse einstellen.

5. Wir werden den Überstundenlohn abschaffen. Im Grunde nehmen wir alle eine Sonderstellung ein.

6. Wir werden den Umzug nach De Anza II aufschieben. Bandley 2 und 3 mögen uns ans Herz wachsen.

7. Wir werden unsere kostenpflichtigen externen Dienste einschränken (hauptsächlich Beratungen). Ich wünsche innerhalb von 60 Tagen eine Kürzung um 50 Prozent. Wenn die Berater, die wir im letzten Jahr konsultierten, so clever gewesen wären, würden wir jetzt mehr Macintosh verkaufen.

8. Ich wünsche, dass wir alle 50 Prozent unserer genehmigungsfreien Ausgaben einsparen. Diese umfassen Geschäftsessen, Semi-

nare, Konferenzen außerhalb der Stadt usw. Stellen Sie Seminare dieser Art zurück, bis wir 40.000 Mac pro Monat verkaufen, planen Sie mehr Konferenzen ohne Essen ein und entdecken Sie den Wert selbst mitgebrachter Speisen.

9. Ich beschränke die Einstellung auf ausschließlich wichtige Stellen. Alle letzthin gebilligten Gesuche sind damit hinfällig. Wir sind jetzt eine Abteilung von über 700 Leuten. 700 von uns sollten in der Lage sein, die laufenden Geschäfte zu erledigen und für die Zukunft zu planen. Wenn wir eine Umbesetzung von Mitarbeitern brauchen, lasst es uns tun. Alle zusätzlichen Planstellen bedürfen meiner persönlichen Zustimmung, bevor eine Stellenausschreibung ausgesprochen wird.

Der Absatz des Macintosh kommt langsam in Schwung, und ich vertraue darauf, dass wir aus dieser industriellen Krise stärker hervorgehen als wir in sie hineingerutscht sind. Aber im Moment müssen wir die Luken schließen und uns auf rauhe See voraus einstellen.»

Aus den Veränderungsvorschlägen von Jobs wird nicht nur deutlich, welche Privilegien die Macintosh-Mitarbeiter bisher genossen hatten, sondern auch, dass es dem Visionär Jobs an echten Erfolgsrezepten mangelte. Das Einstellen von freien Getränken allein würde Apple nicht in die schwarzen Zahlen bringen. Die Macintosh-Abteilung war mittlerweile auf die gigantische Zahl von 700 Mitarbeitern angewachsen. Eine Zahl, die ebenfalls zeigt, wie groß die Macht von Jobs innerhalb des Unternehmens mittlerweile geworden war.

Apple im Teufelskreis

Mike Murray, der für das Marketing beim Macintosh verantwortlich war, sah Apple in einem Teufelskreis gefangen, an dem Steve Jobs mit die Schuld trug, den er in einem internen Memo wie folgt beschrieb:

«1. Apple, eine unorthodoxe Firma, ist in einem unvereinbaren Paradoxon gefangen: je mehr wir die Struktur und den Prozess verbessern, die erforderlich sind, um eine Multi-Milliarden-Firma zu leiten, desto mehr engen wir das kreative, spontane Element ein, das Apple zu dem gemacht hat, was diese Firma heute ist.

2. Die festgelegten Regeln für das Verhalten innerhalb der Abteilungen (zum Beispiel: 'Wer ist profitabel?') stehen in Konflikt mit der Struktur und der

Wirklichkeit des Marktes und erzeugen somit vorhersehbare Organisationsschwierigkeiten.

3. Wir haben nur wenig oder gar kein Vertrauen innerhalb bzw. zwischen den Abteilungen, da Teamwork nicht vorhanden ist.

4. Sei es nun der Grund oder die Folge der Funktionsstörungen, Steve Jobs übt derzeit eine unergründliche Machtstellung aus, die unverhältnismäßig groß ist, seitdem man ihm die Rolle des Generalmanagers gab. Sie wird genährt durch die momentanen Regeln. Es dienen ihm außergewöhnlich loyale (vielleicht naive) Gehilfen, die von den meisten als süchtige Maschinen angesehen werden, die sich einer Vision hingeben – sei es eine Produkt-Vision, eine Distributions-Vision, oder eine Händlerpreis-Vision –, die ganz klar zu Lasten des Überlebens des Betriebs geht.»

Murray hatte kein Problem damit, Jobs mit seinem kritischen Memo direkt zu konfrontieren. Anstatt bei sich selbst anzufangen, zog Jobs es allerdings vor, die Fehler bei anderen Leuten zu suchen. Und er hatte auch längst einen Sündenbock, dem er alles in die Schuhe schieben konnte, gefunden: seinen ehemaligen Intimus, den Apple-Chef John Sculley. Murray dagegen war ebenso wie Sculley dafür, Jobs die Leitung der Macintosh-Abteilung zu entziehen, da Jobs offensichtlich von dieser Aufgabe überfordert zu sein schien. Jobs verstärkte daraufhin im Frühjahr 1985 seine Bemühungen in der Firma Stimmung gegen Sculley zu machen. Doch es war bereits zu spät. Jobs wusste nicht, dass nicht Sculleys, sondern seine eigenen Tage bei Apple bereits gezählt waren. Sculley begriff langsam aber sicher, dass er Jobs und seinem Macintosh-Team zuviel Freiheit eingeräumt hatte:

«Die Macintosh-Division war nicht mehr nur eine Produktentwicklungsgruppe, sie war eine große, komplexe Firma mit mehreren hundert Angestellten. Ich konnte mich noch an Steves frühere beharrliche Beteuerungen erinnern, es niemals zuzulassen, dass die Belegschaft der Macintosh-Gruppe auf über 100 Personen anwachse. Er meinte, dass zu viele Menschen die Gruppe ineffektiv machten, dass dann nicht mehr die Kameradschaft herrsche, die nötig sei, um das Beste aus den Leuten herauszuholen. Er wollte damals niemals ein Verwalter oder Manager werden. Er wollte an vorderster Front stehen und an jeder Entscheidung beteiligt sein. Genau das trat jedoch ein, als die Macintosh-Gruppe größer wurde und wir den Lisa noch dazupackten. Ein Schritt, der anfänglich zur Konsolidierung der Arbeitsprozesse des Unternehmens logisch erschien, erwies sich nun eindeutig als Fehler. Ich hatte Steve zu einer größeren Macht verholfen, als er jemals besessen hatte. Und ich hatte damit ein Monster geschaffen.»

Der späte Triumph des Macintosh

Soweit die nüchterne Analyse des nunmehr gänzlich desillusionierten Sculley. Ironischerweise begann der sichtlich angefaulte Macintosh-Apfel genau in dem Moment langsam Früchte zu tragen, als Jobs die Firma schmachvoll verließ. Im Grunde hatte Jobs sogar vor seinem unfreiwilligen Abgang bei Apple selbst noch die Weichen für den späten Erfolg des Macintosh gestellt. Das Macintosh-Büro war zwar ein Fiasko, doch mit dem – auf Jobs Initiative hin – entwickelten Laser-Writer hatte Apple noch ein echtes Ass im Ärmel, das wesentlich zum Durchbruch des Macintosh als führende Desktop Publishing-Plattform beitrug.

Ironischerweise war zunächst fast jeder bei Apple gegen die Entwicklung des sündhaft teuren LaserWriters. Einer der wenigen nachdrücklichen Befürworter des Projekt war jedoch Steve Jobs, wie auch der ehemalige Software-Evangelist Guy Kawasaki bestätigt:

> «Der LaserWriter war das beste Stück am Macintosh-Büro. Stärker als an jedem anderen Hardware-Element wurde daran deutlich, welche Vorzüge ein Macintosh für seinen Besitzer hatte.
> Der Laserdrucker rettete den Macintosh und machte Apples erneuten Aufstieg von 1985 an möglich. Heute nimmt jeder den LaserWriter als selbstverständlich hin, doch damals kämpften bei Apple fast alle gegen ihn. Viele – ich schließe mich nicht aus – dachten, es sei einfach Wahnsinn, einen Drucker zu entwickeln, der 7.000 Dollar kosten würde, also eine Art Lisa ohne Monitor, wenn man so will.
>
> Bob Belleville trat für den LaserWriter ein. Er entwickelte auch für Xerox Laserdrucker und kannte John Warnock, den Erfinder der Seitenbeschreibungssprache PostScript und Mitbegründer von Adobe Systems. Obwohl Apples Marketing und der Markt nach einem Typenraddrucker schrien (der Status quo), favorisierte Bob in unser aller Interesse den Laserdrucker. Gemeinsam mit Steve und Burell Smith schaffte er es trotz verbissenen Widerstands auf allen betrieblichen Ebenen, den LaserWriter fertigzustellen (richtige Idee, richtiges Vorgehen). Es ist eine Ironie der Apple-Geschichte, dass fast alle Mitarbeiter gegen das Produkt kämpften, das für das Unternehmen wahrscheinlich die Rettung bedeutete.»

Das Konzept des Desktop Publishing bedeutete, dass mit dem Mactinosh-Computer und dem LaserWriter in Kombination mit geeigneter Layout-Software und der Seitenbeschreibungs-Sprache PostScript qualitativ hochwertige Publikationen am Computer erstellt werden konnten.

PostScript wurde von dem Adobe-Techniker John Warnock entwickelt – es etablierte sich als Schlüssel-Technologie: So war es möglich, Seiten in geringer Auflösung am Bildschirm zu bearbeiten und anschließend auf einem Laserdrucker in hoher Qualität ausdrucken zu lassen. Kurioserweise wurde PostScript seinerzeit sozusagen «im freien Raum» entwickelt, ohne dass zunächst eine geeignete Hardware-Plattform zur Verfügung stand. Es handelt sich bei PostScript daher um die erste Programmier-Sprache der Welt, die vor jenem Computer entwickelt wurde, auf dem sie anschließend zum Einsatz kommen sollte. Anfang 1983 hatten einige ehemalige Angestellte von Xerox die Firma Adobe gegründet, um eine Seitenbeschreibungs-Sprache (PDL – «page description language») zu entwickeln und vermarkten. Der Macintosh schien geradezu prädestiniert, Texte und Grafiken mithilfe einer PDL auf dem Bildschirm darzustellen; und mit dem Laserdrucker verfügte man über das perfekte Ausgabemedium.

Ursprünglich wollte die Firma Adobe ein komplettes Paket bestehend aus Software und Hardware zur Produktion von auf PDL basierenden Druck-Erzeugnissen anbieten. Als sich Steve Jobs Anfang 1983 immer mehr für die Möglichkeiten der Kombination von Macintosh, PDL und LaserWriter begeisterte, gelangte man bei Adobe zu der Entscheidung, dass es möglicherweise geschickter sei, nur die Software zu verkaufen und die Hardware von einem anderen Hersteller wie zum Beispiel Apple produzieren zu lassen. Apple erwarb somit von Adobe die Rechte zur Verwendung der PostScript-Technologie.

Nachdem auch Software-Evangelisten wie Guy Kawasaki ganze Arbeit geleistet hatten und eine Vielzahl von Drittherstellern endlich mit hochwertiger Macintosh-Software wie zum Beispiel die Firma Aldus mit ihrem revolutionären PageMaker auf den Markt kam, etablierte sich der Macintosh endgültig als führender Computer im DTP-Sektor.

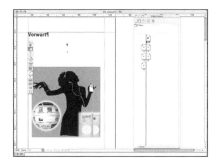

In Verbindung mit Programmen wie zunächst Aldus PageMaker und später QuarkXPress wurde der Macintosh zum Lieblings-Werkzeug der Kreativen im Publishing-Bereich.

Die «Erbsenzähler» blieben trotzdem weiterhin lieber bei ihren IBM-PCs, um ihre Tabellen-Kalkulationen durchzuführen, doch für die Kreativen wurde der Macintosh zum unentbehrlichen Werkzeug zur schnellen Umsetzung ihrer Ideen. Der Macintosh leitete keine komplette Revolution ein, so wie es anfangs der 1984-Spot suggeriert hatte. Doch er brachte ohne Zweifel die sich rasant weiter entwickelnde Desktop Publishing-Revolution in Fahrt.

Wenn man bedenkt, dass im Zuge dieser Revolution im Jahr 1987 über eine Million Macintosh-Rechner verkauft wurden, kann man schließlich doch noch von einem späten Happy End in der Geschichte des Macintosh sprechen. Der Macintosh löste gemeinsam mit der richtigen Software die Desktop Publishing-Revolution aus und diese rettete den Macintosh – und die Rettung des Macintosh rettete das Unternehmen Apple, das sich unmittelbar vor dem Abgrund befand.

Nachdem nach einigen Anlaufschwierigkeiten endlich genügend Software für den Macintosh zur Verfügung stand, war sein Erfolg nicht mehr aufzuhalten.

Leider durfte Steve Jobs den späten Erfolg seines Macintosh-Projekts nur noch aus der Perspektive eines externen Beobachters miterleben.

Sculley kommt und Jobs geht 5

Sculley kommt und Jobs geht

Zunächst arbeiteten Steve Jobs und John Sculley, der zuvor erfolgreich als Manager für Pepsi Cola tätig gewesen und von Jobs höchstpersönlich ins Unternehmen geholt worden war, zunächst Hand in Hand. Doch der gemeinsame Erfolg war nicht von langer Dauer: Nachdem beide aufgrund zu optimistischer Verkaufs-Erwartungen auf einer großen Menge nicht verkaufter Macintosh-Computer sitzen geblieben waren, geriet Apple erstmalig in seiner Firmengeschichte in ernsthafte Schwierigkeiten. Die Firma rutschte in die roten Zahlen und sah sich gezwungen, ein Fünftel ihrer Angestellten zu entlassen.

In der Folge kam es zu einem heftigen Machtkampf zwischen Sculley und Jobs. Sculley war im April 1983 zu Apple geholt worden, da man einen gestandenen Manager benötigte, damit die Firma im Kampf gegen IBM nicht noch weiter abrutschte. Doch blicken wir einmal zurück:

John Sculley – der Traumkandidat

Um Sculley zu Apple zu holen, war Jobs eigens nach New York gereist, wo Sculley als Manager für Pepsi Cola tätig war. Sculley und Jobs machten einen langen Spaziergang durch den Central Park. Jobs gestikulierte mit Händen und Füßen und zog wirklich alle Register seiner Überredungskunst und Sculley war überwältigt vom Charme, Erfolg und der Intelligenz des charismatischen Jobs:

> «Seine Sprechweise war mal entwaffnend nonchalant, dann wieder bestimmt, fast streitsüchtig. Doch wie er auch sprach, er besaß die seltene Fähigkeit, auch den skeptischsten Zuhörer für sich einzunehmen. Ich war von ihm hingerissen. Er war einer der intelligentesten Menschen, denen ich jemals begegnet war.
> Wir hatten dieselbe große Leidenschaft für Ideen. Aber ich konnte nur staunen, wie viel er im Alter von 28 Jahren schon erreicht hatte.»

Trotz seiner Bewunderung für Jobs fragte sich Sculley jedoch schon damals, ob es auch möglich sein würde mit diesem außergewöhnlich einnehmenden aber zugleich auch fordernden Menschen dauerhaft harmonisch zusammenzuarbeiten:

> «Ich war von Steve fasziniert, ich war von seinem Intellekt, von seinen Zukunftsvisionen begeistert. Was ich dagegen nicht wusste, war, ob wir zusammen arbeiten könnten.»

Während beide anschließend den Broadway entlang schlenderten, versuchte Jobs Sculley davon zu überzeugen, dass er sich ihm mühelos unterordnen würde, dass er bisher noch nie für jemanden gearbeitet habe. Doch im Fall von Sculley, den er als genauso begabt und intelligent wie sich selbst einschätzen würde, könne er eine Ausnahme machen.

Es gelang dem hartnäckigen Jobs den nach wie vor skeptischen Sculley schließlich mit der folgenden Frage endgültig umzustimmen:

> «Wollen Sie wirklich den Rest ihres Lebens damit zubringen, den Kindern Zuckerwasser zu verkaufen, wenn sie stattdessen etwas wirklich Wichtiges tun können?»

Sculley kam nun wirklich ernsthaft ins Grübeln, sagte aber noch nicht zu:

> «Ich hatte Steves Angebot abgelehnt. Aber als ich mich von ihm verabschiedete, wurde mir zum ersten Mal in vier Monaten klar, dass ich eigentlich gar nicht Nein sagen konnte.»

«Zukunft statt Zuckerwasser» – die Frage, ob er für den Rest seines Lebens Zuckerwasser verkaufen oder die Zukunft verändern zu wollen, bewog Sculley dazu, endgültig Jobs Verführungskünsten zu erliegen und von Pepsi Cola zu Apple zu wechseln.

Auf dem Weg in den Urlaub nach Hawaii beschloss Sculley, einmal kurz und unverbindlich bei Apple vorbeizuschauen. Steve Jobs war zu diesem Zeitpunkt allerdings gerade in Japan. Wenig später unterbreitete Jobs Sculley ein fürstliches Angebot, das dieser kaum ablehnen konnte. Er würde ein Million Jahresgehalt bei Apple erhalten, eine weitere Million Dollar als Bonus für die Annahme des Postens und er würde zusätzlich noch ein stattliches Aktienpaket erhalten. Sculley akzeptierte das Angebot und erklärte kurz nach der offiziellen Bekanntgabe seines Wechsels zu Apple:

> «Wenn man einen Grund nennen will, warum ich zu Apple kam, dann war es der, die Möglichkeit zu haben, mit Steve zusammenzuarbeiten. Ich betrachte ihn als eine der wirklich wichtigen Figuren unseres Landes, in diesem Jahrhundert. Ich habe die Chance, ihm bei der Entwicklung zu helfen. Das allein ist schon aufregend.»

Das dynamische Duo

Für eine kurze Zeit waren Sculley und Jobs tatsächlich ein Herz und eine Seele. Doch diese harmonische Phase hielt nicht lange an. Sculley kam bezüglich der Zusammenarbeit mit Jobs mit den höchsten Erwartungen zu Apple: Er glaubte zunächst, dass beide sich perfekt ergänzen würden.

> «Steve pflegte häufig von Henry Ford zu sprechen und wie dieser die Bedeutung des Automobils begriffen habe – genauso wie Steve begriffen hatte, worin die Bedeutung des Computers lag. Ford war ein Baumeister gewesen, der das Auto von einem teuren Spielzeug für die Reichen zu einem praktischen Gebrauchsgegenstand für jedermann gemacht hatte. Er hatte das Auto nicht erfunden, genauso wenig wie Steve den Computer erfunden hatte. Aber durch den Einsatz von Massenproduktionstechniken war es ihm gelungen, die Kraft der Bewegung in die Reichweite des Durchschnittsbürgers zu bringen.
>
> Steve wollte erreichen, dass der Computer – wie Henry Fords berühmtes «Modell T» – ein für jedermann erschwingliches Produkt wurde. Mit seinem Macintosh wollte er zeigen, wie der neue Personalcomputer auszusehen hatte, und jedes Einzelstück sollte vollautomatisch produziert werden. Sein niedriger Preis sollte ihn zu einem Verbrauchsgut machen. Als Marketingspezialist konnte ich dafür sorgen, dass dieser Computer direkt vom Fließband in die Hände des Durchschnittsverbrauchers kam. Ich konnte alles, was ich bei Pepsi über Verkaufsstrategien gelernt hatte, einsetzen, um Steves Vision Wirklichkeit werden zu lassen.»

Als Sculley zu Apple kam, war das Unternehmen fragmentiert in die Bereiche Apple II-Gruppe, Apple III-Abteilung, Lisa-Gruppe und das Macintosh-Team; es stand kurz davor auseinanderzubrechen. Das war eines der Probleme, die Sculley zu lösen hatte. Zugleich war das Jahr 1983 ein absolutes Boom-Jahr im Silicon Valley. Die High Tech-Branche erlebte gerade ihren absoluten Höhepunkt. Die Apple-Aktien stiegen und machten viele Mitarbeiter immer reicher. Es herrschte eine ungeheure Euphorie in Cupertino, zugleich jedoch auch eine in den Augen Sculleys geradezu beängstigende Disziplinlosigkeit.

Sehr schnell musste Sculley feststellen wie schwierig es war, ein Unternehmen zu lenken, in dem Individualismus und die Unabhängigkeit jedes Einzelnen als die höchsten Maximen galten. Schließlich lagen die Wurzeln der Unternehmens-Kultur von Apple in der akademischen Gegenkultur, die das althergebrachte System ebenso durch neue Ideen wie neue Technologien verändern wollte. «Computer to the people» war der Slogan mit dem der Gedanke ausgedrückt wurde, dass jeder Ottonormal-Verbraucher den Computer als Werkzeug benutzen kann.

Je größer der Boom der High Tech-Branche wurde, desto erschwinglicher wurden die Computer für die Anwender. Die Vision, die sich Apple auf seine Fahnen geschrieben hatte, wurde Tag für Tag zur greifbaren Realität. Für das Unternehmen bedeutete dies jedoch auch, das sich die Konkurrenz-Situation innerhalb der Computer-Industrie immer mehr verschärfte. Während die Bedrohung von außen immer spürbarer wurde, war man sich intern bei Apple nicht darüber einig, welche Projekte die höchste Priorität bekommen sollten. Vor allem zwischen dem Lisa-Leuten und dem Macintosh-Team war die Atmosphäre total vergiftet. Sculley musste beweisen, dass er Prioritäten definieren und diese auch innerhalb der – beinahe schon anarchisch anmutenden – Firmenstruktur von Apple auch durchsetzen konnte. Sculley war kein Computer-Experte, doch ein ausgesprochen guter Geschäftsmann. Er wollte bei Apple die Kosten senken, den bürokratischen Verwaltungs-Apparat verkleinern und die Produktlinien übersichtlicher gestalten.

Es gelang ihm, die Apple-Produktfamilie so zu reorganisieren, dass es schließlich nur noch die Apple II-Familie und die Lisa/Macintosh-Familie gab. Beide Familien verfügten über eine eigene Marketing-Abteilung. Während der Apple II wegen seiner grafischen Stärken und seines umfangreichen Software-Pakets für den Bildungs-Bereich und private Anwender gedacht war, sollten mit Lisa und Macintosh vor allem Unternehmen und Universitäten als Kunden gewonnen werden.

Jobs stiftete zwar erhebliche Unruhe im Unternehmen, indem er sich zum bedingungslosen Verfechter des «hippen» Macintosh machte, während er für die konservativen Lisa-Entwickler nur Hohn und Spott übrig hatte; doch schien das dynamische Duo Sculley-Jobs trotzdem relativ gut zu funktionieren:

> «Steve und ich wuchsen zu einer Seelengemeinschaft zusammen. Jeden Tag unterhielten wir uns mehrere Stunden lang.»

Sculley und Jobs fuhren denselben Wagen, einen Mercedes 380 SEC und Jobs kaufte sich ein Haus in Woodside in unmittelbarer Nachbarschaft Sculleys, dessen überschwängliche Euphorie jedoch allmählich in eine etwas differenziertere Wahrnehmung von Jobs überging. Nach wie vor besaßen jedoch beide eine gemeinsame Vision:

> «Steve war alles andere als langweilig. Er war arrogant, unverschämt, heftig, fordernd, ein Perfektionist. Gleichzeitig war er unreif, schwach, empfindsam, verletzlich. Er war dynamisch, visionär, charismatisch, aber häufig auch verstockt, fordernd, kompromisslos und unmöglich. Er war stets an den Lehren aus meinen eigenen Erfahrungen interessiert. Unser wichtigstes Band jedoch war unser gemeinsamer Traum von Apple-Computer und der Möglichkeit, die Arbeits- und Lebensweise der Menschen zu verändern.»

Sculley nahm die dunkle Seite von Jobs Persönlichkeit allmählich war. Er sah, wie Jobs Journalisten, die extra von der Ostküste zu einem Interview angereist waren, zuerst stundenlang warten ließ, um ihnen dann doch keine Audienz zu gewähren. Doch noch tröstete sich Sculley damit, dass Jobs noch jung und ungeschliffen war. Man musste ihm gewisse Dinge einfach aufgrund seines Alters verzeihen.

Das dynamische Duo feierte gemeinsame Erfolge wie die phänomenale Resonanz auf die Einführung des Macintosh im Januar 1984 und da Sculley und Jobs ohnehin stets gemeinsam die wichtigsten Fragen entschieden, beförderte Sculley seinen Partner, der ursprünglich offiziell nur die Verantwortung für die Macintosh-Gruppe gehabt hatte, zum geschäftsführenden Vizepräsidenten. Ein Schritt, den er allerdings schon wenig später zu bereuen begann: Das Verhältnis des einstigen Dreamteams gestaltete sich zunehmend schwieriger.

> «Erst im Oktober 1984 begriff ich, dass ich vielleicht einen Fehler begangen hatte. Unser Erfolg hatte uns als Team und Firma nicht nur großes Selbstvertrauen gebracht, er hatte Steve als Manager auch mächtiger gemacht.
>
> Mit meiner Billigung fing er an, sich viel hartnäckiger überall Gehör zu verschaffen – nicht nur in der Macintosh-Abteilung oder bei neuen Technologien. Er dominierte allmählich viele Gespräche und Diskussionen innerhalb der Geschäftsführung.»

Der Machtkampf zwischen Jobs und Sculley

Jobs gab sich nicht länger mit der Rolle des Visionärs zufrieden, er spielte nun auch den Top-Manager, während Sculley zunehmend an Autorität einbüßte. Der Vorstand von Apple, der auf Sculley durchaus große Stücke hielt, zeigte sich besorgt von dieser Entwicklung.

Im Mai 1985 landete auf Sculleys Schreibtisch ein von Alan Kay verfasstes Memo, einem brillanten Computer-Wissenschaftler, der bei Apple als «Apple Fellow» eingestellt worden war. Kay wies auf schwerwiegende Fehler bei der Konzeption des Macintosh hin. Seine Kritik zielte vor allem auf die geringe Speicherkapazität des Macintosh ab, die sich für Programmierer und Anwender gleichermaßen negativ auswirkte. Kay und Jobs gerieten immer wieder heftig aneinander, da Kay stets unverblümt seine kompetente Kritik an Jobs Visionen äußerte.

Während der letzten drei Monate des Jahres 1984 fielen die Umsätze beim Macintosh äußerst gering aus. Jobs schloss sich in seinem Büro ein und verfiel in eine wochenlange Depression.

Er weigerte sich einzugestehen, das mit dem Produkt vielleicht irgendetwas nicht stimmte und suchte die Verantwortung auf das Marketing und den Verkauf zu schieben. Nachdem er aus einer Lethargie wieder aufgewacht war, begann Jobs ein neues Vertriebskonzept zu entwerfen. Als Jobs versuchte mit allen Mitteln seine Vorstellungen bezüglich der Reorganistion des Vertriebs durchzuboxen, traf er auf den erbitterten Widerstand des mittleren Managements, das sich zu Recht seiner Entscheidungs-Kompetenz in dieser Frage beraubt fühle. Sculley wurde von den Managern bedrängt, sie vor Jobs zu beschützen, während Jobs von Sculley verlangte, seine Position zu unterstützen. Dazu war Sculley jedoch nicht bereit. Er war es leid, dass Jobs seine Nase in jede Sache hineinsteckte, unabhängig davon ob er wirklich über die notwendige Sachkenntnis verfügte oder nicht – und er teilte ihm dies auch offen mit:

> «Wenn du so weitermachst und dich in jedermanns Angelegenheiten mischst, werden wir gar nichts erledigen können. Du musst dich auf den Macintosh konzentrieren und dessen Probleme beheben.»

Jobs stimmte zu, mischte sich jedoch trotzdem weiterhin ein. Erneut wurde Sculley auch von Alan Kay bedrängt, Jobs in die Schranken zu weisen, der bei seinen Projekten zu wenig systematisch vorgehe:

> «*Steve verkörperte perfekt die Sorte Mensch, die ausschließlich visuell ausgerichtet ist, und sein Hauptfehler bestand darin, dass er sich nie davon befreien konnte. Der visuelle Geist ist recht bewandt darin, Tatsachen durch Einbildung zu verdrehen.*
>
> *Sehen Sie sich den Mac einmal an! Wenn man ihn von vorne betrachtet ist er fantastisch. Wenn man ihn von hinten betrachtet, stimmt nichts. Steve denkt überhaupt nicht in Systemen.*»

Sculley verbrachte nun die meiste Zeit seiner Manager-Tätigkeit damit, Leute zu beruhigen, die Jobs mit seinen ständig neuen und besseren Ideen verängstigte. Sculley hatte durch seinen kooperativen Führungsstil zwei Machtzentren innerhalb des Unternehmens entstehen lassen. Als Vorsitzender des Verwaltungsrates stand Jobs sogar über Sculley, während er als Chef einer Produkt-Abteilung unter ihm stand. In letzter Zeit hatte es kaum noch übereinstimmende Meinungen bezüglich der Führung des Unternehmens zwischen Sculley und Jobs gegeben.

Zudem wurde Sculley von wichtigen Informationskanälen abgeschnitten. Sämtliche Informationen liefen durch die Produkt-Abteilung, während die Geschäftsführung kaum noch wusste, was im Unternehmen vor sich ging. Es musste etwas geschehen – Sculley war kurz davor völlig die Kontrolle zu verlieren.

Er sah sich deshalb gezwungen, Jobs von der Führung der Macintosh-Abteilung zu entbinden. Als Sculley Jobs mitteilte, dass er dem Verwaltungsrat empfehlen würde, Jobs die Leitung der Macintosh-Abteilung zu entziehen, brach erstmals ein wirklich heftiger Streit zwischen der Doppelspitze von Apple aus. Jobs bezichtigte Sculley, ein Intrigant zu sein, der den Verwaltungsrat schon im Vorfeld manipuliert habe, um Jobs nun zu entmachten. Am 10. April 1985 wurde Sculleys Vorschlag, der ansonsten bereit gewesen wäre, das Unternehmen zu verlassen, einstimmig vom Verwaltungsrat angenommen.

Jobs Komplott gegen Sculley

Nach außen hin schien sich Jobs der Entscheidung zu fügen, doch in seinem Inneren kochte es. Nach dem offenen Streit wurde Jobs von Sculley in ein abgelegenes Büro verbannt, das Jobs «Sibirien» nannte. Wichtige Entscheidungen wurden nun ohne Jobs getroffen. Eine Situation, die für Jobs unerträglich war.

Im Mai 1985 versuchte Jobs, Sculley mittels einer Intrige aus dem Unternehmen zu befördern. Er überredete Sculley zu einem Termin in China, um während seiner Abwesenheit die Entlassung seines Rivalen im Aufsichtsrat durchzusetzen. Im letzten Augenblick informierte jedoch Jean-Louis Gassée Sculley über den wahren Grund der China-Reise – Sculley war am Vorabend seiner für den 25. Mai geplanten Abreise bei einem Abendessen eingeladen, bei dem ihn Gassée vertraulich zur Seite nahm, um ihm zu empfehlen, die Reise nach China nicht anzutreten. Sculley hatte die Reise bereits vor Monaten geplant. Er hatte vor, den stellvertretenden chinesischen Ministerpräsidenten zu treffen, um mit ihm über den Einsatz von Apple Computern im Rahmen des chinesischen Bildungswesens zu sprechen. Eine wichtige Mission, da China zweifellos einen riesigen Markt darstellte. Gassée warnte Sculley davor der am nächsten Tag statt findenden Sitzung der Geschäftsleitung fernzubleiben, da Jobs plane ihn während seiner Abwesenheit als Chef des Unternehmens abzusetzen. Sculley stornierte seinen Flug und nahm stattdessen an der Sitzung, auf der Jobs ihn entmachten wollte, teil. Sulley ging sofort in die Offensive und fragte Jobs, ob es wahr sei, dass Jobs eine Entmachtung Sculleys geplant habe. Daraufhin antwortete Jobs, während er Sculley mit funkelnden Augen ansah:

> «Ich glaube, dass du für Apple schlecht bist, und ich glaube, dass du die falsche Person bist, dieses Unternehmen zu leiten. Du solltest dieses Unternehmen wirklich verlassen.
> Ich mache mir mehr Sorgen über Apple denn je. Ich habe Angst vor dir. Du weißt nicht, wie man dieses Unternehmen führt, und du hast es nie gewusst.»

Jobs bemerkte weiterhin, dass Sculley dem Unternehmen zwar anfänglich nützte, zuletzt jedoch nur noch geschadet habe. Zudem habe er keine Ahnung von den Produktions-Vorgängen im Unternehmen. Rund um den Konferenztisch machte sich Verlegenheit breit. Sculley wusste für einen Moment nicht, wer noch hinter ihm stand, doch es zeigte sich, dass der Vorstand Sculley unterstützte. Keiner war bereit, den Vorschlag von Jobs, Sculley aus dem Unternehmen zu entfernen, zu unterstützen. Jobs stürzte aus dem Konferenzsaal. Niemand schien das Bedürfnis zu haben, ihm folgen zu wollen.

Bevor Jobs aus der Firma ausschied, welche er mitbegründet hatte, versuchte er in einem letzten verzweifelten Anlauf noch ein Versöhnungs-Gespräch mit Sculley zu führen. Sculley ließ sich auf ein privates Treffen mit Jobs ein, um sich dessen Standpunkt noch einmal anzuhören. Die beiden Männer machten einen Spaziergang über die Hügel von Stanford.

Jobs versuchte Sculley davon zu überzeugen, dass er nur das Wohl des Unternehmens im Auge gehabt habe und dass er gegen Sculley persönlich nichts im Schilde führe. Vielleicht gäbe es ja doch noch eine Möglichkeit, die Firma gemeinsam zu leiten. Er würde auf jeden Fall mit jeder Entscheidung Sculleys einverstanden sein. Nachdem Jobs ihn darum gebeten hatte, ihm eine letzte Chance zu geben, antwortete Sculley:

> «Wir werden dir die Chance geben, den nächsten großartigen Computer zu entwerfen, aber du sollst diese Operation nicht leiten. Die Firma befindet sich in einer prekären Lage, und gerade jetzt müssen wir unsere ganze Energie auf die Wende der Firma konzentrieren.»

Sculley bot Jobs die Leitung der Produkt-Entwicklung in den Apple Labs an und Jobs stimmte – wenn auch nicht gerade begeistert – zu. Nach dem Treffen mit Sculley überlegte Jobs, ob es nicht doch noch eine Chance gäbe, einen Coup gegen Sculley zu landen, um ihn aus der Firma zu entfernen. Das Angebot, das ihm Sculley gemacht hatte, reichte ihm nicht: Auf dem Rückweg von seinem Treffen mit Sculley hielt Jobs bei Mike Markkula an. Markkula war jedoch gerade nicht zu Hause.

Jobs hinterließ ihm eine Nachricht; er bat Markkula um ein Treffen, an dem außerdem noch einige Apple-Mitarbeiter teilnehmen sollten, die nach wie vor loyal zu Jobs standen. Markkula kam zu dem Treffen und hörte sich unvoreingenommen an, was die Leute, die für Jobs arbeiteten, zu sagen hatten.

Am Ende des Treffens war eigentlich nur klar, dass die Firma Apple dringend eine Reorganisation benötigte. In welcher Form diese Reorganisation vonstatten gehen sollte, blieb jedoch unklar. Jobs wertete das Treffen mit Markkula trotzdem als einen Erfolg für sich. Am nächsten Morgen kam Sculley in das Büro von Jobs und stellte diesen zur Rede. Von Markkula habe er erfahren, dass Job schon wieder hinter seinem Rücken versucht habe, ein Komplott zu inszenieren. Anschließend traf sich Sculley mit Markkula und betonte noch einmal seinen Standpunkt, dass er Steve Jobs aus dem Unternehmen entfernen wolle. Markkula bestätigte ihm die Unterstützung des Aufsichtsrates. Es war Jobs nicht gelungen, Markkula im letzten Moment noch auf seine Seite zu ziehen.

Jobs unrühmlicher Abgang bei Apple

Am Abend des 29. Mai 1985 traf sich – nachdem Jobs aus dem Firmengebäude ging – der Aufsichtsrat zu einer Abstimmung, ob Jobs entlassen werden sollte. Der Aufsichtsrat sprach sich für eine Entfernung von Jobs aus allen verantwortlichen Ämtern innerhalb der Firma aus. Sculley hatte den Machtkampf mit Jobs nun endgültig gewonnen. Er rief Jobs noch am selben Abend an und informierte ihn über die Entscheidung des Aufsichtsrates. Jobs war am Boden zerstört und erschien am nächsten Tag nicht in der Firma, während Sculley entschlossen mit der Umstrukturierung des Unternehmens begann.

Zwei Tage später berief Sculley eine Versammlung ein, auf der er verkündete, dass Apple aufgrund der schwierigen Situation, in der sich das Unternehmen befand, gezwungen sei, über eintausend Mitarbeiter zu entlassen. Steve Jobs war als Zuhörer bei der Versammlung anwesend, wurde von Sculley jedoch nicht wahrgenommen. In dem neuen Organisations-Plan den Sculley vorstellte, kam Steve Jobs nicht mehr vor. Für Sculley hatte Jobs aufgehört zu existieren; es war zu Ende. Jobs stieg in seinen Mercedes und fuhr nach Hause. Offiziell behielt Steve Jobs trotz seiner Verbannung noch den dekorativen Titel eines «Chairman» bei Apple. Doch de facto war ihm außer dem Titel nichts geblieben – er hatte nichts mehr bei Apple zu sagen.

Im September informierte Jobs den Apple-Vorstand darüber, dass er die Absicht habe eine eigene Computerfirma zu gründen, die sich dem höheren Bildungswesen widmen wolle. Er präsentierte Sculley eine Liste mit fünf Apple-Mitarbeitern, die er in seine neue Firma mitnehmen wollte. Der Aufsichtsrat geriet in Rage, da man befürchtete, dass die Mitarbeiter, die Jobs mitnehmen wollte, in der neuen Firma ihr Wissen über streng geheime Apple-Technologien missbrauchen würden. Jobs wies zwar auf Perspektiven einer Kooperation seiner neuen Firma mit Apple hin, doch sein Vorhaben wurde vom Vorstand als Verrat und offene Kriegserklärung gewertet. Jobs sollte nun nach dem Willen des aufgebrachten

Aufsichtsrates auch sein letztes Amt bei Apple – seine Position als Chairman – verlieren. Jobs kam dem Aufsichtsrat jedoch zuvor und präsentierte am 17. September sein offizielles Rücktritts-Schreiben. Er schickte es einerseits an Mike Markkula, seines Zeichens Vice-Chairman bei Apple, und andererseits ließ er es zeitgleich auch der Presse zukommen, da er glaubte, auf diese Weise in der Öffentlichkeit ein Gefühl der Solidarität für seine Person in der Rolle des David im Kampf gegen den Goliath Apple erzeugen zu können:

«*Lieber Mike:*

Heute Morgen entnahm ich der Presse Vermutungen, dass Apple erwägt mich als Chairman abzusetzen. Ich weiß nicht, woher diese Berichte stammen, aber sie sind irreführend für die Öffentlichkeit und mir gegenüber unfair.
Du wirst dich erinnern, dass ich auf der Vorstandssitzung am vergangenen Donnerstag meine Entscheidung bekannt gegeben habe, ein neues Unternehmen zu gründen und dass ich bei dieser Gelegenheit auch die Aufgabe meines Postens als Chairman angeboten habe.
Der Vorstand hat meine Kündigung abgelehnt und mich gebeten, die Entscheidung noch eine Woche aufzuschieben. Angesichts der Unterstützung, die mir der Vorstand in Bezug auf das neue Vorhaben entgegenbrachte und wegen der angedeuteten Investitionen durch Apple habe ich mich damit einverstanden erklärt. Nachdem ich John Sculley am Freitag darüber informiert hatte, welche Personen mit mir gehen würden, bestätigte er Apples Bereitschaft, eine mögliche Zusammenarbeit zwischen Apple und meinem neuen Unternehmen zu erörtern. Seitdem jedoch scheint das Unternehmen mir und meiner neuen Firma gegenüber feindlich gesinnt zu sein. Dementsprechend muss ich darauf bestehen, dass meine Kündigung umgehend anerkannt wird. Ich hoffe, dass das Unternehmen in jeder öffentlichen Stellungnahme, die es glaubt, abgeben zu müssen, klarstellt, dass die Entscheidung, den Posten als Chairman aufzugeben, von meiner Seite kam.

Die Vorgehensweise des Vorstands in dieser Angelegenheit betrübt und verwirrt mich, und sie scheint den besten Absichten des Unternehmens zu widersprechen. Diese Absichten bleiben für mich auch weiterhin von größtem Interesse, nicht nur wegen meiner bisherigen Verbindung zu Apple, sondern auch wegen des substanziellen Kapitals, das ich daran besitze.
Ich gebe die Hoffnung nicht auf, dass man den ruhigeren Stimmen des Unternehmens Gehör schenken wird. Manche Firmenmitglieder äußern die Furcht, dass ich in meiner neuen Firma proprietäre Technologien von Apple verwenden würde. Derartige Befürchtungen sind jedoch grundlos. Wenn diese Furcht den eigentlichen Kern für die Feindlichkeiten von Apple darstellt, dann kann ich alle beruhigen.

Wie du weißt, habe ich seit der letzten Reorganisation des Unternehmens nichts mehr zu tun, und ich kann noch nicht einmal mehr auf reguläre Berichte des Managements zugreifen. Ich bin erst 30 Jahre alt und will noch einen Beitrag leisten und etwas erreichen.
Nach allem, was wir gemeinsam erreicht haben, hoffe ich, dass wir in Freundschaft und mit Würde auseinander gehen können.

Mit freundlichen Grüßen
Steven P. Jobs.»

Apples goldene Jahre unter Sculley

Zunächst erlebte die Firma unter Sculley, der nun ab Mai 1985 unangefochten über Apple herrschte, eine neue Periode glanzvoller kommerzieller Erfolge. Sculley musste allerdings zunächst angesichts der bedrohlichen Lage des Unternehmens tatsächlich wie angekündigt, 1.200 Mitarbeiter entlassen.

Unter Sculley gab es zwar viele neue Mac-Modelle, aber keine echten neuen Apple-Visionen, wie sie Steve Jobs entwickelt hatte. Trotzdem geschah während Sculleys Amtszeit etwas Revolutionäres – der Siegeszug des Desktop-Publishing, von dem die Firma Apple bis auf den heutigen Tag erheblich profitiert. Sowohl Apple als auch die Firma Hewlett Packard waren damals dabei, einen Laserdrucker zu entwickeln. Es fehlte jedoch die Software, um mit der Lasertechnik qualitativ hochwertige Druck-Erzeugnisse erstellen zu können.

Diese kam nicht von Apple, sondern, wie im Vorkapitel schon einmal erwähnt, von einem Techniker namens John Warnock, der bei der Firma Adobe arbeitete. Er entwickelte eine neue Methode zur Erstellung qualitativ hochwertiger Ausdrucke, die darauf basierte, dass eine Seitenbeschreibungs-Sprache eingesetzt wurde, welche eine Druckseite nicht als einzelne Bildpunkte, sondern als mathematische Vektor-Objekte erfasste. Mit dieser neuen Sprache namens PostScript war es nun möglich, eine Seite am Bildschirm in geringer Auflösung zu bearbeiten, anschließend jedoch in hoher Auflösung auf einem Laserdrucker in hoher Qualität ausdrucken zu lassen.

Kurioserweise wurde PostScript seinerzeit sozusagen im freien Raum entwickelt, ohne eine geeignete Hardware-Plattform zur Verfügung zu haben. Es handelte sich daher um die erste Programmiersprache auf der Welt, die vor dem Computer entwickelt wurde, auf dem sie anschließend zum Einsatz kommen sollte. Es kam vor diesem Hintergrund zu einer Einigung zwischen Adobe und Apple. Adobe hatte die Software und Apple stellte mit dem Apple LaserWriter die nötige Hardware zur Verfügung.

Nun fehlte nur noch das Programm, das die Möglichkeiten von PostScript und LaserWriter für den Anwender verfügbar machte. Das Programm mit dem dann die Revolution des Desktop Publishing endgültig begann, hieß Aldus PageMaker.

Mit PageMaker konnten plötzlich die komplexesten Publikations-Erzeugnisse auf dem Desktop entworfen und mittels PostScript in höchster Qualität ausgedruckt werden. Der Mac wurde zur dominierenden DTP-Plattform.

Nachdem Sculley Jobs aus dem Unternehmen entfernt hatte, schienen seine Maßnahmen zur Reorganisation langsam zu fruchten; Apple schien langsam «erwachsen zu werden». Die Apple-Managerin Debi Coleman beschrieb den von Sculley eingeleiteten Wandel, der durch die Erfolge des Jahres 1987 offenkundig wurde, wie folgt:

«Wir haben eine Metamorphose durchgemacht. Sie ist vergleichbar mit der Raupe, die zum Schmetterling wird; nur waren wir wirklich hässliche, schleimige Raupen, ehe wir so etwas wie ein schöner Schmetterling wurden. Wir haben uns auf fast jeder Ebene, in jeder Funktion und jeder Hinsicht verändert. Ich glaube, die Leute sind wirklich erwachsen geworden. Das mittlere Management von Apple fühlt sich heute von Neuem gestärkt. Vorher gab es keinerlei Beteiligung des mittleren Managements. Wir streiten uns beinahe leidenschaftlich über alles, angefangen von der Farbe des Produkts bis hin zur Art der Verpackung.

Es gibt nicht weniger Auseinandersetzungen als früher. Es gibt nicht weniger Aufregung oder Gefühlsausbrüche bei irgendwelchen Anlässen, aber ich glaube, es besteht mehr Bereitschaft, der anderen Seite zuzuhören und nicht nur um des Sieges willen zu kämpfen, sondern wirklich zu warten, abzuwägen und Abstriche zu machen. Aber keine Kompromisse, denn die Leute dulden noch immer keine Kompromisse. Das ist eine Sache, die sich nicht verändert hat.

In den ersten Jahren waren wir unter dem Deckmantel der Kompromisslosigkeit und Integrität tatsächlich sehr häufig intellektuelle Angeber. Und in manchen Fällen intellektuelle Terroristen, würde Jean-Louis Gassée sagen. Die Leute glauben jetzt wirklich daran. Niemand ist dazu gezwungen worden oder musste etwas aufgeben, weil das von ihm erwartet wurde. Es ist so, als beteiligte man sich an den Olympischen Spielen, weil das ein wunderbarer Wettbewerb des Geistes, des Körpers und der Flexibilität ist, und wir werden schneller, angesehener und stärker, wenn wir daran arbeiten.»

Unter dem vormaligen Pepsi President John Sculley erlebte Apple einige goldene Jahre, doch zu Beginn der neunziger Jahre rutschte Apple immer tiefer in eine schwere Krise, gegen die auch die beiden nachfolgenden CEOs Spindler und Amelio kein wirksames Gegenmittel fanden bis schließlich mit Steve Jobs Comeback in Cupertino endlich wieder eine neue Ära des Erfolgs begann.

Apple erweitert seine Produktpalette

Mit der Macintosh-II-Reihe erschien nach den Mac Plus- und SE-Rechnern 1987 eine neue erfolgreiche Produktlinie. Die neuen Computer waren vielfältig erweiterbar und hatten die neuen 68.020-und 68.030 Prozessoren an Bord. Anstelle des zierlichen Mac-Würfelgehäuses steckten die neuen Geräte nun in geräumigen Desktop-Gehäusen. Der Erfolg übertraf alle Erwartungen: Es wurden bis zu 50.000 Geräte pro Monat verkauft und man blickte voller Optimismus in die Zukunft – in dem Glauben, dass die Neunziger zum absoluten Erfolgs-Jahrzehnt für Apple werden könnten.

Doch schon bald überschwemmten um die Hälfte billigere den Markt – IBM-kompatible Rechner, auf denen mit Windows 3.0 ebenfalls eine leicht zu bedienende grafische Benutzeroberfläche vorhanden war. Während die Umsatzkurve bei den PCs immer steiler nach oben ging, stagnierte der Mac-Umsatz auf konstantem Niveau.

Sculley kam deshalb auf die Idee, das Mac-Betriebssystem zu lizenzieren und für die Hersteller von Mac-kompatiblen Rechnern freizugeben. Der damalige CEO, der deutsche Michael Spindler, hielt dagegen wenig von Sculleys Idee.

Seiner Meinung nach würden Mac-Clones nur Apple-Kunden wegnehmen, anstatt den Markt substantiell zu verändern. Zu einer Lizenzierung kam es dann jedoch erst im Jahre 1994 und tatsächlich war eines der unmittelbaren Resultate, dass Apple weniger Computer verkaufte. Im Herbst 1990 erschienen zunächst die ersten im eigenen Hause gefertigten Billig-Macs. Die LC-Serie – «low-cost-color» – verkaufte sich extrem gut. Der Umsatz stieg um 85 Prozent, wobei allerdings gleichzeitig nur noch eine sehr geringe Gewinnspanne erzielt wurde.

Der «Macintosh Classic» sollte – ähnlich wie die Modelle der LC-Serie – ein bezahlbares Produkt für Heimanwender sein.

In Sculleys Amtszeit fiel auch die Entwicklung der ersten tragbaren Mac-Computer. Der Grundstein zur PowerBook-Serie wurde durch den Mac Portable gelegt, der angesichts seines hohen Gewichtes jedoch nur sehr bedingt transportierbar war. Trotz einiger Innovationen wie dem Trackball und der automatischen Abschaltung des Bildschirms und der Festplatte nach längerer Inaktivität, handelte es sich im Grunde um einen Computer, der absolut nicht mehr auf der Höhe der Zeit war.

Der Mac Portable basierte technisch auf dem allerersten Macintosh-Rechner und hatte daher lediglich einen 68.000 Prozessor mit 16 MHz und einen Arbeitsspeicher, der auf maximal 9 MB aufgerüstet werden konnte; ganz zu schweigen vom viel zu hohen Preis, der umgerechnet über 7.000 Euro betrug.

Im Jahre 1991 wurden deshalb als Nachfolger die PowerBook-Modellreihe vorgestellt, die mindestens mit einem 68.030 Prozessor ausgestattet war und zu einem großen Erfolg wurde. Im gleichen Jahr erschien mit dem Quadra 700 das erste Modell der neuen Quadra- / Centris-Modellreihe. Der Quadra 700 war mit einem 25 MHz schnellen 68.040 Prozessor, Farbgrafik-Fähigkeit und erstmals serienmäßigen 10-Megabit-Ethernet ausgestattet.

Zum ersten Mal erschienen nun Mac-Rechner auch in einem Tower-Gehäuse. Bei den Quadras handelte es sich in der Regel um Tower-Rechner, während die Centris zumeist Desktop-Geräte hatten.

Die Quadras nahmen in puncto Preis und Leistungspotenzial die Spitzenposition ein. Die Centris waren dagegen eher im mittleren Preissegment angesiedelt.

Das Newton-Desaster

Ein weiteres Novum in der Apple-Produktpalette war der PDA namens Newton, der eines der Lieblingsprojekte von Sculley war und im August 1993 auf dem Markt erschien. Im Newton sah Sculley die Verwirklichung einer Vision, die er bereits gegen Ende der achtziger Jahre entwickelt hatte. Er träumte damals von einem «Knowledge Navigator», einem «denkenden» Computer, der die Navigation durch die Wissensbestände der Welt ermöglichen sollte:

> *«Der Macintosh der Zukunft, den es Anfang des 21. Jahrhunderts geben wird, könnte eine wunderbare Maschine namens 'Knowledge Navigator' sein, ein Entdecker neuer Welten, ein ebenso wunderbares Werkzeug wie die Druckerpresse. Der Einzelne könnte es einsetzen, um durch Bibliotheken, Museen, Datenbanken und Regierungs-Dokumente zu 'fahren'.*
> *Dieses Werkzeug würde das Individuum nicht nur an die Schwelle dieser großen Reichtümer geleiten, wie das heutige hoch entwickelte Computer können; es würde ihn tief in die Geheimnisse hineinziehen, indem es die Informationen interpretiert und so in Wissen verwandelt.»*

Bereits 1987 wurde der Apple-Ingenieur Steve Sakoman mit der Aufgabe betraut, Sculleys Vision in Form eines portablen Computers umzusetzen. Ursprünglich zielte man mit dem Produkt jedoch noch nicht auf den Consumer- / Massen-Markt; vielmehr sollte es sich um ein exklusives Gerät für besonders technikbegeisterte Anwender handeln. Im Grunde war die Idee eines portablen Rechners, der einen hohen Nutzwert für seinen Besitzer haben sollte, noch älter. Sculley hatte sich bei seiner Vision des Knowledge Navigators von dem brillanten Apple-Mitarbeiter Alan Kay inspirieren lassen, der bereits 1968 das Konzept von einem Gerät mit dem Namen «Dynabook» formuliert hatte.

Alan Kay entwickelte bereits 1968 das Konzept zum «Dynabook», dem Vorläufer des später bei Apple entwickelten «Newton».

Im März 1990 stellte Sakoman die Entwicklungsarbeit am Newton ein, da er gemeinsam mit dem illustren Jean-Louis-Gassée Apple verließ, um mit ihm die Firma Be Inc. zu gründen. Zu diesem Zeitpunkt existierten auch bei anderen Firmen wie zum Beispiel bei HP Pläne für einen Handheld-Computer. Nachdem Ausscheiden von Sakoman wollte Sculley zunächst persönlich die Leitung des Newton-Projekts übernehmen.

Angesichts der Tatsache, dass er mit einer Vielzahl anderer Aufgaben und Herausforderungen konfrontiert war, gab er jedoch der Bitte des Apple-Entwicklers Larry Tesler nach, das Projekt übernehmen zu dürfen. Tesler war ein renommierter Computer-Wissenschaftler, der im Verlauf der siebziger Jahre im legendären Xerox Technologie *PARC* – wo unter anderem das Konzept der grafischen Benutzeroberfläche erfunden wurde – tätig gewesen war. Tesler berief als eine seiner ersten Amtshandlungen eine Sitzung mit den Mitarbeitern des Newton-Projekts ein. Es stellt sich heraus, dass die Arbeit am Newton prinzipiell durchaus gut voran ging. Es gab nur ein fundamentales Problem: Der von den Ingenieuren für das Produkt veranschlagte Preis betrug zwischen sieben- bis achttausend Dollar, da man sich bei der Technik und Qualität des Newton auf keinerlei Kompromisse einlassen wollte.

Der Newton-Prototyp verfügte neben vielen Features über eine Möglichkeit zum drahtlosen Netzwerk-Betrieb und eine Batterie, die zwei Wochen lang hielt. Die Bedienung erfolgte nicht über eine Tastatur, sondern eine Stift. Tesler wies seine Techniker an, so viele Features wie nur möglich zu eliminieren, um den Preis für das Gerät auf ein vertretbares Niveau zu bringen. Teslers Team schaffte es schließlich den Preis auf rund zweitausend Dollar herunterzuschrauben. Dies war jedoch im Grunde noch immer zuviel für den Massen-Markt. Ende 1990 stieß deshalb Michael Tchao als Marketing-Fachmann zum Newton-Team. Er brachte schließlich das Kunststück fertig, den Preis nochmals auf 1.000 Dollar zu reduzieren, indem das Entwickler-Team aufgeteilt wurde. Eine Zeit lang arbeitete das so genannte Senior-Team weiterhin an einer teuren Newton-Version, während das Junior-Team mit Tchao an der Spitze an einem preisgünstigen Consumer-Produkt arbeitete.

Bei seiner Keynote auf der Consumer Electronics Show (CES), die am 7. Januar 1992 in Las Vegas stattfand, erwähnte Sculley den Newton als neuen bahnbrechenden PDA für jedermann. Sculley wurde nicht müde, das große Potenzial, das in solch einem Gerät steckte, zu beschwören – und er sagte für Apple hervorragende Umsatzzahlen voraus, sobald der Newton auf dem Markt erscheinen würde. Der Newton war nun einmal Sculleys Lieblingsprojekt – zum Teil aus gefühlsmäßigen, zum Teil aber auch aus durchaus rationalen Gründen.

Die grundsätzliche Idee, ein wirklich neues revolutionäres Gerät auf den Markt zu bringen und damit wieder einmal Apples Rolle als Innovations-Motor der Branche unter Beweis zu stellen, war sicherlich nicht falsch. Bei seinen grenzenlos optimistischen Vorhersagen schoss Sculley allerdings gehörig über das Ziel hinaus, als er bezüglich der Absatzchancen für den Newton unter Berufung auf eine Marktforschungs-Studie der Harvard University von einem 3 Billionen Dollar-Markt sprach. Später relativierte Sculley seine Aussage dahingehend, dass er den gesamten Digital-Markt gemeint habe. Seine Rede wurde jedoch allgemein so aufgenommen, als ob er allein den Markt für PDAs angezielt habe. Da Sculleys Argumente über die Nützlichkeit eines PDAs sehr überzeugend waren und keiner wissen konnte, ob Apple nun wirklich einen echten Knüller in der Hinterhand hatte oder nicht, sorgte seine Rede für gehöriges Aufsehen in der High Tech-Branche. Der Newton sollte laut Sculleys Ankündigung noch im selben Jahr auf dem Markt eingeführt werden.

Die Ingenieure arbeiteten fieberhaft an der Fertigstellung des Produkts, während Apple im März 1992 mit der Firma Sharp ein Lizenz-Abkommen abschloss. Die Vereinbarung beider Firmen sah vor, dass Sharp den Newton produzieren sollte und in leicht modifizierter Form auch im eigenen Namen unter der Bezeichnung Sharp ExpertPad herausbringen sollte.

Im Mai wurde auf einer Computermesse in Chicago der mit größter Spannung erwartete erste Prototyp des Newton der Öffentlichkeit präsentiert. Es gab zwar gleich zu Beginn erst einmal eine peinliche Panne, da sich das Gerät schlichtweg nicht anschalten ließ; doch trotzdem gelang es Tchao mit seiner anschließenden Rede, das Publikum in seinen Bann zu reißen. Im zweiten Anlauf klappte es dann auch eine erste kleine Demonstration der Fähigkeiten des Newton ohne Zwischenfälle über die Bühne zu bringen.

Die Präsentation des ersten Newton-Prototyps weckte große Erwartungen.

Die Erwartungen an den Newton waren nach der Messe riesengroß. Die Fachpresse überschlug sich geradezu. Es schien tatsächlich so, als ob Apple mit dem Newton eine neue digitale Revolution einleiten würde, die enorme Profite versprach.

Eines der wichtigsten Features der schon im Vorfeld so stark gepriesenen digitalen Wunderwaffe war die automatische Handschrift-Erkennung des Newton. Die entsprechende Software wurde nicht von Apple, sondern von der Firma ParaGraph entwickelt. Es gelang den Programmierern von ParaGraph jedoch trotz größter Anstrengungen nicht, bei der Handschrift-Erkennung eine Trefferquote von mindestens 95 Prozent zu erreichen. Diese hatte Apple jedoch für das Gerät gefordert. Damit war endgültig klar, dass die Markt-Einführung des Newton nicht mehr im Jahr 1992 gelingen würde. Während Apple in der Folgezeit neue Ankündigungen über den Markt-Eintritt des Newton machte – die dann doch nicht eingehalten wurden, womit man zunehmend die Journalisten der Fachpresse verstimmte –, hatte die Firma Casio ihr Konkurrenz-Produkt namens Tandy bereits auf den Markt geworfen.

Am 18. Juni 1992 wurde Sculley von Spindler als CEO ersetzt. Trotzdem durfte Sculley einige Tage später in seiner Funktion als Chairman, die ihm noch geblieben war, auf der Computermesse Digital World verkünden, dass die Markteinführung des Newton nun unmittelbar bevorstehe:

> «In der vergangenen Woche ist unser erster Newton-PDA in die letzte Testphase vor der Produktion eingetreten. Dieses Produkt befindet sich im Terminplan und ist auf den besten Weg dazu, die Art und Weise zu revolutionieren, wie die Menschen Informationen eingeben, organisieren und kommunizieren.»

Auf der Mac World Expo in Boston war es dann schließlich endlich soweit: Am 2. August 1993 – rund ein Jahr später als ursprünglich geplant – wurde der Newton der Öffentlichkeit vorgestellt. Das Newton Message Pad wurde als digitales Kommunikations- und Organisations-Talent präsentiert. Mithilfe von optionalen Zusatzkarten konnte das Gerät sogar E-Mails senden und empfangen.

Trotz aller lobenswerten Features war es jedoch immer noch nicht gelungen, einen ganz erheblichen Schwachpunkt des Produkts zu beseitigen. Noch immer funktionierte die Handschriften-Erkennung nicht richtig. Einerseits hagelte es schon bald Spott für das in seinem Erscheinungsbild elegante, aber technisch leider noch sehr unausgereifte Gerät.

Andererseits erhielt der Newton trotzdem von einer Reihe von Fachzeitschriften Auszeichnungen als technisch innovatives Produkt. Nach einer anfänglichen Welle der Euphorie verebbten die Absatzzahlen des Newton ziemlich schnell.

Mit dem sich abzeichnenden kommerziellen Debakel seines Lieblingskindes waren nun auch die Tage für Sculley als Chairman von Apple gezählt; Mitte Oktober 1993 trat Sculley von seinem letzten Ehrenamt, das ihm bei Apple noch geblieben war, zurück. Ein halbes Jahr später kam mit dem Newton Message Pad 100 und 110 die ersten leicht verbesserten Newton-Nachfolger auf den Markt. Es folge das zuerst im Oktober 1994 in Deutschland und erst im Januar 1995 in den USA erscheinende Newton Message Pad 120. Der neue Newton verfügte nun über eine bessere Handschriften-Erkennung, die auf einer neuen Software basierte, die von der Firma Palm Computing stammte. Auf der *COMDEX* im November 1995 wurde die Version 2.0 des Newton-Betriebssystems vorgestellt. Die neue Version der Newton-Software wurde sehr positiv von der Fachpresse aufgenommen, da nun auch endlich in der Handschriften-Erkennung ein deutlicher Fortschritt erreicht worden war. Am 14. März 1996 wurde auf der *CeBIT*-Computermesse das Newton Message Pad 130 angekündigt. In der Zwischenzeit war der glücklose Spindler von Gil Amelio als Apple-CEO ersetzt worden. Der neue Newton verfügte über ein schickes hintergrundbeleuchtetes Display, das bei jedem Licht erkennbar war. Der Newton hatte mittlerweile einen gewissen technischen Reifegrad erreicht; doch noch immer war das Gerät mit einem Verkaufspreis von 799 Dollar nicht gerade ein Discount-Produkt für den Massenmarkt. Während Apple sich auf seinen technischen Lorbeeren ausruhte und an dem viel zu hohen Preis festhielt, waren ähnliche PDAs von der Firma Palm Computing bereits für unter 300 Dollar im Handel erhältlich.

Im Oktober wurde das Message Pad 2000 vorgestellt. Es verfügte über eine komplette optional anschließbare Tastatur und einen äußerst leistungsfähigen Prozessor. Im März 1997 wurde es zu einem Preis von knapp eintausend Dollar auf dem Markt eingeführt. Gleichzeitig mit dem Message Pad kam das eMate 3000 in den Handel. Es beinhaltete innerhalb eines Schalengehäuses eine eingebaute Tastatur. Beide Geräte ernteten gute Kritiken in der Fachpresse und mit den Absatzzahlen ging es langsam wieder bergauf.

Apple hatte bisher eine Menge Geld in die Entwicklung des Newton gesteckt, doch auch wenn die Verkaufszahlen jetzt langsam zu einem gewissen Optimismus berechtigten, war der Newton kein kommerzieller Knüller und würde es angesichts der harten Konkurrenz der diversen Billig-PDA-Anbieter auch niemals werden.

Der Newton war zwar praktisch und ansprechend im Design, doch im Vergleich zur Konkurrenz leider einfach viel zu teuer.

Im Gegensatz zum Newton war der Palm Pilot 1000 jener PDA, der sich am schnellsten und nachhaltigsten am Markt durchsetzen konnte. Der Name Palm wurde praktisch zum Synonym für portable Organizer. Der Palm Pilot 1000 war erheblich billiger als der Newton, aber trotzdem leistungsfähig genug, um Tausende von Adressen und Terminen zu verwalten. Während Apple mehr als 500 Millionen Dollar in die Entwicklung des Newton steckte, benötigte die Firma Palm Computing lediglich drei Millionen Dollar, um ihren erfolgreichen Organizer zur Marktreife zu bringen.

Palm Computing wurde 1992 – zum selben Zeitpunkt als John Sculley die Bezeichnung PDA für persönlicher digitaler Assistent, prägte – gegründet. Gegründet wurde die Firma von dem genialen Techniker Jeff Hawkins. Als dieser seine Vision vom Palm-PDA verwirklichen wollte, erhielt er Hilfe von einer ehemaligen Apple-Mitarbeiterin, die ironischerweise zur treibenden Kraft für die Entwicklung des Palm Pilot werden sollte. Donna Dubinsky hatte zuvor eine steile Karriere in Cupertino gemacht, die sie bis an die Spitze der internationalen Verkaufsabteilung geführt hatte. Nachdem ihr Mentor Bill Campbell die Leitung der von Apple finanzierten Firma Claris übernahm, wechselte sie zu Claris und wurde verantwortlich für Verkauf, Marketing und Distribution in den Auslandsmärkten. Als im Zuge von Reorganisations-Plänen die Firma Claris immer weniger finanzielle Unterstützung von Apple erhielt, verließ Dubinsky das Unternehmen und wechselte Mitte 1992 zu Palm Computing.

Dubinsky und Hawkins waren im Gegensatz zu Sculley und Jobs tatsächlich ein perfektes dynamisches Duo. Sie war die Strategin und er der geniale Erfinder. Auch die Firma Palm Computing machte zunächst den Fehler, mit dem Zoomer ein Produkt auf den Markt zu werfen, das mit einem Verkaufspreis von 700 Dollar zu teuer war und deshalb auch gewaltig floppte. Der Zoomer kam im Oktober 1993 – zwei Monate nach Apples Newton – auf den Markt. Palm Computing führte nach dem Zoomer-Debakel eine Kunden-Befragung durch, bei der heraus kam, dass 90 Prozent aller Kunden bereits einen PC besaßen und im PDA keinen Ersatz, sondern eine Ergänzung zum Computer sahen, der das Festhalten von Notizen in Papierform überflüssig machen sollte.

Angesichts der Problematik, dass eine Software, welche dazu in der Lage sein sollte, die unterschiedlichsten Schriften erkennen zu können, vermutlich sehr langsam sein würde, entwickelte Hawkins das Konzept von Graffiti – einer eigenen Kurzschrift, welche die Benutzer des Palm-PDAs zunächst erlernen mussten, um das Gerät bedienen zu können. Der Trick von Graffiti bestand darin, dass jeder Buchstabe aus einem einzigen Strich bestand und die Erkennung der Text-Eingabe somit sehr schnell arbeiten konnte. Nun musste nur noch ein potenter Investor gefunden werden; Hawkins fand ihn in der Firma US Robotics, die Palm Computing zum Preis von 44 Millionen schließlich komplett übernahm.

Im März 1996 wurden auf der *CEBIT*-Computermesse in Hannover die ersten Palm Pilots vorgestellt. Die Geräte zu einem Preis von unter 300 Dollar verkauften sich praktisch wie von selbst und waren der Beginn einer bis auf den heutigen Tag anhaltenden Erfolgsstory, die mit Modellen wie dem Palm Pilot Personal, dem Palm Pilot Professional bis hin zum farbigen Palm IIIc fortgesetzt wurde.

Es war angesichts der harten Konkurrenz für den Newton nachvollziehbar, das Amelio sich auf die Suche nach einem Käufer für die Newton-Abteilung machte. Er zog es zudem vor, sich auf das traditionelle Geschäft für Desktop-Computer zu konzentrieren. Der Newton war ein Prestige-Produkt, das in Relation zum hohen Entwicklungs-Aufwand einfach zu wenig Gewinne einfuhr. Obwohl Amelio bei einigen Computerfirmen hausieren gegangen war, fand er keinen Käufer und entschloss sich deshalb, die Newton-Abteilung unter dem Namen «Newton Inc.» zumindest zu einer eigenständigen Tochtergesellschaft von Apple zu machen.

Nachdem Steve Jobs im Sommer 1997 die Nachfolge von Gil Amelio angetreten hatte, wurde der Plan, die Newton-Abteilung zu einer eigenen Firma zu machen, wieder rückgängig gemacht. Im Herbst 1997 wurde das für rund 1.000 Dollar erhältliche Message Pad 2100 wieder als Original Apple-Produkt auf den Markt gebracht. Erstmals befand sich bei diesem Gerät eine Ethernet-Karte mit an Bord. Es erwies sich damit als ausgesprochenes Kommunikationstalent. Doch was nützte das alles, wenn der Preis für einen Apple-PDA noch immer so unverhältnismäßig hoch gegenüber den möglicherweise technisch teilweise unterlegenen, jedoch wesentlich kostengünstigeren Produkten der Konkurrenz blieb.

Trotz viel versprechender Features wurde der Newton zum gigantischen Flop für Apple.

Im Frühjahr 1998 gab Steve Jobs – der andere Prioritäten bei Apple verfolgte und niemals ein ausgesprochener Fan des Newton gewesen war – bekannt, dass Apple die Entwicklung des Newton einstellen würde. Den bisherigen Newton-Besitzern wurde weiterer Support versprochen, doch die Ära des Newton war mit dem endgültigen Machtwort von Steve Jobs nun vorbei. Ob Jobs das Newton-Projekt auch deshalb beerdigte, weil es das geistige Kind seines früheren Intimus und späteren Feindes John Sculley war, mag dahin gestellt bleiben.

Eine weitere Theorie zum vorzeitigen «Tod des Newton», für die es aber keine handfesten Beweise gibt, besagt, dass die Newton-Entwicklung als Preis dafür eingestellt worden sei, dass Microsoft 150 Millionen Dollar in die Apple-Aktie investiert habe. Auf diese Weise habe Microsoft 1998 der schwer angeschlagenen Firma wieder auf die Beine geholfen, zugleich aber auch mit dem viel gelobten Newton-Betriebssystem den schärfsten Konkurrenten für Microsofts mobiles Betriebssystem Windows CE ausschalten können. Als Beleg für diese Theorie könnte man möglicherweise anführen, dass Steve Capps und Walter Smith, zwei führende Entwickler des Newton-Betriebssystems, nach der Newton-Pleite zu Microsoft gingen.

Auch wenn Jobs Entscheidung gegen den Newton zu einem gewissen Grad emotional gefärbt gewesen sein mag, war es auch auf einer rein sachlichen Ebene die richtige Entscheidung, das teure Newton-Abenteuer endlich zu beenden. Für Apple war es einfach nicht möglich, den Spagat zwischen höchstem Qualitäts-Anspruch und massentauglichem Preis hinzulegen, der den Newton zu einem echten Erfolg gemacht hätte. Der Newton erwies sich somit einerseits als großer Flop, andererseits demonstrierte Apple mit dem Newton wieder einmal seine Innovations-Kraft, indem es mit der Gattung der PDAs einen völlig neuen Zweig der Computer-Branche ins Leben rief.

Bis zu seinem jähen Ende im Februar 1998 wurden vom Newton rund 300.000 Geräte verkauft. Zahlreiche Firmen bewarben sich nach seinem Tod um die Entwicklungs-Rechte am Newton-Betriebssystem. Apple behielt die Lizenzen jedoch für sich, da man selber Pläne für die Zukunft habe. Auch wenn sich diese Pläne bis auf den heutigen Tag nicht konkretisiert haben, bleiben die Gerüchte bestehen, dass Apple eines schönen Tages sozusagen mit einem «Newton Reloaded» vielleicht doch noch den ganz großen Coup landen wird.

Apple goes Intel – das Projekt «Star Trek»

Der Netto-Absatz von Apple stieg jedenfalls während Sculleys Amtszeit von 600 Millionen Dollar im Jahr 1983 bis auf beinahe 8 Milliarden Dollar im Jahr 1993. Als großer Flop erwies sich in dieser Phase der Firmengeschichte lediglich der im September 1989 vorgestellte Macintosh Portable.

Eines der wenig ruhmreichen Kapitel der Firmengeschichte Apples unter der Ägide von John Sculley war das Scheitern des so genannten Star Trek-Projekts. Angesichts der Tatsache, dass Apple 1992 gerade einmal acht Prozent Anteil an dem Computermarkt hatte, der ansonsten fest in der Hand von Microsoft war, gab es schon seit längerer Zeit Überlegungen, das Mac-Betriebssystem auf die Intel-Plattform zu portieren.

Im Februar 1992 tauchte Gifford Calenda im Büro seines Chefs, Bill Heinen, Vizepräsident der Abteilung für Software-Entwicklung, auf und machte den Vorschlag, es «einfach einmal zu versuchen», das Mac-Betriebssystem auf Intel-Rechnern zum Laufen zu bringen. Ohne es zu ahnen, bewies Gifford Calenda mit seinem Vorschlag perfektes Timing: Denn genau eine Woche später wendete sich ein Vertreter der Firma Novell an Apple und machte einen gleich lautenden Vorschlag. Novel war auf der Suche nach einer attraktiven Benutzeroberfläche für sein eigenes Betriebssystem, das auf Intel-Rechnern lief. Anstatt das Mac-Betriebssystem zu kopieren, wollte das Management bei Novell nun herausfinden, ob man das Problem vielleicht auch gemeinsam mit Apple lösen konnte.

Nach einem ersten Treffen zwischen Vertretern beider Firmen gab Sculley grünes Licht für das Projekt, das unter dem Codenamen «Star Trek» lief. Als Bill Gates von dem Projekt Wind bekam, meinte er nur spöttisch: «Genauso gut könnte man einem Huhn Lippenstift auftragen.»

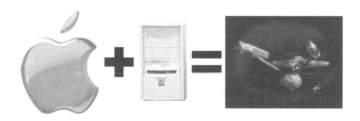

Unter dem Codenamen «Star Trek» sollte das Mac-Betriebssystem auf die Intel-Hardware-Plattform portiert werden. Nach vielversprechenden Anfängen verschwand Star Treck jedoch schließlich auf Nimmerwiedersehen in den Schubladen des Apple Managements.

Nach einem viel versprechenden ersten Treffen zwischen Vertretern beider Firmen gab Sculley grünes Licht für das Projekt, das unter dem Codenamen «Star Treck» lief. Als Bill Gates von dem Projekt Wind bekam, meinte er nur spöttisch: «Genauso gut könnte man einem Huhn Lippenstift auftragen.»

Es wurde prompt ein Team zusammengestellt, das aus vier Software-Entwicklern von Novell und vierzehn Apple-Programmierern bestand. Mitte Juli 1992 wurde dem Entwickler-Team eine «Frist bis Halloween» gesetzt, um zu demonstrieren, ob das Projekt Zukunfts-Perspektiven habe. Dem enthusiastisch ans Werk gehenden Team gelang es nicht nur, den Mac-Finder auf einem handelsüblichen PC zum Laufen zu bringen, sondern auch die multimedialen Fähigkeiten von QuickTime auf die Intel-Plattform zu übertragen. Die erste Demonstration der Ergebnisse des Star Trek-Teams, die fristgerecht im November 1992 durchgeführt wurde, verlief ebenfalls äußerst viel versprechend. Im Dezember stellte das Star Trek-Team seine Ergebnisse dem höheren Apple-Management vor, das sich zunächst hoch erfreut zeigte. Obwohl Star Trek von den Apple-Verantwortlichen anschließend weiterhin grünes Licht bekam, war das Projekt jedoch in Wirklichkeit schon so gut wie gestorben.

Während sich die meisten Apple-Manager beinahe wie Kinder über die Aussicht freuten, mit einem Intel-kompatiblen Mac-Betriebssystem in völlig ungeahnte neue «Marktanteils-Dimensionen» vorzustoßen, gab es mit Fred Forsyth, dem Leiter der Abteilung für Hardware-Produktion eine kritische Stimme, die nicht in den allgemeinen Begeisterungstaumel einfiel. Forsyth gab zu bedenken, dass sich Apple bereits gegenüber der PowerPC-Allianz verpflichtet habe und dass Star Trek sich kontraproduktiv auf die beschlossene Stärkung der PowerPC-Architektur auswirken würde. Einerseits habe Apple bereits mit IBM und Motorola vereinbart, gemeinsam die PowerPC-Plattform auszubauen, andererseits wolle man nun das Mac-Betriebssystem auf Intel-Rechner übertragen. Wenn Apple sich jedoch nicht mit aller Kraft beim PowerPC-Projekt engagierte, bestünde die Gefahr, dass Motorola und Intel, die PowerPC-Allianz vielleicht wieder auflösen würden. Die von Forsyth vorgetragenen Bedenken reichten zwar noch nicht aus, um das Star Trek-Projekt endgültig zu kippen; doch im Management war man sich nun der Tatsache bewusst, dass das Projekt ein gewisses Risiko barg.

Den endgültigen Todesstoß für Star Trek bedeutete dann der Wechsel von Roger Heinen von Apple zu Microsoft zu Beginn des Jahres 1993. Heinen war zuvor die treibende Kraft bei Star Trek gewesen. Nach seinem Weggang dümpelte das Projekt zwar noch einige Monate vor sich hin, doch im neuen Jahr kam es zu drastischen Etat-Kürzungen, von denen auch das Star Trek-Team nicht verschont blieb.

Es lief angesichts der angespannten finanziellen Situation von Apple und des damit einhergehend begrenzten Etats für Software-Entwicklung auf eine simple Entscheidung hinaus: Entweder Star Trek oder PowerPC. Sculley und Spindler entschieden sich für die Förderung der PowerPC-PowerPC-Allianz. Das Projekt Star Trek wurde deshalb im Juni 1993 endgültig für beendet erklärt. Eine große Chance für Apple war vertan.

Ein denkwürdiges Memo von Bill Gates

In die Zeit der Ära Sculley fällt auch ein äußerst denkwürdiges Memo von Bill Gates, in dem er seinen Standpunkt vortrug, dass die Kunden eine größeres Vertrauen zu Apple und seinen Hard- und Software-Produkten aufbauen könnten, wenn Apple nicht der einzige Produzent von Mac-Computern auf dem Markt sei. Die Kunden hätten somit eine größere Produktauswahl und seien auch nicht nur «auf Gedeih und Verderb» von einem einzigen Hardware-Unternehmen abhängig.

Es mutet schon etwas seltsam an, dass seinerzeit einer der größten Befürworter der Idee einer Lizenzvergabe Microsoft-Chef Bill Gates war. Was sich aus heutiger Sicht geradezu surreal anhört, wird verständlich, wenn man sich die Lage vergegenwärtigt, in der sich Microsoft gegen Mitte der achtziger Jahre befand: Apple war damals ein wichtiger Software-Kunde für Microsoft und deshalb erschien es nur ganz natürlich, dass Microsoft ein Interesse an der Ausweitung des Mac-Betriebssystems hatte. Immerhin arbeitete ein Drittel der Microsoft- Microsoft-Programmierer an Mac-Software.

Microsoft wollte – so unglaublich das heute klingen mag – seine Zukunft auf den Mac setzen. Man wandte sich von der Entwicklung von MS-DOS-Anwendungen ab und steckte statt dessen immer mehr Zeit und Energie in die Entwicklung von Anwendungen für die grafische Mac-Benutzerfläche.

Der Umständlichkeit der Befehls-Syntax von MS-DOS war sich Bill Gates sehr wohl bewusst. Er war deshalb einer der größten Bewunderer der grafischen Benutzeroberfläche des Macintosh, die völlig ohne kryptische Kommandozeilen-Eingaben bedient werden konnte.

Als 1985 der Absatz der von Apple verkauften Rechner zurückging, machte sich Bill Gates berechtigterweise große Sorgen um Zukunft der Firma Apple. Der Vorschlag von Gates wurde letztlich erst über ein Jahrzehnt später – und damit viel zu spät – in die Tat umgesetzt.

Das vertrauliche Memo von Gates an die Firma Apple ist sicherlich eines der bemerkenswertesten Dokumente in der Geschichte des Computers. Es ist datiert auf den 25. Juni 1985 und adressiert an John Sculley und Jean-Louis Gassée: In seinem Memo schlug Gates vor, eine Reihe von namhaften Computerherstellern dafür zu gewinnen, Mac-kompatible Rechner zu produzieren.

Seiner Ansicht nach würde eine Lizensierung der Macintosh-Technik das Vertrauen in die Plattform stärken und zu einer Verbreitung der Ressourcen für die Weiterentwicklung führen:

«An: John Sculley, Jean-Louis Gassée

Absender: Bill Gates, Jeff Raikes

Datum 25. Juni 1985

Betr.: Lizenzierung der Mac-Technologie durch Apple.

cc: Jon Shirley

Hintergrund:

Apple spielt im Personalcomputer-Bereich eine unumstrittene Rolle als innovativer Technologieführer. Diese Rolle bedeutet auch, dass Apple einen Standard für neue Technologien setzen muss. Es muss eine «revolutionäre» Architektur durchsetzen, die mit den vorhandenen Architekturen nicht mehr kompatibel sein kann.

Apple muss den Macintosh zum Standard machen. Aber keine PC-Firma – nicht einmal IBM – kann völlig auf sich allein gestellt einen Standard durchsetzen. Apple hat das zwar eingeräumt, war aber bisher nicht in der Lage, sich jene unabhängige Unterstützung zu sichern, die notwendig ist, um mit einem Standard anerkannt zu werden.

Die bedeutenden Investitionen (vor allem in Form unabhängiger Unterstützung) in einen «Standard-Personalcomputer» stellen einen unglaublichen Motor für dessen Architektur dar. Insbesondere in die IBM-PC-Architektur wird weiterhin enorm investiert, und sie gewinnt zusätzlichen Schwung. (Auch wenn die unabhängige Investition in den Apple II und der resultierende Schwung ein weiteres hervorragendes Beispiel ist.) Zu den Investitionen in die IBM-Architektur gehören die Entwicklung von kompatiblen Rechner-Modellen, Software-Programmen und Peripherie-Geräten, die Schulung der Anwender und der Vertriebsvertreter, und – das ist das Wichtigste – Einstellungen und Wahrnehmungen, die nicht leicht zu ändern sind.

Mögliche Mängel in der IBM-Architektur werden schnell durch unabhängigen Support beseitigt. Hardware-Mängel werden auf zwei Wegen behoben.

Erweiterungskarten, möglich durch den Zugang zum Bus (etwa die hochauflösende Hercules-Grafikkarte für monochrome Bildschirme)

Herstellung verschiedener kompatibler Modelle (etwa der tragbare Compaq oder der schnelle DeskPro).

Eine ähnliche unabhängige Investition in den Macintosh wird durch seine geschlossene Architektur verhindert. Verglichen mit dem Macintosh, ist in die IBM-Architektur wahrscheinlich schon mehr als das Hundertfache der Entwicklungs-Ressourcen geflossen, wenn man die Investitionen der Hersteller kompatibler Geräte mit dazu rechnet. Die Zahl wird noch höher, wenn die Hersteller von Erweiterungs-Karten dazugerechnet werden.

Schlussfolgerung:

Während die unabhängigen Investitionen in eine «Standard»-Architektur zunehmen, entwickelt diese Architektur eine Eigendynamik. Die Branche hat einen Punkt erreicht, an dem es für Apple unmöglich ist, aus seiner innovativen Technologie ohne Unterstützung und ohne die Glaubwürdigkeit anderer Personalcomputer-Hersteller einen Standard durchzusetzen. Deshalb muss Apple die Macintosh-Architektur öffnen. Es ist Unterstützung von außen erforderlich, um die notwendige Schlagkraft zu gewinnen und den Standard zu etablieren.

Der Mac ist nicht zum Standard geworden:

Der Macintosh konnte die kritische Masse nicht erreichen, die notwendig ist, damit sich eine Technik langfristig behaupten kann:

a. Da es keine Konkurrenz für Apple durch Hersteller von «Mac-kompatiblen» Rechnern gibt, sehen die Unternehmen ein Risiko darin, sich auf den Mac festzulegen – aus Gründen des Preises UND der Auswahl.

b. Apple hat die Befürchtungen, dass es gefährlich sein könnte, sich auf einen Macintosh festzulegen, selbst noch verstärkt: Verbesserungen der Software und Hardware wurden nur sehr zögernd vorgenommen (z. B. Festplatte, Fileserver, größerer Bildschirm, bessere Tastatur, größerer Speicher, neues ROM, Betriebssystem mit verbesserter Leistung). Außerdem wurde mit der Einstellung des Macintosh XL (Lisa) auch das Alternativ-Modell abgeschafft, das viele Unternehmen als notwendig betrachtet hatten.

c. Die jüngste negative Bericht-Erstattung über Apple schadet dem Image des Macintosh als langfristigem Konkurrenz-Produkt auf dem Personalcomputer-Markt.

d. Unabhängige Software- und Hardware-Hersteller haben den Eindruck verstärkt, dass es riskant sei, einen Macintosh zu kaufen, da sie nur langsam wichtige Software- und Peripherie-Produkte auf den Markt gebracht haben.

e. Apples Vertriebsorganisation für Firmenkunden ist zu klein, so dass es nicht gelungen ist, die Präsenz, die Schulungsangebote und den Support in dem Maßstab aufzubauen, wie ihn große Unternehmen erwarten.

f. Nationalistischer Druck in europäischen Ländern zwingt das Unternehmen häufig dazu, lokale Hersteller zu wählen. In Europa gibt es zwar lokale Lieferanten für die IBM-Architektur, nicht aber für Apple. Apple wird in Europa an Boden verlieren, wie jüngst schon in Frankreich deutlich wurde.

Empfehlung:

Apple sollte Lizenzen für die Macintosh-Technologie an drei bis fünf wichtige Hersteller vergeben, die «Mac-kompatible Rechner» entwickeln.

Hersteller und Kontakte in den Vereinigten Staaten:

Ideale Unternehmen — neben der Glaubwürdigkeit verfügen sie über eine Vertriebs-Organisation für Großkunden, mit deren Hilfe es gelingen kann, die Mac-Architektur in größeren Unternehmen zu etablieren:

AT&T, James Edwards

Wang, An Wang

Digital Equipment Corporation, Ken Olsen

Texas Instruments, Jerry Junkins

Hewlett Packard, John Young

Andere Unternehmen (aber vielleicht realistischere Kandidaten):

Xerox, Eliott James oder Bob Adams

Motorola, Murray A. Goldman

Harris/Lanier, Wes Cantrell

NBI, Thomas S. Kavanagh

Burroughs, W. Michael Blumenthal und Stephen Weisenfeld

Kodak

3M

CPT

Europäische Hersteller:

Siemens

Bull

Olivetti

Philips

Apple sollte die Macintosh-Technologie an US-amerikanische sowie europäische Firmen in der Form vergeben, dass es ihnen möglich ist, die Produktion anderen Firmen zu übertragen. Sony, Kyocera und Alps sind gute Kandidaten für die OEM-Produktion von Mac-kompatiblen Rechnern.

Microsoft ist jedenfalls bereit, Apple bei der Umsetzung dieser Strategie zu helfen. Wir kennen die wichtigsten Hersteller und sind mit ihren Strategien und Stärken vertraut. Wir haben außerdem viel Erfahrung im OEM-Vertrieb der System-Software.

Argumente:

1. Die Lizenznehmer würden zur Zuverlässigkeit der Macintosh-Architektur beitragen.

2. Sie würden die verfügbaren Produkt-Angebote durch ihre «Mac-kompatiblen» Produktlinien erweitern:

Sie würden das Basissystem durch Innovationen und neue Merkmale erweitern: verschiedene Speicher-Konfigurationen, Bildschirme und Tastaturen etc.

Apple würde davon profitieren, dass die wichtigsten Partner sehr schnell eine breite Palette von Peripherie-Geräten herstellen könnten.

Die Kunden würden den Wettbewerb sehen und wirkliche Auswahlmöglichkeiten im Hinblick auf Preis und Leistung haben.

3. Apple wird von den Distributionskanälen dieser Unternehmen profitieren.

4. Mit einer deutlich größeren installierten Basis geht auch der unabhängige Hardware-, Software- und Marketing-Support einher, den der Macintosh benötigt.

5. Apple wird wichtigen zusätzlichen Marketingsupport erhalten. Jede Werbeanzeige eines Herstellers von Mac-kompatiblen Rechnern ist eine Werbung für die Apple-Architektur.

6. Die Lizenzierung von Mac-kompatiblen Rechnern verstärkt Apples Image als technischer Innovator. Ironischerweise gilt IBM als technischer Innovator. Das liegt daran, dass die Hersteller der Kompatiblen sich davor fürchten, zu innovativ zu sein und vom Standard abzuweichen.»

Soweit also die Worte von Bill Gates in der ungewohnten Rolle des möglichen Retters der Firma Apple. Der konstruktive Vorschlag von Gates, der gewissermaßen mit Engelszungen auf die Apple-Verantwortlichen einredete und ihnen obendrein auch noch geeignete Kooperationspartner auf dem Silbertablett servierte, fand im Apple-Management trotzdem keine nachhaltig positive Resonanz.

In den Köpfen der Apple-Manager war Apple immer noch primär ein Hardware-Unternehmen. Dabei war es eigentlich die benutzerfreundliche Software, welche die Apple-Computer zu außergewöhnlichen Geräten machte. Die großen Chancen, die eine Lizenzierung geboten hätte, wurden trotz der hellsichtigen Analyse von Gates bei Apple nicht in vollem Umfang realisiert.

Der Sieg der Macianer

Jean-Louis Gassée war zum Beispiel geradezu berüchtigt für seinen manischen Perfektionismus und seinen Stolz hinsichtlich der Entwicklung von Apple-Hardware. Für ihn kam es, obwohl er später behauptete eine eher indifferente Position zu haben, einfach überhaupt nicht in Frage, dass die Technik des seiner Meinung nach «besten Rechners der Welt» in die Hände irgendwelcher «parasitärer» Lizenznehmer gelangen könnte.

Sculley hatte mit Gassée ein ebenso brillanten wie romantischen Verfechter der reinen Apple-Lehre an seiner Seite:

> «Gassée, ein französischer Mathematiker, der fast allein Apple-France zu unserer größten ausländischen Tochtergesellschaft aufgebaut hatte, war ein charismatischer Intellektueller, der zum Personalcomputer eine romantische Beziehung kultivierte.»

Gassée liebte sexuelle Metaphern wie zum Beispiel:

> «Wir müssen unseren Konsumenten immer puren Sex verschaffen. Es ist wie bei einem Rendezvous mit einem hübschen Mädchen auf dem Rücksitz des Autos. Das Erlebnis mit dem Personalcomputer sollte besser sein als der schönste Orgasmus, den man haben kann.»

Gassée verkörperte trotz seiner französischen Abstammung den typischen «Spirit» bei Apple; arrogant, romantisch, emotional, individualistisch und zugleich scharfsinnig und smart. Der Macintosh war aus der Sicht von Menschen, die wie er dachten, ein Gesamtkunstwerk. Jeglicher Versuch dieses Gesamtkunstwerk zu lizensieren oder zu portieren, hätte den romantischen Traum vom perfekten Computer für jedermann zerstört.

Das Macintosh-Betriebssystem und die Mac-Hardware stellten für echte «Macianer» wie Jean-Louis Gasséet ein Gesamtkunstwerk dar, das keinesfalls durch die Lizensierung des Betriebssystems zerstört werden durfte.

In der Folgezeit wurden zwar einige Anläufe in Richtung einer Lizenzierung gemacht, doch diese waren stets halbherzig und nicht konsequent genug, da weder Sculley noch Gassée wirklich überzeugte Anhänger der Lizenzierungs-Strategie waren. Gassée gibt sogar rückblickend freimütig zu, dass er seinerzeit bezüglich der Lizenzierungs-Frage eigentlich eine indifferente Position vertrat, da er sich einfach nicht der großen Bedeutung dieser Frage bewusst gewesen sei:

«Aber ich war weder für noch gegen Lizenzen: Ich habe einfach nie begriffen, wozu sie gut sein sollten. Das war falsch.»

Einer der wenigen Apple-Mitarbeiter, beim dem die Botschaft von Bill Gates angekommen war, war Dan Eiler, Direktor für Investor Relations. Auf einem Treffen mit Sculley, das 1985 aufgrund des Gates-Memos einberufen wurde, erklärte Eilers, dass das Mac-Betriebssystem MS-DOS meilenweit überlegen sei. Seiner Einschätzung nach wäre der beste Weg, es zum Standard zu machen, das Mac-Betriebssystem auf die Intel-Plattform zu portieren. Eilers unterstützte nicht nur den Vorschlag von Gates, sondern wollte sogar noch einen Schritt weiter gehen.

Er stand mit seiner Position jedoch ziemlich isoliert im Unternehmen, da die meisten Apple-Manager und vor allem Jean-Louis Gassée der Überzeugung waren, dass die Mac-Hardware und -Software eine Einheit bildeten. Wenn man beides voneinander trennte, würde der typische «Look and Feel» des Mac zwangsläufig verloren gehen. Gassée befürchtete zudem (nicht ganz zu Unrecht), dass – wenn Apple sich in das Lizenzierungs- oder Portierungs-Abenteuer einließe – dies möglicherweise zu einem drastischen Personalabbau in Cupertino geführt hätte. Ein Lizenzierungs-Plan mit all seinen Konsequenzen hätte mit Sicherheit bei Apple eine fundamentale Umstrukturierung des Unternehmens erforderlich gemacht.

Selbst Bill Gates erkannte zu einem gewissen Grad die Gefahr der Kannibalisierung der Apple-Hardware-Profite im Fall einer Lizenzierung. Er schlug deshalb eine kontrollierte Lizenzierung vor, die es ermöglichen sollte, dass Apple einerseits seine Basis auf dem Betriebssystem-Markt erweitern konnte, andererseits aber nicht zu Einbußen im firmeneigenen Hardware-Geschäft führen sollte. Gates meinte, dass Apple sein Hardware-Geschäft dadurch schützen konnte, indem die Lizenzen nicht wahllos an beliebig viele Hersteller vergeben werden sollten, sondern jeweils nur an einen Hersteller in einer bestimmten Wirtschaftsregion wie zum Beispiel Europa oder Japan.

Dan Eilers schaffte es nicht, das Management von seinen und Bill Gates Ideen zu überzeugen. Die Apple-Manager dachten zu sehr im Hier und Jetzt und waren nicht in der Lage, die Vision zu entwickeln, welch mächtige Eigendynamik zur Unterstützung der Mac Plattform in Gang gekommen wäre, wenn Apple über seinen Schatten gesprungen wäre.

John Sculley konnte zu einem gewissen Grad den Argumenten von Bill Gates folgen, da ihm auch aus seiner Zeit als Manager bei Pepsi Cola die Bedeutung von strategischen Allianzen bewusst geworden war. Doch jedes Mal, wenn das Thema Lizenzierung auf der Tagesordnung stand, führte dies bei Jean-Louis Gassée zu äußerst heftigen Reaktionen. Er sah sich als Beschützer der herausragenden Mac-Technologie, die seiner Meinung nach nur als Einheit von Hard- und Software Bestand haben konnte. Er sah die Vorteile der allen anderen Konkurrenten technisch überlegenen Mac-Produkte, war jedoch offenbar nicht fähig, auch die Vorteile einer Lizenzierung des Mac-Betriebssystems zu erkennen.

So lange Gassée im Unternehmen war, hatte die Lizenzierungs-Idee einen äußerst schweren Stand. Er würde es niemals zulassen, dass sein «geliebter Macintosh» geklont würde, und Sculley war zu beschäftigt damit allgemein bei Apple den Turnaround herbeizuführen, um sich dauernd auf nervenzerreibende Diskussionen mit Gassée über dieses Thema einzulassen.

Und zunächst schien es auch so, dass die Gassée-Fraktion vielleicht doch Recht behalten hatte. Im Zeitraum zwischen 1985 bis 1987 gerieten zahlreiche PC-Hersteller in eine Krise und auch IBM hatte an Markt-Anteilen verloren. Zugleich gingen die Gewinne bei Apple wieder steil in die Höhe.

Der Streit zwischen Microsoft und Apple

Die Lizenzierungs-Debatte kam 1987 noch einmal in modifizierter Form bei Apple auf. Diesmal wurde die Idee einer kontrollierten Lizenzierung in der Form durchgespielt, dass man das Mac-Betriebssystem nicht an die üblichen Desktop-Computer-Hersteller sondern nur im High End-Bereich an die Hersteller von Workstations lizenzierte. Sculley gefiel die Idee, doch er war zugleich auch vorsichtig und schlug vor, einen solchen Deal nur mit einem einzigen Workstation-Hersteller abzuschließen.

Im Januar 1987 war sich Apple trotz aller nach wie vor vorhandenen Vorbehalte beinahe mit der Firma Apollo Computer, dem damals wichtigsten Workstation-Produzenten, über eine Lizenzvergabe einig geworden. Sculley ließ den Deal jedoch im letzten Moment platzen, weil er glaubte, dass Apollo bald von Sun als Workstation-Vertreter vom Markt verdrängt werden würde – womit er auch Recht behielt. Die Tatsache, dass Apple im letzten Moment den Deal mit Apollo platzen ließ, trug allerdings nicht unwesentlich dazu bei, dass die Firma Apollo bald vom Markt verschwand und von HP aufgekauft wurde.

Bei Apollo hatte man in der Zwischenzeit bereits soviel Zeit und Energie in die Entwicklung einer Mac-kompatiblen Workstation gesteckt, dass die Entwicklung des firmeneigenen Betriebssystems beinahe auf der Stecke blieb. Als die Firma Sun dann mit einer neuen Generation von kostengünstigen Workstations auf den Markt kam, war Apollo nicht mehr dazu in der Lage, Sun Paroli zu bieten.

Als es wenig später mit Microsoft zur von Apple initiierten juristischen Auseinandersetzung über die zahlreichen übereinstimmenden Merkmale von Windows und dem Mac kam, verschwand das Thema der Lizenzvergabe ohnehin schnell wieder in der Schublade. Man glaubte damals bei Apple, dass weitere Lizenzverhandlungen möglicherweise die Position von Apple vor Gericht schwächen würden, da Apple durch Aktivitäten in diesem Bereich nach außen hin ein Bild eines schwachen – nicht vom eigenen Erfolg überzeugten – Unternehmens abliefern würde.

Der Hintergrund für den juristischen Streit zwischen Apple und Microsoft liegt darin, das sowohl Bill Gates als auch Steve Jobs bereits zu Beginn der achtziger Jahre erkannten, dass Computer in Zukunft eine grafische Benutzeroberfläche besitzen würden. Unter Mac-Usern hält sich in diesem Zusammenhang bis auf den heutigen Tag hartnäckig das Gerücht, dass Gates die grafische Benutzeroberfläche des Macs schamlos abgekupfert habe, um diese in sein Windows-Betriebssystem zu integrieren und damit aufgrund unsauberer Geschäftpraktiken und auf Kosten von Apple zu seinem Milliarden-Vermögen gekommen sei.

Dies ist jedoch nur zum Teil richtig: Bill Gates war seinerzeit ganz offensichtlich ein großer Fan des Macs und passte im Laufe der Zeit sein Windows immer stärker dem Erscheinungsbild des Macintosh-Betriebssystems an – eben mit seinen zentralen Features wie überlappenden Fenstern, Icons und Drop-Down-Menüs etc. an.

Die Firma Apple reichte deshalb am 17. März 1988 Klage gegen Microsoft ein. Gates verwies jedoch auf eine Vereinbarung, die er 1985 mit Apple getroffen habe, in der ihm ganz offiziell das Recht zugesagt worden sei, zahlreiche Apple-typische Elemente im Rahmen von Windows zu nutzen. Apple verwies als Antwort darauf, dass sich die besagte Vereinbarung nur auf die erste Windows-Version bezogen habe, während in der Zwischenzeit Windows mit jeder Folgeversion dem Apple-Betriebssystem immer ähnlicher geworden sei.

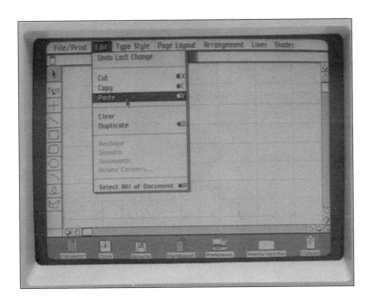

Die Frage, ob Microsoft die Macintosh-Benutzeroberfläche kopiert hat, war jahrelang Thema einer juristischen Auseinandersetzung zwischen Apple und Microsoft.

Zu dem für Apple verhängnisvollen Deal mit Bill Gates war es gekommen, nachdem Microsoft Apple gedroht hatte, sämtliche Arbeiten an den Mac-Versionen von Word und Excel einzustellen. Gates ging dabei nach dem Motto «Angriff ist die beste Verteidigung» vor. In Wirklichkeit befand sich nämlich Microsoft in der Defensive, da Gates zu Recht befürchten musste, dass Apple wegen der vielen frappierenden Ähnlichkeiten zwischen der Benutzeroberfläche von Windows und dem Mac-Betriebssystem eine Klage einreichen würde.

Sculley ließ sich dann auf einen völlig absurden Deal ein. Microsoft gewährte weiterhin Software-Support für die Mac-Plattform und im Gegenzug erhielt Microsoft das Recht, zentrale Bestandteile der Mac-Technologie in sein Betriebssystem zu integrieren.

Im Rahmen einer vertraulichen Vereinbarung, die am 22. November 1985 auf der *COMDEX*-Messe in Las Vegas von Sculley und Gates unterzeichnet wurde, gab Microsoft sogar zu, die visuelle Bildschirm-Anzeige in einer Reihe von Microsoft-Programmen wie zum Beispiel Word und Excel von der Mac-Benutzeroberfläche abgeleitet zu haben. Doch in gewisser Weise hatte Gates nun von Sculley – wenngleich nicht vor den Augen der Öffentlichkeit – den Segen für seine Adaptierung der Mac-Benutzeroberfläche erhalten.

John Sculley wollte auf keinen Fall Microsoft als Partner verlieren und ließ sich deshalb auf einen äußerst fragwürdigen Deal mit dem alten Schlitzohr Bill Gates ein.

Sculley war zu hundert Prozent auf Gates Bluff hereingefallen. Er sah durch Gates Drohung die Existenz von Apple gefährdet und ihm war zum damaligen Zeitpunkt offenbar beinahe jedes Verhandlungs-Ergebnis recht, so lange es zu einer – wie auch immer gearteten – Übereinkunft mit Gates kam. Sculley sagte über seine Motive für sein Abkommen mit Microsoft:

> «Ein offener Krieg mit Microsoft könnte alles zerstören, was wir mit unserer Reorganisation erreicht hatten. Wenn wir unsere wichtigste Software-Firma verklagten, nähmen unsere Geschäftspartner an, wir hätten den Verstand verloren.»

Als sachliches Argument nannte Sculley auch die Tatsache, dass Microsoft auch mit Xerox – der Firma, auf die letztlich die Erfindung der grafischen Benutzeroberfläche zurückging – gewisse Vereinbarungen getroffen hatte. Unter diesem Aspekt erschienen die Erfolgs-Aussichten Microsoft zu verklagen eher gering, womit Sculley im Nachhinein auch Recht behalten sollte.

Trotzdem hätte er jedoch bei den Verhandlungen mit Gates offensiver agieren können, um auf diese Weise zu für Apple vorteilhafteren Konditionen zu kommen:

> «Im Gegensatz zu Digital Research hatte Microsoft von Xerox ein Patent für einige Attribute bekommen, die für die Windows-Technologie wichtig waren, und sie besaßen ältere Verträge mit Apple, die Gates größere Flexibilität ermöglichten.
> Darüber, wer im Recht war, hätte man sich vor Gericht streiten können; wir konnten es uns aber nicht leisten, die einzige Firma zu verklagen, die zu einer noch turbulenteren Zeit die erfolgreiche Software für den Macintosh entwickelt hatte.

Gates und ich zimmerten ein Kompromiss-Paket zurecht, das Microsoft zufrieden stellte, aber Apples Macintosh-Technologie schützte. Wir sicherten zu, nicht zu klagen und Microsoft eine beschränkte Lizenz für bestimmte technische Merkmale zu gewähren, die Gates seiner Meinung nach bereits besaß.
Dafür gelobte Gates Microsoft Word, eines der meistgekauften Textverarbeitungs-Programme für den Mac, zu aktualisieren und sich, was den Mac betraf, noch mehr für die Software einzusetzen. Microsoft stimmte außerdem zu, Anwender-Programme mit der Windows-Technologie für IBM frühestens ein Jahr später herauszubringen. Das war ein wichtiges Zugeständnis. Es war genau die Zeit, die wir brauchten, um zu beweisen, dass Apple sich mit dem Macintosh im Geschäft behaupten konnte.»

Die juristische Auseinandersetzung zwischen beiden Unternehmen, die dann 1988 schließlich doch ausbrach, zog sich über mehrere Instanzen über ein Jahrzehnt hin und endete letztlich mit einem deutlichen Sieg für Microsoft. Der oberste Gerichtshof der USA wies Apples Berufungsklage ab, so dass Microsoft im August 1995 – sieben Monate nach dem endgültigen Gerichtsspruch – begleitet von einer riesigen Medienkampagne, seinen neuen Goldesel namens Windows 95 einführen konnte.

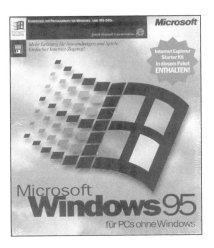

Einige Monate nach der Markt-Einführung von Windows 95 wurde Apples Klage gegen Microsoft endgültig abgewiesen. Aus historischer Sicht hat Microsoft nicht nur bei Apple abgekupfert, sondern vielmehr haben sich Microsoft und Apple beide von den Forschungsergebnissen und Prototypen des Xerox-PARC-Forschungslabors inspirieren lassen. Apple war allerdings trotzdem die erste Firma die ein wirklich marktreifes grafisches Benutzeroberflächensystem anbieten konnte.

Gates selbst hat seinerzeit die Apple-Klage von daher als ungerechtfertigt bezeichnet, weil sich seiner Meinung nach beide Unternehmen letztlich aus dem technischen Fundus einer dritten Firma bedient hätten. Diese Aussage kann nicht völlig von der Hand gewiesen werden, da die grafische Benutzeroberfläche aus historischer Sicht keine ureigene Erfindung der Firma Apple darstellt, sondern bereits im revolutionären Alto Computer, der in den frühen siebziger Jahren von der kalifornischen Firma Xerox hergestellt wurde, zu finden gewesen ist. Genauso unzweifelhaft ist jedoch, dass es Apple als erster Firma gelang, das Konzept der grafischen Benutzeroberfläche derart zu perfektionieren, dass es einer breiten Masse von Endbenutzern zugänglich gemacht werden konnte.

Microsoft heftete sich anschließend an die Fersen von Apple und errang im Laufe der Zeit beinahe zwangsläufig immer mehr Markt-Anteile, da Windows bekanntlich – im Gegensatz zum allein auf exklusiver Apple-Hardware laufendem Apple Betriebssystem – auf jedem handelsüblichen PC betrieben werden kann.

Bill Gates – der größte Fan des Macintosh

In Bezug auf die heutige Markt-Dominanz von Microsoft ist aus historischer Sicht hinzuzufügen, dass es auch völlig anders hätte kommen können, wenn entweder Apple sein Betriebssystem ebenfalls lizensiert, oder wenn Bill Gates nicht die unglaubliche Mischung aus Cleverness, Rücksichtslosigkeit und Glück besessen hätte, die ihn offenbar seit jeher ausgezeichnet hat.

Auch wenn Apple das Konzept der grafischen Benutzeroberfläche nicht erfunden hat, so steht es außer Frage, das die Mac-Technologie für Gates das Muster war, nachdem man sich bei der Entwicklung der Benutzeroberfläche von Windows orientierte. Die Programmierer von Microsoft wurden von Gates ständig dazu gedrängt, dass alles wie auf dem Mac auszusehen hatte.

Gates war bekannt dafür, dass er seine Mitarbeiter ständig mit Fragen wie «Warum ist das nicht wie beim Mac?» und Aussprüchen wie «Das muss mehr wie beim Mac sein!» nervte – und all dies bereits zwei Jahre bevor der Macintosh 1984 auf dem Markt erschien.

Als es dann endlich soweit war und der erste Macintosh-Rechner im Januar 1984 erhältlich war, wies Gates einen Mitarbeiter an, einen dieser Rechner als Vorlage für die Windows-Entwicklungsabteilung zu besorgen: Gates sagte zu seinen Software-Entwicklern:

«Entschlüsselt das System. Ich habe Anwendungen wie BASIC und Multiplan, die wir für den Mac zurechtgeschneidert haben, und wir arbeiten an anderen Mac-Anwendungen wie Word mit einer grafischen Benutzeroberfläche. Ich will, dass alle diese Mac-Anwendungen unter Windows laufen.»

Gates «verehrte» die Mac-Technologie; er war in den Macintosh geradezu verliebt. Schon bald mussten Gates Entwickler jedoch feststellen, dass es unmöglich war, die Mac-Anwendungen unter Windows zum Laufen zu bringen; obwohl beide Systeme eine grafische Benutzeroberfäche aufwiesen, waren sie im inneren Kern grundverschieden. Während beim Mac die Anwendungen das Betriebssystem steuerten, kam bei Windows eine neue Technik zum Einsatz, die genau andersherum funktionierte – das Betriebssystem hatte die Kontrolle über die Anwendungen. Der Mac funktionierte nach dem Pull-Modell, bei dem die Anwendung das Betriebssystem steuerte. In der Windows-Welt kam das Push-Modell zum Einsatz, in dem das Betriebssystem die Anwendungen steuerte.

In der Folgezeit taten die Microsoft Entwickler alles, um den Windows-Code so zu verändern, dass man das Push-Modell mit dem Pull-Modell innerhalb eines Betriebssystems miteinander kombinieren konnte. Microsoft hatte angekündigt, dass Windows im November 1984 ausgeliefert werden würde, doch die Programmierer wussten, dass dieser Termin angesichts der äußerst schwierigen Aufgabe, mit der sie konfrontiert waren, niemals einzuhalten war.

Im Sommer 1984 wurde Gates von seinem Team mitgeteilt, dass Windows trotz aller Anstrengungen nicht so elegant wie die Mac-Benutzeroberfläche aussehen und funktionieren würde. Im November 1984 erschien dann Windows 1.0 auf dem Markt. Es war unausgereift, forderte extrem viel Speicherplatz und es gab auch keine neuen Anwendungen, die unter Windows liefen; doch es war zumindest auf dem Markt erschienen.

Im Vergleich zur Mac-Benutzeroberfläche bot Windows 1.0 ein geradezu jämmerliches Bild und es verkaufte sich auch dementsprechend schlecht. Die Programmierer hatten einen absoluten Kraftakte unternommen; doch da Gates immer nur ängstlich auf die Konkurrenz geschielt hatte, war kein Produkt mit einer eigenen Identität dabei herausgekommen, sondern ein Betriebssystem, das einerseits nicht wirklich gut mit seiner DOS-Basis harmonierte und andererseits Lichtjahre von der Benutzerfreundlichkeit der Mac-Technologie entfernt war. Es schien sich bei einem der erfolgreichsten Produkte aller Zeiten beinahe um ein Tod geborenes Kind zu handeln. Die meisten Fachleute hielten Windows in dieser Form schlichtweg für ziemlich sinnlos und was noch schlimmer war: Von IBM gingen keine Signale aus, Windows zu unterstützen. Zumindest war IBM immer noch an MS-DOS gebunden.

Im Sommer 1985, während die Programmierer bei Microsoft fieberhaft an der Fertigstellung der ersten Windows-Version arbeiteten, gelang es Gates, einen weiteren äußerst lukrativen Deal mit Big Blue unter Dach und Fach zu bringen. Er bekam von IBM die Zusage, dass Microsoft gemeinsam mit IBM das Betriebssystem OS/2 entwickeln würde. Im Gegensatz zu MS-DOS sollte OS/2 die Fähigkeit besitzen, im so genannten «Protected Mode» zu laufen – das bedeutete, dass mehrere Anwendungen im Speicher ausgeführt werden konnten. Unter MS-DOS war hingegen immer nur Platz für eine Anwendung im Speicher. Windows mit seinen mangelhaften Multitasking-Fähigkeiten war dagegen aus der Sicht von IBM in der gegenwärtigen Form ein nutzloses System. Zunächst war man bei IBM daher ausschließlich an OS/2 interessiert. Andererseits benötige auch OS/2 eine grafische Benutzeroberfläche. Dies war Bill Gates Trumpfkarte, um die Entwicklung von OS/2 mit der Entwicklung von Windows miteinander koppeln zu können.

Nach einem Jahr heftigen Programmierens erschien am 6. September 1987 Windows 2.01. Auch diese Windows-Version strotzte nur so vor Bugs. Es folgte im Oktober Windows 2.02 mit einigen Ausbesserungen – «Bug-Fixes» sowie der Unterstützung von Excel und schließlich im Januar 1988 Windows 2.03. Die einzige deutliche Neuerung dieses Windows-Updates bestand darin, dass die Fenster der Benutzeroberfläche nun nicht mehr nebeneinander sondern überlappend angeordnet waren. Nach Ansicht der Firma Apple war Gates damit einen Schritt zu weit gegangen. Apple reichte gegen Microsoft die Klage ein, da die überlappenden Fenster und die visuelle Gestaltung des Desktops, die Urheberrechte von Apple verletzten. Wie bereits erwähnt, zog sich der Prozess über Jahre hin, um schließlich von Apple verloren zu werden.

Als am 22. Mai 1990 dann das von ärgsten Kinder-Krankheiten befreite Windows 3.0 auf dem Markt erschien, wurde es ein überwältigender Erfolg. Es war nicht so gut wie die Mac-Benutzeroberfläche; doch wer Microsoft-Anwendungen wie Word oder Excel auf einem PC mit grafischer Benutzeroberfläche nutzen wollte, dem blieb keine andere Wahl. Windows wurde zum bis heute weltweit dominierenden Desktop-Betriebssystem – auch wenn es Gates ursprünglichem Anspruch «wie der Mac zu sein» bei weitem nicht gerecht wurde. 1995 besaß Microsoft bereits eine Benutzerbasis von rund 140 Millionen Anwendern. Wenn nur ein Fünftel der Anwender das Windows 95-Update zum Preis von 90 Dollar erwerben würden, konnte Microsoft innerhalb kürzester Zeit einen Umsatz in Höhe von zwei Milliarden Dollar erzielen.

Die Analysten an der Wall Street gerieten in Verzückung. Vom Juni 1994 bis Juni 1995 stieg die Microsoft-Aktie um 75 Prozent. Begleitet von einer Marketing-Kampagne, die alles Bisherige in den Schatten stellte, wurde Windows 95 am 24.

August 1995 weltweit auf den Markt gebracht. Als Erkennungs-Melodie erwarb Microsoft die Rechte an dem Rolling Stones Hit «Start me up». Innerhalb der ersten vier Monate nach der Markt-Einführung wurde Windows 95 über 19 Millionen Mal verkauft. Microsofts ewiges Erfolgsrezept war wieder einmal aufgegangen: Zunächst der allgemeinen Entwicklung hinterher hinken, dann schauen, wer gerade das Rennen macht, um die Konkurrenz anschließend entweder zu kopieren, zu übernehmen oder zu eliminieren. Glücklicherweise ist Apple zumindest Letzteres erspart geblieben.

Wäre es unter Sculley nicht zum verhängnisvollen Lizenzvertrag von 1985 gekommen – mit dem der schlitzohrige Gates mühelos sozusagen Apples Kronjuwelen an sich bringen konnte, ohne dafür im Gegenzug Apple wirklich bedeutsame Gegenleistungen zu bieten –, sähe die Computerwelt heutzutage möglicherweise anders aus.

Vielleicht hätte Microsoft einen Marktanteil von 3 Prozent, während Apple souverän den Markt dominieren würde. Doch diese Riesenchance für Apple ist verpasst und kommt aller Wahrscheinlichkeit nach auch nie mehr wieder. Der Rivale aus Redmond baut unterdessen sein Quasi-Monopol im Software-Bereich ständig weiter aus. Apple bleibt dagegen weiterhin beschränkt darauf, die Rolle des immer wieder mit neuen aufregenden Innovationen aufwartenden Davids im Kampf gegen den übermächtigen Goliath zu spielen.

Die in der PC-Welt gerne kultivierten Standard-Vorurteile gegen den Mac lauten, dass er zu teuer ist, es keine Software für ihn gibt und die Tage der Firma Apple ohnehin gezählt sind. In dem Spiel «Shoot the PC-Dork Salesman» können Mac User ihre Aggressionen gegen PC-Händler abreagieren.

Auch Steve Wozniak meint rückblickend, dass Apple dadurch, dass man sich nicht dazu durchringen konnte, das Mac-Betriebssystem zu lizenzieren, einen fundamentalen strategischen Fehler beging.

> «Die Rechner waren nie das Problem. Das Problem war die Unternehmensstrategie. Apple sah sich selbst als Hardwareunternehmen; und aus Angst, unsere Gewinne mit der Hardware dahinschwinden zu sehen, vergaben wir keine Lizenzen für das Betriebssystem. Wir hatten ein wunderbares Betriebssystem, aber wer es haben wollte, musste unsere Hardware zu einem doppelt so hohen Preis kaufen. Das war ein Fehler…
> Wir hätten stattdessen eine angemessene Lizenzgebühr festsetzen sollen. Wir waren so naiv zu glauben, dass die beste Technologie sich durchsetzen würde. Oft ist das nicht der Fall.»

Das Thema der Lizenzvergabe war nun erst einmal für lange Zeit bei Apple vom Tisch.

Das Ende der Ära Sculley

Weder Gates Lizensierungsvorschlag noch das Projekt Start Trek wurden im Endeffekt bei Apple realisiert. Es waren die letzten großen Chancen während der Amtszeit von John Sculley. Im Juni 1993, demselben Monat in dem Star Trek beerdigt wurde, ging auch die Ära Sculley zu Ende.

An seine Stelle sollte nun der aus Deutschland stammende Michael H. Spindler, genannt «Diesel» – da er den Ruf hatte, komplexe Probleme ohne irgendwelche Umwege direkt anzugehen – treten, um die Firma aus Cupertino wieder auf die Erfolgsschiene zu bringen.

Sculley behielt ähnlich wie seinerzeit Steve Jobs den wenig spannenden Posten des Chairman bei Apple, der ihn jedoch kaum motivierte, auch in Kalifornien zu bleiben. Es zog ihn wieder zurück zu seiner Ehefrau an die Ostküste.

Am 15. Oktober 1993 kündigte er sein Amt als Chairman bei Apple und kassierte eine Abfindung in Millionenhöhe. In der Zwischenzeit hatte er intensive Verhandlungen mit der Firma Spectrum Information Technologies, die ihren Sitz an der Ostküste hatte, geführt. Drei Tage nach seiner Kündigung bei Apple gab Sculley bekannt, dass er ab sofort als Chairman und CEO bei Spectrum tätig sei. Bei Spectrum blieb Sculley jedoch nicht lange, weil sich herausstellte, dass die Firma ihre Bilanzen geschönt hatte und sich in Wirklichkeit in einer ziemlich problematischen wirtschaftlichen Situation befand.

Es kam zu einer juristischen Auseinandersetzung, in der Sculley der Firma vorwarf, ihn getäuscht zu haben, Spectrum reagierte darauf mit einer Klage gegen Sculley wegen Vertragsbruch, Missmanagement und Veruntreuung von Handels-Geheimnissen.

Im März 1994 zogen beide Parteien ihre Klagen jedoch wieder zurück. Nach diesem unrühmlichen Intermezzo ging Sculley als Marketing-Berater zu Eastman Kodak. 1995 gründete er schließlich gemeinsam mit seinen beiden Brüdern in New York die Consulting-Firma «Sculley Brothers LLC». Über seine Zeit bei Apple bemerkte Sculley im Rückblick:

> «Apple war eine etwas funktionsgestörte Welt – arrogant auf der höchsten Welle des Erfolgs; aber wunderbar innovativ, als es mit dem Rücken zu Wand stand.»

Apple am Abgrund 6

Apple am Abgrund – die Ära Spindler und Amelio

Michael H. Spindler entwickelte sich während seiner Amtszeit als CEO bei Apple zu einer tragischen Figur; und auch sein Nachfolger Gil Amelio sollte sich als klare Fehlbesetzung für die Aufgabe erweisen, Apple wieder dauerhaft auf Erfolgskurs zu bringen.

Michael «Diesel» Spindler

Bei der Leitung von Apple Europa war Spindler sehr erfolgreich gewesen, da er sich aufgrund der räumlichen Distanz eine gewisse Unabhängigkeit von dem Intrigenspielen, die in Cupertino vonstatten gingen, hatte bewahren können. Der Aufgabe, in die Hölle des Löwen zu steigen und das gesamte Unternehmen zu leiten, schien er jedoch nicht gewachsen zu sein.

Zunächst war man bei Apple sichtlich erleichtert, dass die Ära Sculley endlich vorbei war. Während zuvor der egomanische Steve Jobs sich immer neue Machtkämpfe mit dem manchmal neurotischen John Sculley geliefert hatte, schien nun endlich Ruhe einzukehren. Spindler wirkte nach außen als der «Diesel» – also als ein Macher, der frei von inneren Konflikten die Dinge in pragmatischer Form vorantrieb.

Mit Michael Spindler, genannt «Diesel» leitete ein Deutscher eine Zeit lang die Geschicke der Firma Apple. Schon bald musste «Diesel» jedoch unter anderem aufgrund massiver Gesundheitsprobleme «den Rückwärtsgang einlegen».

Und genau darum ging es jetzt bei Apple. Wenn Spindler erfolgreich sein wollte, musste er die richtige Mischung zwischen Pragmatismus und Phantasie finden. Um Apple wieder auf den richtigen Weg zu bringen, war es notwendig, ein ungeheures Maß an Energie zu investieren. Doch Spindler war zu dem Zeitpunkt, als er die Führung von Apple übernahm, in keinem guten körperlichen und seelischen Zustand; seine Jahre bei Apple Japan und Apple Europa waren äußerst anstrengend gewesen. Sein Blutdruck war zu hoch und er war frustriert von Apples Missmanagement und den finanziellen Berg- und Talfahrten, die das Unternehmen im Laufe der letzten Jahre immer wieder durchlaufen hatte.

Bereits 1989 hatte Spindler wegen übermäßigem Stress einen Schwäche-Anfall erlitten. Seine Sekretärin fand ihn zusammengebrochen auf dem Fußboden seines Büros. In den folgenden Jahren verschlechterte sich sein gesundheitlicher Zustand. Als Spindler die Führung des Unternehmens angeboten wurde, hätte er eigentlich in Hinblick auf seinen bedenklichen Gesundheits-Zustand ablehnen müssen. Andererseits bot sich nun die Gelegenheit, all die Fehler, über die er sich schon seit über einem Jahrzehnt so geärgert hatte, selbst auszumerzen. Erschwerend hinzu kam die Tatsache, dass kurz nachdem Spindler den Job angenommen hatte, bei seiner Frau Krebs festgestellt wurde. Ihm wurde dadurch weitere Zeit und Energie genommen, da er häufig bei seiner Frau im Krankenhaus sein musste.

Nach einigen Monaten an der Spitze von Apple empfahl ihm sowohl sein Arzt als auch sein alter Freund Regis McKenna aufzuhören, weil er sonst vermutlich bald sterben würde; «Diesel» machte jedoch trotzdem weiter; getrieben von der Vision, all die Fehler des Unternehmens, die ihm so schmerzlich bewusst waren, zu korrigieren.

Apple stand allein auf weiter Flur – umzingelt von der übermächtigen Wintel-Welt. Das Vorhaben, das Mac-Betriebssystem auf Intel-Rechner zu portieren, war erst vor kurzem ad acta gelegt worden. Es blieb nur noch der Markt der treuen Mac-Kunden. Doch auch diese waren nicht bereit, hoffnungslos überteuerte Rechner zu kaufen, nur weil auf ihnen ein Apfel-Logo prangte. Es blieb also nur die Preise für die Geräte drastisch zu senken. Ein Senken der Preise würde natürlich auch eine geringere Gewinnspanne bedeuten. Die Kosten mussten also gesenkt werden. Und das bedeutete unausweichlich Personalabbau. Wenige Wochen nach seiner Amts-Übernahme kündigte Spindler den Abbau von 2.100 Stellen an. Gleichzeitig wurden die Preise für Computer um rund 20 Prozent gesenkt. Dies führte zu einer Verringerung der Gewinnspanne von 43 auf 26 Prozent. Auf diese Weise konnten auf lange Sicht nicht genügend Profite erwirtschaftet werden, um das Unternehmen wettbewerbsfähig zu halten. Apple befand sich in einem Teufelskreis aus fallenden Preisen, fallenden Profiten und fallenden Aktienkursen.

Apples kurzes Clone-Abenteuer

Es musste dringend etwas geschehen, um den Markt-Anteil von Apple zu vergrößern. Das Mac OS auf Intel-Maschinen zu portieren, erschien zu aufwendig und zu teuer. Doch es gab noch einen anderen Weg: Man konnte zumindest das Mac-Betriebssystem an Mac-Clone-Hersteller lizensieren, um so einen größeren Markt zu schaffen. Schließlich war das seinerzeit doch das Erfolgsgeheimnis von Windows gewesen.

Spindler war sicherlich ein guter Ingenieur; doch es fiel ihm schwer, im Umgang mit seinen Mitarbeitern den richtigen Ton zu treffen. Spindler war kaum jemals für irgendeinen Mitarbeiter zu sprechen. Es erfolgten in immer kürzeren Intervallen firmeninterne Umstrukturierungen, die mehr Schaden als Heil anrichteten. Der deutsche Apple-Chef leitete als eine seiner wichtigsten Maßnahmen die kurze Ära der Mac-Clones ein, indem er entsprechende Lizenzen an Hersteller wie *UMAX* und Power Computer vergab.

Ursprünglich war er zwar ein Gegner des Clone-Projekts gewesen, doch nun war er plötzlich derjenige, der Sculleys Idee in die Tat umsetzen wollte. 1991 kam es zur PowerPC-Allianz zwischen Apple, Motorola und IBM. Spindler war zwar zuvor ein Gegner der Option einer Lizenzvergabe gewesen; doch nach seinem Amtsantritt als CEO von Apple musste er dringend ein Mittel finden, um das Unternehmen wieder auf Erfolgskurs zu bringen.

Zudem wandte sich einige Monate, nachdem Spindler die Leitung des Unternehmens begonnen hatte, IBM mit der Bitte um eine Lizenzvergabe an Apple. Letztlich konnten sich die beiden Verhandlungs-Parteien jedoch nicht in allen Punkten einigen und der Deal mit IBM kam nicht zustande.

Der PowerMac 8100 war das Flaggschiff der ersten 1994 eingeführten PowerMac-Generation.

Im Jahre 1994 kamen somit nicht nur die ersten PowerPCs, sondern auch die ersten PowerPC-Clones auf den Markt. Der PowerMac wurde am 14. März 1994 erstmals in New York vorgestellt und innerhalb von zehn Monaten 1 Million Mal verkauft. Spindler setzte sich das ehrgeizige Ziel, den Marktanteil des Mac innerhalb von fünf Jahren zu verdoppeln. Die Lizensierung des Betriebssystems an Mac-Clone-Hersteller war ein Schlüsselelement bei diesem Vorhaben.

Im Herbst 1994 wurde von Apple verlautbart, dass maximal sechs Firmen die Chance eingeräumt werden würde, zum Kreis der Lizenznehmer zu gehören. Trotz der strengen Lizenzierungs-Bestimmungen gab es ein reges Interesse anderer Hersteller, Mac-Clones zu produzieren. Nachdem eine weitere Verhandlungsrunde mit IBM erneut scheiterte, war Ende 1994 schließlich die junge Firma Power Computing das erste Unternehmen, das eine Lizensierung von Apple erhielt.

Power Computing erhielt als erstes Unternehmen von Apple eine Lizenz für die Herstellung von Mac-Clones.

Zu Beginn des Jahres 1995 erhielt die Firma Radius, die zuvor schon Mac-Monitore hergestellt hatte, ebenfalls eine Lizenz. Apple hatte sich bewusst relativ kleine Firmen als Lizenznehmer ausgesucht, weil man hin und hergerissen war zwischen einerseits dem Wunsch den Mac-Markt zu erweitern und andererseits der Angst, dass die Clone-Hersteller Apple das eigene Hardware-Geschäft kaputt machen könnten.

Als das relativ große Computerversand-Unternehmen Gateway 2000 sich um eine Lizenz bewarb, lehnte Apple dies schließlich aus dem zuvor genannten Grund ab. Man hatte Angst, dass die über ausgezeichnete Vertriebsstrukturen verfügende Firma Apple zuviel Marktanteile wegnehmen könnte. Dies war natürlich in gewisser Weise eine schizophrene Vorgehensweise, denn eigentlich sollte es ja primär darum gehen, den Markt-Anteil für Macintosh-Hard- und Software im Vergleich zu Windows-PCs zu erhöhen.

Im Herbst 1995 erschien Windows 95, das erstmals nicht auf MS-DOS aufsetzte, sondern – ähnlich dem Mac OS – ein eigenständiges Betriebssystem darstellte. Auf der PC-Plattform war mit Windows 95 nun ein Betriebssystem erschienen, das aus der Sicht zahlreicher Anwender in puncto Komfort in etwa mit dem Mac OS gleichzog.

Da Macintosh-Hardware nach wie vor bedeutend teurer als ein ungefähr gleichwertiger PC blieb, stürzte Apple gegen Ende des Jahres in eine enorme Firmenkrise. Das letzte Quartal des Jahres 1995 wurde mit einem Minus von 68 Millionen Dollar abgeschlossen. Der strategische Fehler, der zu den verheerenden Ergebnissen des Jahres 1995 geführt hatte, bestand darin, dass man bei Apple auf Kosten des Profi-Segments zu sehr auf den Bereich der Heimanwender geschielt hatte. Die preiswerten Performa-Rechner konnten der billigeren PC-Konkurrenz nicht wirklich das Wasser reichen. Unter der forcierten Performa-Produktion litt jedoch der Profi-Bereich.

Die Lieferzeiten für hochwertige Rechner waren so lang, dass Profi-Anwender oftmals entweder auf die PC-Plattform wechselten oder sich einen wesentlich schneller verfügbaren Mac-Clone zulegten. Dies führte dazu, dass Apple letztlich auf den in viel zu hohen Stückzahlen produzierten Performas sitzen blieb und sie im Endeffekt zu Spottpreisen verramschen musste, um die Lager wieder leer zu bekommen. Spindler hatte zu Beginn des Jahres 1995 die Markt-Entwicklung völlig falsch eingeschätzt. In der Folgezeit wurden wieder einmal panische Anstrengungen unternommen, um Apple mit einem anderen Computer-Unternehmen zu fusionieren, da niemand so recht daran glaubte, dass Apple auf sich allein gestellt eine Überlebenschance haben würde.

Am 13. November 1995 wurde auf der *COMDEX*-Messe in Las Vegas die PowerPC-Plattform vorgestellt. Dabei wurde angekündigt, dass in der zweiten Jahreshälfte des kommenden Jahres die ersten Geräte, die als Ergebnis eine Kooperation von Apple, IBM und Motorola hergestellt wurden, auf den Markt kommen sollten. kommen.

Am 23. Januar 1996 präsentierte sich auf der Apple-Aktionärsversammlung ein sichtlich mitgenommener Firmenchef, der neben anderen Hiobsbotschaften den Abbau von weiteren 1.300 Stellen bekannt gab. Einige erboste Aktionäre forderten offen Spindlers Rücktritt. In einer kurz darauf herausgegebenen Presse-Erklärung hieß es:

> «Der Vorstand von Apple unterstützt Michael Spindler und arbeitet mit dem Management zusammen, um Apples Probleme zu lösen und das Unternehmen wieder in die Gewinnzone zu führen. Das Unternehmen steht nicht zum Verkauf. Aber der Vorstand und das Management des Unternehmens waren und sind sich ihrer Pflicht bewusst, den Shareholder Value zu maximieren.»

Der «Diesel» im Rückwärtsgang – Spindlers Abgang

Michael Spindler, der dem permanenten Stress an der Spitze des von Krisen und Intrigen geschüttelten Unternehmens nicht mehr gewachsen war, wurde am 8. Januar 1996 wegen Herzrasens ins Krankenhaus eingeliefert. Die Ärzte wiesen ihn darauf hin, dass er entweder seinen Job kündigen oder ansonsten sterben müsse.

Der Aufsichtsrat zögerte nicht lange, die nächste kapitale Fehlbesetzung für die Führung von Apple vorzunehmen. Der neue Chef von Apple war keine große Überraschung, sondern kam aus den eigenen Reihen. Ende Januar wurde dem Aufsichtsrats-Mitglied Gil Amelio die Leitung des Unternehmens als CEO übertragen. Zudem bekam Amelio auch das Amt des Vorstandsvorsitzenden, das zuvor von Mike Markkula bekleidet worden war, der Vice Chairman blieb.

Der glücklose Gil Amelio war nur rund fünfhundert Tage Apple-CEO bis er von Steve Jobs als der neuen «strahlenden Lichtgestalt» entthront wurde.

Spindler erhielt eine Abfindung in Millionenhöhe und wurde einige Zeit später Mitglied im Aufsichtsrat von Bertelsmann. Zum Abschied zog der «Diesel» in einer E-Mail, die er an alle Apple-Mitarbeiter schickte, ein selbstkritisches Fazit über seine Amtszeit:

```
«Es ist also Zeit für mich zu gehen! Habe ich mir Fehler oder
Fehlurteile zu Schulden kommen lassen? Oh ja, viele sogar. In
geschäftlicher wie in persönlicher Hinsicht. Ich übernehme die
persönliche Verantwortung für Dinge, die nicht funktioniert haben
und hätten funktionieren sollen. Ich habe versucht, mein Bestes
zu geben – geistig und körperlich, wo auch immer ich mich auf der
Welt aufgehalten habe, um dieses Ziel zu verfolgen. Ich habe ver-
sucht, mit Ihnen offen, ehrlich und direkt umzugehen.

Denjenigen von Ihnen, die mir in all diesen Jahren geholfen
haben, die mich unterstützt und sogar geleitet haben, danke ich
von ganzem Herzen für Ihre Freundschaft und das Zusammensein mit
Ihnen. Wenn ich den Ort verlasse, den ich geliebt und gefürchtet
habe, werde ich wieder eins – ich werde hoffentlich wieder mehr
Vater, mehr Ehemann und mehr Privatmann sein.»
```

Vom Regen in die Traufe – Amelios Clone-Politik

Kurz nachdem Amelio die Leitung von Apple übernommen hatte, gab Apple bekannt, dass man an den Partner der PowerPC-Plattform Motorola ebenfalls eine Lizenz für das Mac-Betriebssystem erteilen würde. Im Mai 1996 wurde IBM, dem anderen strategischen Partner von Apple, schließlich ebenfalls eine Lizenz erteilt. Nachdem die Firma Radius mit ihren Mac-Clones wenig Erfolg hatte, wurde die Radius-Lizenz ebenfalls im Mai 1996 von der Firma *UMAX* erworben.

Während die Clone-Anbieter bisher nur in sehr begrenztem Maße mit dem Verkauf von Mac-Clones erfolgreich waren, war man bei Apple weiterhin äußerst nervös bezüglich der möglichen kontraproduktiven Auswirkungen auf den Verkauf der eigenen Hardware. Das ursprünglich als Version 7.7 konzipierte Update von System 7.6 wurde von Apple kurzerhand in System 8 umbenannt, weil man dadurch die Chance hatte, mit den Lizenznehmern neue Vertragsbedingungen auszuhandeln, da diese lediglich Rechte an System 7.5 und den weiteren Updates von System 7.5 erhalten hatte.

Apple erreichte mit diesem Taschenspieler-Trick, dass es von den Lizenznehmern, die Rechte am System 8 erwerben wollten, höhere Lizenzgebühren verlangen konnte. Kurz vor seinem Rücktritt im Juli 1997 gelang es Amelio noch, mit Power Computing zu einer Einigung über einen Lizenzvertrag für die Rechte an Mac OS 8 zu gelangen. Als Jobs 1997 zu Apple zurückkam, kündigte er an, dass die Bedingungen für Lizenznehmer nochmals verschärft werden müssten. Er war ein erklärter Gegner der Lizensierung des Mac OS an Clone-Hersteller. Nachdem der Clone-Gegner aber im Sommer 1997 wieder endgültig das Sagen bei Apple hatte, brachte Apple die Lizenznehmer in die absurde Situation. Mac OS 8 auf den Markt zu bringen, den Clone-Herstellern jedoch kein Lizenzrechte für Mac OS 8 einzuräumen.

Bei der Markt-Einführung von Mac OS 8 ließ Apple die Clone-Hersteller einfach im Regen stehen, indem man ihnen keine Lizenz für das neue Betriebssystem erteilte.

Man hatte sich mittlerweile bei Apple wieder auf den Standpunkt zurückgezogen, dass die Profite des Lizenzgeschäfts in Relation zu den damit zwangsläufig einhergehenden Verlusten im firmeneigenen Hardware-Geschäft nicht hoch genug waren. Die Firma Power Computing wurde bald darauf von Apple geschluckt. Der Ära der Mac-Clones wurde aufgrund der Intervention von Steve Jobs ein schnelles Ende bereitet. In einer firmeninternen Mitteilung legte Jobs die Gründe für sein entschlossenes Vorgehen gegen das Lizensierungsgeschäft dar:

```
«Der Hauptgrund ist der, dass die Lizenzgebühr, die Apple von den
Lizenznehmern erhält, auch nicht annähernd ihrem Anteil an den
Ausgaben gedeckt hat, um die Mac-OS-Plattform zu entwickeln und
zu vermarkten. Das bedeutet, dass Apple letztlich mit jeder
Lizenz für ein Mac-OS-kompatibles System mehrere Hundert Dollar
Subventionen leistet.

Unser Vorstand ist überzeugt, dass Apple nie mehr schwarze Zahlen
schreiben wird, wenn diese Praxis fortgesetzt wird, egal wie gut
die Geschäfte von Apple laufen. Das gesamte 'Ökosystem' des Mac
wird sich weiter verschlechtern, zum Nachteil Apples und schließ-
lich auch der Lizenznehmer. Es wird keine Gewinner geben.»
```

Gil Amelio konnte sich nicht nur mit seiner Clone-Strategie nicht durchsetzen, sondern versagte auch in beeindruckender Form bezüglich seiner hauptsächlichen Misson, Apple wieder in die schwarzen Zahlen zu bringen. Das Gegenteil war der Fall: Im ersten Jahr mit Amelio als CEO verlor Apple rund eine Milliarde Dollar. Selbst die treuesten Apple-Fans zögerten während der Ära Amelio mit dem Kauf eines neuen Rechners, da sich das Unternehmen im freien Fall zu befinden schien und es Amelio auch nicht gelang, zumindest der Öffentlichkeit ein schlüssiges Konzept für einen Ausweg aus der Misere zu präsentieren.

Konzeptionslosigkeit schien eine Eigenschaft zu sein, durch die sich Amelio auch schon während seiner Tätigkeit bei National Semiconductor besonders hervorgetan hatte. Von unabhängigen Beobachtern waren seine Aktivitäten zur Sanierung von National Semiconductor eher kritisch beurteilt worden. Manche gingen sogar soweit zu sagen, dass sich die Situation des Unternehmens durch seine Maßnahmen eher verschlimmert habe.

Amelio feierte sich unterdessen gänzlich unbeeindruckt von der tristen Realität mit einem von ihm verfassten Buch über den «Turnaround», den er angeblich erfolgreich bei National Semiconductor eingeleitet habe. Mit «On the firing line – My 500 days at Apple» legte Amelio später zudem einen Bericht über seine «glorreiche» Amtszeit bei Apple vor.

«Copland» – die Suche nach dem Betriebssystem der Zukunft

Amelio erkannte zumindest richtig, dass Apple dringend eines modernen Betriebssystems bedurfte, das mit Windows NT mithalten konnte. In der Vergangenheit waren bereits «Unsummen» in Versuche zur Entwicklung eines neuen Betriebssystems investiert worden, ohne dass man dabei bisher zu wirklich überzeugenden Resultaten gelangt wäre.

Die logische Schlussfolgerung Amelios bestand darin, dass – wenn man selbst nicht dazu fähig war –, dann musste ein entsprechendes Betriebssystem eben von einer anderen Firma gekauft und gegebenenfalls an die speziellen Bedürfnisse der Mac-Hardware angepasst werden.

Ursprünglich hätte bereits 1995 ein neues Mac-Betriebssstem auf dem Markt erscheinen sollen. Dieses Projekt, das unter dem Codenamen «Copland» lief, wurde jedoch kurz nach seiner Ankündigung 1994 mit immer neuen Features vollgepackt, da man unbedingt das ebenfalls für 1995 angekündigte Windows 95 übertrumpfen wollte.

Die Entwicklung eines innovativen Betriebssystems für den Mac lief unter dem Codenamen «Copland».

Als Windows 95 dann im Sommer 1995 tatsächlich erschien, war Copland noch Lichtjahre von einer marktfähigen Version entfernt. In der Folgezeit machte Apple immer wieder Versprechungen für einen Auslieferungs-Termin von Copland (der dann schließlich jedes Mal doch nicht eingehalten wurde). Auf der im Mai 1996 statt findenden World Wide Developers Conference (WWDC) in San Jose verkündete Amelio, das Copland nicht als Gesamt-Paket, sondern aufgesplittet in zwei Teile erscheinen würde: Der erste Teil sollte unter dem Namen «Harmony» (System 7.6) im Januar 1997 und der zweite unter dem Namen «Tempo» (System 8.0) im Juli 1997 erscheinen.

Für Mac OS 8 wurde versprochen, dass das neue System auch über Fähigkeiten zum Multitasking und Multithreading verfügen würde. Während «Multitasking» die Fähigkeit eines Betriebssystems oder einer anderen ist, mehrere Aufgaben scheinbar gleichzeitig auszuführen, ermöglicht «Multithreading» mehrere Bearbeitungsstränge gleichzeitig abzuarbeiten.

Nachdem man jedoch in Cupertino zu der schmerzlichen Erkenntnis gelangt war, dass Copland in vielerlei Hinsicht nach wie vor hoffnungslos unausgereift war, konzentrierte man sich nur noch auf die Arbeit an den angekündigten System-Updates. Copland würde jedoch – so viel stand gegen Mitte des Jahres 1996 fest – Apples «Antwort auf die Frage nach dem Betriebssystem der Zukunft» sein.

Das Management von Apple machte sich nun von einer gewissen Panik getrieben auf die Suche nach einem nicht im eigenen Hause entwickelten Betriebssystem. Als Favorit erschien zunächst das von dem ehemaligen Apple Manager Gassée in seiner gleichnamigen Firma entwickelte Be-Betriebssystem.

Wie es dazu kam, dass Apple auf der verzweifelten Suche nach einem für den Mac adaptierbarem Betriebssystem schließlich bei Steve Jobs landete, wird im Kapitel über die von Jobs gegründete Firma NeXT noch ausführlicher geschildert. Amelio setzte sich jedenfalls mit seinem Vorhaben zur Adaption ein fremden Betriebssystems damals noch durch. Er entschied sich für das von der Firma NeXT entwickelte Betriebssystem NeXT Step. Er kaufte gleich die ganze Firma und glaubte damit gewissermaßen als Bonus auch den medienwirksamen Steve Jobs einkaufen zu können.

In Wirklichkeit sägte sich Amelio jedoch mit dieser Maßnahme selbst den Ast ab, auf dem er saß. Denn schon bald würde Steve Jobs nach seinem Comeback in Cupertino klarstellen, wer der alte und neue Herr im Hause war.

Amelio schaufelt sich sein eigenes Grab

Als Amelio noch bei National Semiconductor war, besuchte ihn Steve Jobs, um ihn darum zu bitten, den Posten als CEO von Apple zu übernehmen. Er benutzte dabei die folgenden Worte:

> «Es gibt nur einen Menschen, der die Apple-Truppen sammeln kann, nur einen Menschen, der das Unternehmen wieder auf den richtigen Weg führen kann. Apple ist auf dem besten Weg, aus dem Markt zu fliegen. Jetzt kann es nur noch eine starke Führungspersönlichkeit retten, jemand, der die Mitarbeiter, die Presse, die Anwender und die Entwickler lenken kann.»

Eigentlich hatte Jobs sich eher selbst gemeint, doch das würde sich erst später herausstellen. Amelio erhielt von Apple als CEO ein fürstliches Jahresgehalt in Höhe von knapp 1 Million Dollar sowie diverse weitere Bonbons und Vergünstigungen. Trotz der katastrophalen Situation, in der sich Apple beim Amtsantritt Amelios befand, zeigte sich dieser optimistisch, die anstehenden Probleme zu lösen – so verkündete er, Apple innerhalb eines Jahres wieder in die schwarzen Zahlen zu bringen.

Auf der Worldwide Developers Conference (WWDC), die im Mai 1996 in San Jose statt fand, legte Amelio seine Konzepte zur Lösung der massiven Probleme von Apple vor. An erster Stelle forderte er eine Vereinfachung der Produktpalette. Für die Kunden sollte das Produktangebot überschaubarer und transparenter werden und für Apple würden sich bei einer geringen Anzahl von Produkten die Herstellungs-Zeiten verkürzen lassen.

Die Idee, das Mac-Betriebssystem an andere Firmen zu lizensieren, tauchte ebenso in seiner Rede auf wie das Versprechen, die Entwicklern von Mac-Software noch intensiver als bisher zu unterstützen.

Im September schien es, als ob Amelios Bemühungen und Konzepte schon ein wenig gefruchtet hätten. Immerhin konnte für das vierte Quartal ein bescheidener Gewinn in Höhe von 25 Millionen Dollar verkündet werden. Seit langer Zeit war dies der erste Hoffnungsschimmer am Horizont für die am Abgrund stehende Computerfirma aus Cupertino. Schon bald darauf wurde gegen Ende des Jahres von Amelio der Kauf von NeXT und die Rückkehr von Steve Jobs ins Unternehmen bekannt gegeben, womit er gewissermaßen sein eigenes Todesurteil unterschrieben hatte.

Jobs gelang es in den ersten Monaten des Jahres 1997, Amelios treue Gefolgsleute weitgehend zu entmachten. Hinzu kam der enorme Druck, unter dem Amelio aufgrund der schweren Verluste stand, die das Unternehmen zu verkraften hatte. Am 14. März 1997 kündigte Amelio an, dass Apple 2.700 Stellen abbauen müsse. Ein Zeichen dafür, dass Amelio nicht mehr das Vertrauen des Vorstands genoss, war die Ablehnung seiner einige Tage an den Aufsichtsrat gerichteten Bitte, den Werbeetat zu erhöhen; das Vertrauen des Vorstands in Amelio sank weiter, als bekannt wurde, dass ein größeres Apple-Aktienpaket von seinem Besitzer zu einem Schleuderpreis verkauft worden war. Man vermutete damals, dass es sich bei dem Besitzer des Aktienpakets um Jobs handele, der gewissermaßen schon einmal das sinkende Schiff verließ.

Auch wenn sich diese Annahme – zunächst – noch nicht definitiv beweisen ließ, war der Vertrauensverlust von Amelio insgesamt nach bisher gerade einmal eineinhalbjähriger Amtszeit so dramatisch, dass ihm am 6. Juli 1997 telefonisch durch den Vorstand mitgeteilt wurde, man sei zu der Ansicht gelangt, dass es besser sei, wenn er zurücktreten würde. Jobs beteuerte zwar später, dass er mit Amelios Absetzung nicht zu tun gehabt habe.

Im Sommer 1997 war Steve Jobs wieder der unumstrittene «König von Cupertino».

Doch nicht nur Amelio, sondern auch die meisten neutralen Beobachter des Geschehens kamen zu einer anderen Meinung. Amelio hatte am Ende seiner Amtszeit in eineinhalb Jahren Apple einen Verlust von rund anderthalb Milliarden Dollar beschert. Amelio kassierte seine Abfindung und verließ Apple – Steve Jobs war nun endgültig der uneingeschränkt herrschende alte und neue «König von Cupertino».

7 Next – neue Firma, neues Glück

NeXT – neue Firma, neues Glück

Nach seinem Abgang bei Apple tat Steve Jobs zwei Dinge, die für die nächsten Jahre seines Lebens von entscheidender Bedeutung sein sollten. Er gründete die Firma NeXT und er kaufte die Firma Pixar.

Als Steve Jobs 1985 Apple verlassen musste, nachdem er den Machtkampf gegen John Sculley verloren hatte, machte er im Alter von 30 Jahren seine erste Midlife-Crisis durch. In der Öffentlichkeit wurde er als der Mann dargestellt, der das einstige Vorzeige-Unternehmen Apple hoffnungslos heruntergewirtschaftet hatte. Und so stieg – kaum hatte er das Unternehmen verlassen – der Kurs der Apple-Aktie wieder an. Mit Apple-Aktien im Wert von rund 100 Millionen Dollar brauchte er eigentlich ohnehin nicht mehr zu arbeiten. Doch nach einer depressiven Phase, die er zu Hause durchlitt und einer Fahrrad-Tour durch Südfrankreich, gelangte er zu dem Schluss, dass er der Öffentlichkeit beweisen wollte, dass er mit Apple nicht einfach nur Glück gehabt hatte, sondern dass er tatsächlich ein Mann war, der auch weiterhin zu großen Dingen fähig sei.

Neue Firma, neues Glück

Jobs verkaufte einen Großteil seines Apple-Aktienpakets, um an Kapital für die Gründung seiner neuen Firma zu gelangen. Doch paradoxerweise schien gerade die Tatsache, dass es sich diesmal nicht um die Gründung einer Garagenfirma handelte, sondern dass zu Beginn der Firmengründung Geld geradezu im Überfluß bereit stand, einen kontraproduktiven Effekt auf Jobs unternehmerische Aktivitäten zu haben.

Allerdings gehört Jobs zu jener Sorte von Menschen, die manchmal erst unter schwierigen Umständen zu Höchstleistungen auflaufen. In einer Situation des Überflusses fühlte sich ein Kämpfer wie Jobs dagegen eher gelähmt und antriebslos. Innerhalb eines atemberaubend kurzen Zeitraums war Jobs vom mäßig erfolgreichen Studenten zum Millionär aufgestiegen. Mit 21 war er aufgrund seiner desolaten finanziellen Situation wieder bei seinen Eltern eingezogen. Nach dem sensationellen Erfolg des Apple II war Jobs mit 23 bereits Millionär. Mit 24 verfügte er über 10 Millionen und mit 25 über sagenhafte 100 Millionen Dollar.

Die Idee, einen Computer für das höhere Bildungswesen zu produzieren, kam Jobs im Verlauf seiner Gespräche mit dem Biochemiker Paul Berg, den er vor einem Jahr anlässlich eines Dinners für den französischen Staatspräsidenten Mitterand kennen gelernt hatte. Bereits vorher hatte er die Idee gehabt, dass er etwas tun wollte, was mit Computern und dem Bildungswesen zu tun haben sollte.

Doch erst durch den Dialog mit Berg wurde aus der vagen Idee eine konkrete Vorstellung. Beim Reflektieren darüber, was er am besten konnte, kam Steve Jobs damals zu folgendem Schluss.

> «Ich glaube, was ich am besten kann, ist die Kreation neuer, innovativer Produkte. Diese Beschäftigung genieße ich. Ich genieße es und bin am besten, wenn ich mit einem kleinen Team talentierter Leute zusammenarbeite. Das habe ich beim Apple II und auch beim Macintosh getan. Eines Tages lag ein Stück Papier vor mir, und ich notierte jene Dinge, die ich am liebsten hatte, auf die ich in meinen zehn Jahren bei Apple am stolzesten war. Es liegt auf der Hand, dass es die Kreation des Apple II und des Macintosh ist.
> Darüber hinaus lag mir der Aufbau der Apple Education-Foundation am Herzen. Ich hatte diese verrrückte Idee geboren, die zu einem Programm wurde, das wir 'die Kinder können nicht warten' nannten. Dieses Programm sah vor, jeder Schule in Amerika einen Computer zu schenken; am Ende gaben wir jeder Schule in Kalifornien einen Computer, insgesamt etwa 10.000 Geräte.»

Während der Phase zwischen dem Rauswurf bei Apple und der Gründung von NeXT verbrachte Steve Jobs viel Zeit in den Bibliotheken der Stanford University, wo er sich unter anderem über das Thema Genetik informierte. Im Verlauf seiner Privatstudien traf er sich mehrfach mit dem auf diesem Gebiet mit dem Nobelpreis ausgezeichneten Wissenschafter Paul Berg, der ihm erklärte, dass er für seine Forschungen dringend einen äußerst leistungsfähigen Computer benötigen würde. Vor allem für die Simulation von genetischen Vorgängen war eine solche enorme Rechenleistung notwendig, die normalerweise nur auf Großrechnern oder den sehr teuren Workstation verschiedener Hersteller verfügbar war.

Berg meinte, wenn es Jobs gelänge, eine leistungsfähige Workstation zu einem relativ erschwinglichen Preis herzustellen, dieses Gerät vermutlich wie eine Bombe auf dem Bildungsmarkt einschlagen würde. Steve Jobs hatte wie einst im Xerox-*PARC* wieder ein Offenbarungs-Erlebnis; endlich hatte er eine neue Aufgabe gefunden. Da es sich um das nächste Unternehmen handelte, dass Jobs nach Apple im Silicon Valley gründen wollte, erschien ihm der Name NeXT sehr nahe liegend.

Der öffentliche Konflikt zwischen NeXT und Apple

Jobs Plan bestand darin, einen Computer speziell für das höhere Bildungswesen zu entwickeln. Eine Idee, die auch unter einer Reihe von Apple-Mitarbeitern Anklang fand, die bereit waren, bei der neuen Firma mitzumachen. Die Firma Apple verklagte ihn. Jobs wurde vorgeworfen, er wolle Apples Technologie stehlen und seine alte Firma auf diese Weise in den Ruin treiben.

Jobs konnte zunächst fünf hochkarätige Apple-Mitarbeiter dazu bewegen, bei NeXT mitzumachen. Richard Page war einer der wichtigsten Konstrukteure des Unternehmens, George Crow war ein leitender Ingenieur, Daniel Levin verfügte als Marketing-Manager über große Erfahrungen im Umgang mit Kunden aus dem Bildungssektor, Guy (Bud) Tribble war der Leiter der Entwicklungs-Abteilung für den Macintosh gewesen und Susan Barnes war eine weitere ausgewiesene Marketing-Expertin.

Die Klage von Apple wurde von Jobs geschickt dazu verwendet, seine eigene Firma immer wieder in die Schlagzeilen zu bringen und Apple dabei in einem schlechten Licht erscheinen zu lassen.

Gegenüber dem Newsweek-Magazine fand Steve Jobs die folgenden diplomatischen Worte bezüglich seiner Zukunftspläne und seines Ausscheidens bei Apple:

> «Ich für meine Person will Dinge gestalten. Ich bin 30 Jahre alt. Ich bin nicht bereit, ein Industrie-Gelehrter zu sein. Im Sommer bekam ich drei Angebote für eine Professur; und all diesen Universitäten sagte ich, ich würde wohl einen schrecklichen Professor abgeben.
> Was ich am besten kann, ist eine Gruppe talentierter Leute ausfindig zu machen und mit ihnen etwas zu unternehmen. Ich respektiere die Richtung, die Apple jetzt eingeschlagen hat. Aber was mich persönlich angeht – Sie verstehen – will ich Dinge gestalten. Und wenn es für mich dort keine Gelegenheit gibt, Dinge zu gestalten, dann werde ich das tun, was ich bereits zweimal zuvor getan habe: Ich werde mir einen eigenen Platz dafür schaffen. Sie wissen, dass ich mit Apple in einer Garage angefangen habe, und mit dem Mac begann ich in einer Garage im übertragenen Sinn.
>
> Ich half, Apple von einer Garage zu einer Firma mit einem Umsatz von eineinhalb Millionen Dollar zu machen. Es erforderte eine Reihe von übermütigen Neuanfängen, wir arbeiteten mit sehr geringen Geldmitteln, aber mit einer bestimmten Vision und dem Engagement, diese zu verwirklichen.
> Ich bin vielleicht nicht der geeignetste Mann, diese Firma zu einer Fünf- oder Zehnmilliarden-Firma zu machen, was meiner Meinung nach geschehen wird. Und deswegen habe ich keinerlei Intention, mir oder irgend jemand sonst etwas in dieser Hinsicht beweisen zu wollen. Ich habe dort zehn der besten Jahre meines Lebens verbracht, wie Sie wissen, und ich bereue kaum etwas. Ich will mit meinem Leben weitermachen.»

In ähnlicher Form äußerte sich Jobs am 12. September 1985 auf einer Sitzung des Apple-Vorstandes. Am 17. September 1985 trat Jobs offiziell zurück.

Einige Tage nach seiner Rücktritts-Erklärung versammelte sich eine größere Gruppe von Presseleuten in Steve Jobs Haus, um seiner melodramatischen Rede über das Ende seiner «Liebesaffäre» mit Apple zu lauschen:

> «Meine Beziehung zu dieser Firma ist wie eine erste Liebe. Ich werde mich immer in der Weise an Apple erinnern, wie sich ein Mann an die erste Frau erinnert, in die er verliebt war. Für mich existiert Apple in dem Geist der Menschen, die dort arbeiten, und in den Philosophien und dem Zweck, die ihrer Arbeit zugrunde liegen. Wenn Apple zu einem Ort wird, an dem der Computer eine Handelsware ist, zu einem Ort, dem es an jeglicher Romantik mangelt, zu einem Ort, an dem die Menschen vergessen, dass der Computer die unglaublichste Erfindung seit Menschengedenken ist, dann werde ich das Gefühl haben, dass ich Apple verloren habe. Aber wenn ich auch Millionen von Meilen entfernt sein mag, und all die Leute fühlen noch diese Dinge und arbeiten weiterhin daran, den nächsten großartigen Computer zu bauen, dann werde ich spüren, dass mein Geist immer noch dort ist.»

Bei Apple existierten bereits konkrete Pläne, einen Computer für den Universitäts-Sektor zu produzieren. Die Mitarbeiter, die Jobs in sein neues Unternehmen mitgenommen hatte, waren über dieses Projekt informiert. Das Produkt, das Jobs in seiner neuen Firma entwickeln wollte, wies frappierende Ähnlichkeiten zum Apple-Projekt auf, das unter dem Codenamen «Big Mac» lief. Es war daher kein Wunder, dass der Aufsichtsrat Sculley am 20. September 1985 anwies, Jobs zu verklagen.

Nachdem Apple am 23. September 1985 offiziell eine Klage gegen Steve Jobs eingereicht hatte, in der er bezichtigt wurde, im Rahmen einer ruchlosen Intrige Forschungen für sein neues Unternehmen gestohlen und den Aufsichtsrat getäuscht zu haben, fand Jobs wieder einmal gegenüber der ihm nach wie vor äußerst wohl gesonnen Presse die passenden Worte:

> «Wenn man von jemanden in der Öffentlichkeit als Dieb bezeichnet wird, muss man reagieren. Ich bin sehr überrascht darüber, dass Apple juristisch gegen mich vorgeht. Wir haben eine ganze Woche lang mit den Rechsanwälten Apples gesprochen und ihnen dargelegt, dass wir nicht die Absicht haben, vertrauliche Informationen oder technologisches Eigentum von Apple für unsere neue Firma zu verwenden. Ein derartiges Vorgehen ist sicherlich übel und hilft weder Apple noch seinen Beschäftigten.
> Wir wollen nichts mit einer ungerechtfertigten Klage zu tun haben. Wir wollen einfach unsere Firma aufbauen und etwas Neues erfinden. Es ist soweit gekommen, dass ich mir dieses Zeugs nicht mehr anhören kann, und es ist an der Zeit, die wahre Geschichte zu erzählen. Ich schätze, die Tatsache, dass ich

nicht mehr nach Apple zurückkehren werde, wird ihnen allmählich klar, und davor fürchten sie sich. Ich dachte, Apple sei groß genug, um für mich einen Platz zu finden. Ich wusste nicht, dass Apple mich besaß, verstehen Sie! Ich glaube auch nicht, dass Sie mich besitzen. Ich glaube, dass ich mir selbst gehöre.
Und mein Handwerk in meinem Leben niemals wieder praktizieren zu können, erscheint mir unvorstellbar. Wir werden keine Technologie oder urheberrechtlich geschützten Ideen von Apple nutzen. Wir sind gewillt, das schriftlich festzuhalten. Dies ist ohnehin Gesetz. Im Übrigen gibt es keinen Anlass zu sagen, Apple könne mit uns nicht konkurrieren, wenn sie glauben, das, was wir tun, sei eine so großartige Idee. Es ist nur schwer vorstellbar, dass eine Zweimilliarden-Firma mit mehr als 4.300 Beschäftigten nicht mit sechs Leuten in Jeans konkurrieren könnte.»

Jobs kostspieliger Perfektionismus

So lange die juristische Auseinandersetzung mit Apple noch in Gang war, beschäftigte sich Jobs weniger mit dem eigentlichen Produkt, das seine neue Firma herstellen sollte, als mit Nebensächlichkeiten wie der formvollendenten Einrichtung der Firmenräume.

Das markante NeXT-Firmenlogo ließ sich Jobs 100.000 Dollar kosten. Es wurde von dem Star-Designer und Yale-Professor Paul Rand entwickelt. Das Logo hatte die Form eines schwarzen Würfels, der die Buchstaben des Firmennamens enthielt. Das kleine «e» stand für «education, excellence, expertise, exceptional, excitement». Rand erklärte zu seinem Entwurf das Logo …

> «vereint in sich in hohem Maß die Ungezwungenheit, Zugewandheit und Spontaneität eines Weihnachts-Aufklebers mit der Autorität eines Stempel-Abdrucks».

Jobs war total begeistert und in sämtlichen Zeitungen des Landes erschienen Berichte, in denen Jobs neue Firma mit reichlich Vorschuß-Lorbeeren versehen wurde. Jobs hatte trotz seines unrühmlichen Abgangs bei Apple mittlerweile den Status eines Medienstars erlangt; jeder seiner Schritte wurde mit größtem Interesse von den Medien verfolgt. Eine weitere positive Meldung für das junge Unternehmen war, dass Apple im Januar 1986 endgültig seine Klage gegen NeXT fallen ließ. Einen kleinen Teil-Erfolg konnte Apple gegenüber NeXT allerdings erzielen: NeXT war verpflichtet der Firma Apple Vorab-Versionen seiner Produkte zur Verfügung zu stellen, damit von Apples Patent-Anwälten sicher gestellt werden konnte, dass keine zu Apple gehörenden Technologien adaptiert worden waren. Ansonsten herrschte nun absolute Funkstille zwischen NeXT und Steve Jobs «erster Liebe».

Allein die Entwicklung des NeXT-Firmenlogos ließ sich der bekanntlich stets nach höchster ästhetischer Perfektion strebende «Design-Freak» Steve Jobs 100.000 Dollar kosten.

Jobs machte sich nun daran, weitere Mitarbeiter für seine Firma zu rekrutieren, wobei er am liebsten hochqualifizierte junge Leute, die zudem noch eine gehörige Portion Idealismus mitbrachten, einstellte. Jeder wollte zu NeXT. Dafür sorgte neben der charismatischen Ausstrahlung des Firmenchefs die Aussicht, einen wirklich wertvollen gesellschaftlichen Beitrag zu leisten, indem man für Studenten ein enorm leistungsfähiges Arbeits-Instrument entwickelte. Die Realität sah jedoch so aus, dass über drei Jahre vergingen, in denen zig Millionen von Dollar verpulvert wurden, ohne dass NeXT auch nur ein einziges nennenswertes Produkt entwickelt hatte.

Jobs war ein von Ästhetik besessener Perfektionist – wenn er einen neuen Computer herausbrachte, musste es sich um ein sowohl in technischer wie ästhetischer Hinsicht absolut perfektes Meisterwerk handeln. Etwas Anderes kam für Jobs nicht in Frage. In diesem Punkt unterschied er sich ganz erheblich von seinem Konkurrenten Bill Gates, der ein absoluter Pragmatiker war und ein Produkt bereits auf den Markt brachte, wenn es noch gar nicht hundertprozentig ausgereift war, um die Fehler dann eventuell beim nächsten Update zu beseitigen.

«Unverhofft kommt oft» – Geld aus Texas

Zu einem Zeitpunkt, als die finanzielle Situation von NeXT immer bedrohlicher wurde, kam Steve Jobs in unverhoffter Weise der Zufall zu Hilfe. In den Medien, die kein objektives Bild davon hatte, wie es tatsächlich um NeXT stand, wurde Jobs nach wie vor als großer Computer-Guru gefeiert. Eine Fernsehstation wollte eine Sondersendung über die Firma NeXT machen – und dem Team wurde es sogar gestattet, für die Reportage in den Betriebsräumen der Firma NeXT zu filmen. Die Sendung mit dem Titel «The Entrepreneurs» wurde Ende 1986 im

Fernsehen ausgestrahlt und erregte das Interesse eines Mannes, der schon immer einen Faible für Computer besessen hatte und dabei zum Multimillionär geworden war. H. Ross Perot hatte eine Firma geleitetet, die im Auftrag von General Motors zahlreiche Serviceleistungen anbot. Er hatte es jedoch gewagt, General Motors öffentlich zu kritisieren, so dass er ähnlich wie Jobs aus der Firma entfernt wurde, wobei er eine Entschädigung in Höhe von 700 Millionen Dollar kassiert hatte.

Die Idee sich an NeXT zu beteiligen erschien ihm spannend und aussichtsreich. Der texanische Impresario flog nach Kalifornien, wo er von Jobs mit offenen Armen empfangen wurde. Perot sah sich ein noch leeres Fabrikgebäude an, wurde Zeuge eines Tobsucht-Anfalles von Jobs gegenüber einem Mitarbeiter und willigte ohne langes Zögern ein, für 20 Millionen Dollar einen 16 Prozent-Anteil von NeXT zu erwerben: Das bedeutete 1,25 Millionen Dollar pro Prozentpunkt.

Nur wenige Tage zuvor hatte Jobs noch mit anderen Risikokapital-Gebern verhandelt, die selbst bei einem Preis von 300.000 Dollar pro Prozentpunkt noch nicht bereit gewesen waren, bei NeXT einzusteigen. Nach dem Jobs jedoch vor den Augen von Perot seinen Wut-Ausbruch gehabt und Perot daran keinen Anstoß genommen hatte, spürte Jobs, dass er bei Perot sehr hoch pokern konnte. Dementsprechend machte er Perot ein im Grunde viel zu teures Angebot; doch Perot, der offensichtlich sehr von der Persönlichkeit von Jobs eingenommen war, ging trotzdem auf den Deal ein.

Hinzu kam wohl auch, dass Perot es genoss, wegen seines spektakulären Deals mit dem charismatischen Chef von NeXT wieder einmal im Rampenlicht der Medien zu stehen. Angesichts des zu erwartenden Medienechos bemerkte er gegenüber Jobs:

«Steve, Sie wissen, es werden jede Menge Leute kommen, weil sie ein weißer Affe sind, und ich auch. Man muss uns zwei nur zusammen in einen Käfig stecken und schon hat man 'nen echten Zirkus.»

Jobs hatte Perot mit seiner geradezu hypnotischen Überzeugungskraft «um den kleinen Finger gewickelt». Perot war nicht das erste und auch nicht das letzte Opfer des «Meister-Verführers» Jobs. Im Grunde bediente sich Jobs bei seiner Art mit Menschen umzugehen des simplen Prinzips von «Zuckerbrot und Peitsche». Er konnte einerseits unwiderstehlich charmant sein, andererseits aber auch extrem verletzend. Mit der richtigen Mischung dieser beiden Verhaltensweisen erreichte er bei den meisten seiner Untergebenen, dass sie an ihre absolute Leistungsgrenze für das jeweilige Projekt gingen oder wie Bud Tribble, einer seiner engsten Mitarbeiter, es ausdrückte:

«In den meisten Fällen war er ziemlich erfolgreich damit, mal hier nett zu sein mal dort jemanden öffentlich zu demütigen. Ich denke, er machte einfach weiter so, weil er von der Welt darin bestärkt wurde, dass sich auf diese Art Dinge umsetzen ließen.»

Der NeXT-Computer

Im Oktober 1988 war es dann schließlich soweit. Endlich wurde der NeXT-Computer feierlich in der Öffentlichkeit vorgestellt. Das große Ereignis fand in der Davies Symphony Hall in San Francisco statt. Doch trotz des enormen Medienrummels stellte sich schon bald heraus, dass der ebenso schöne wie leistungsfähige Rechner schlichtweg zu teuer war und sich kaum an Bildungs-Einrichtungen verkaufen ließ. Während Jobs eine monatliche Produktion von 10.000 Computern angepeilt hatte, wurden gegen Ende des Jahres 1988 gerade einmal 400 Rechner in den hochmodernen voll automatisierten Fertigungsstätten produziert.

Im Frühjahr 1989 wurde der ursprüngliche Plan, sich auf das höhere Bildungswesen zu beschränken, aufgegeben – und der NeXT-Computer wurde über die Computerhandelskette Businessland zum Preis von 9.995 Dollar pro Stück auch Firmen und privaten Kunden angeboten. Doch auch in diesem Segment war dem Rechner kein Erfolg beschieden. So konnte auch der High End-Markt in Form von Forschungs-Einrichtungen, die extrem leistungsfähige Computer benötigten, von NeXT nicht aufgerollt werden; der Grund: Andere Firmen wie vor allem Sun Microsystems stellten den Universitäten ihre Geräte zu Dumping-Preisen zur Verfügung, da man über den Bildungssektor Zugang zum äußerst lukrativen Geschäft mit den Firmenkunden erhielt. Der NeXT-Rechner war jedoch einerseits nicht in der Lage, im Forschungsbereich mit den Rechnern von Sun zu konkurrieren, und anderseits war er als Arbeits-Instrument auch für einen durchschnittlichen Studenten viel zu teuer.

Großes Lob erntete trotz der katastrophalen Verkaufszahlen des NeXT-Rechners jedoch das zugehörige Betriebssystem namens NeXT-Step, das noch leistungsfähiger und zugleich benutzerfreundlicher als das Betriebssystem des Mac war. Eine historische Chance ergab sich für Jobs als IBM, eine Lizenz von NeXT-Step erwarb. Andere PC-Hersteller zeigten ebenfalls Interesse, verlangten dafür jedoch, dass NeXT die Produktion eigener Hardware aufgab. Jobs war jedoch seit jeher «von Hardware besessen» gewesen. Er brachte es nicht über das Herz, die Produktion seines hoffnungslos erfolglosen NeXT-Rechners einzustellen. Hätte sich das Management von NeXT zu dieser Entscheidung durchgerungen, wäre aus NeXT-Step mit nicht allzu geringer Wahrscheinlichkeit ab diesem Zeitpunkt das marktbeherrschende Betriebssystem anstelle von Windows geworden. Unter technischen Gesichtspunkten war NeXT-Step nämlich Windows zweifellos um Jahre voraus. So blieb die große Chance, NeXT in ein Software-Unternehmen umzuwandeln, ungenutzt und auch IBM zog sich bald wieder von seinem NeXT-Engagement zurück. Es blieb beim einmaligen Erwerb einer Lizenz für die erste Version von NeXT-Step. Für die nächste Version hätte IBM wieder neu mit Jobs verhandeln müssen. Stattdessen einigte man sich jedoch lieber mit Bill Gates, der bekanntlich auf diese Weise mit Windows zu einem der reichsten Männer der Welt wurde.

Zumindest das Privatleben von Steve Jobs erfuhr eine erfreuliche Wendung, nachdem er auf einem Vortrag an der Stanford Graduate School of Business die ebenso schöne wie intelligente Betriebswirtschafts-Studentin Laurene Powell kennen gelernt hatte. Die junge Dame hatte sich ganz bewusst bei Jobs Vortrag so platziert, dass dieser sie unmöglich übersehen konnte. Sofort nach dem Vortrag sagte Jobs seine sämtlichen Termine ab, um mit Laurene Essen zu gehen. In der Folgezeit kam es zu einer Romanze zwischen der Studentin und dem millionenschweren Computer-Guru, die freilich von gewissen Gerüchten überschattet wurde, nach denen Laurene bereits im Vorfeld verkündet hatte, ihr erklärtes Ziel habe von Anfang an darin bestanden, sich einen «Hig-Tech-Millionär» wie Jobs zu «angeln».

Jobs präsentiert die NeXT-Station und «kommt unter die Haube»

Im September 1990 präsentierte Jobs – wieder in der Davies Symphony Hall in San Francisco – die «NeXT-Station», die zweite Generation des NeXT-Rechners.

Das Gehäuse hatte nun anstelle der Würfelform eine rechteckige Form und der Computer verfügte nun über einen Farbbildschirm. Doch auch für diesen Rechner gab es nicht wirklich eine genügend große Zielgruppe von potenziellen Käufern – und dies bei einem Preis von 7.995 Dollar für das Modell mit Farb-Bildschirm und 4.995 für das Modell mit Schwarzweiß-Monitor.

Während sich die NeXT-Station wie schon ihr Vorgänger als Mega-Flop erwies, gab es in Jobs Privatleben ebenfalls ein «nicht unerhebliches» Problem: Seine junge Freundin Laurene war schwanger, doch Jobs wollte sie zunächst nicht heiraten. Nach einigem Hin und Her willigte Jobs jedoch schließlich doch in die Heirat ein und am 18. März fand im kleinsten Kreis die feierliche Trauungs-Zeremonie in einem kleinen romantischen Hotel statt, das mitten im kalifornischen Yosemite-Nationalpark lag. Die Trauung wurde von einem Zen-buddhistischen Mönch vollzogen. Anschließend machte sich die Hochzeits-Gesellschaft zu einer Wanderung durch den Nationalpark auf. Im September 1991 wurde Reed Paul Jobs geboren. Der Name «Reed» ging auf das seinerzeit von Jobs besuchte Reed-College in Portland, Oregon zurück, während Paul der Vorname seines Vaters und sein eigener zweiter Vorname war. Die junge Familie zog nach Palo Alto um, da Laurene der Meinung war, dass die Villa in Woodside ein zu abgeschiedener Ort für heranwachsende Kinder sei.

In der Zwischenzeit war auch die japanische Firma Canon bei NeXT eingestiegen. Die Japaner verlangten von Jobs, einen externen Manager in das Unternehmen zu holen, der die Firma gemeinsam mit Jobs leiten sollte. Peter van Cuylenberg – ein britischer Manager, der zuvor lange Zeit bei Texas Instruments tätig gewesen war – setzte sich jedoch hinter Jobs Rücken mit Scott McNealy, dem Chef von Sun Microsystems in Verbindung und schlug diesem vor NeXT zu kaufen, wobei gleichzeitig Jobs gefeuert und van Cuylenberg der neue Chef von NeXT werden sollte. McNealy zeigte jedoch kein sonderliches Interesse an NeXT und informierte Jobs über van Cuylenbergs Komplott.

Mit NeXT ging es nun unaufhaltsam bergab. Jobs reduzierte im Februar 1993 das Personal von 530 auf 200 Mitarbeiter. Die hochmodernen Produktions-Anlagen wurden geschlossen, um von der Firma Canon übernommen zu werden. Zwar gelang es Jobs noch, mit Larry Ellison den Chef von Oracle in den Aufsichtsrat von NeXT zu holen; doch die Firma war trotzdem nicht mehr zu retten. 1993 war die Firma NeXT als Hardware-Unternehmen endgültig gescheitert und die Medien zerrissen Jobs, der nun am absoluten Tiefpunkt seiner Karriere angelangt schien. Trotz des Hardware-Debakels existierte die Firma NeXT weiterhin; man konzentrierte sich nun völlig auf die Weiter-Entwicklung des NeXT-Step-Betriebssystems.

Wiedervereinigung – NeXT und Apple

Ein Jahr später konnte die Firma NeXT einen Jahresgewinn in Höhe von rund einer Million Dollar ausweisen. Aus NeXT-Step wurde die offene Betriebssystem-Plattform Open Step, die sich auf dem Markt jedoch nicht so recht etablieren konnte. 1995 versuchte Jobs, NeXT an die Börse zu bringen – aufgrund mangelnder Gewinne des Unternehmens scheiterte dieser Plan jedoch. Unterdessen war man 1996 bei Apple händeringend auf der Suche nach einer Lösung, um das alte Mac OS durch ein moderneres objektorientiertes Betriebssystem zu ersetzen. Da die Entwicklung eines eigenen Betriebssystems zu teuer war, musste man ein Betriebssystem lizensieren. Als Kandidaten kamen in Frage Windows NT, das Sun-Solaris, Be Inc. und NeXT. Nachdem Windows NT und Sun-Solaris aufgrund verschiedener technischer Hürden relativ schnell aus dem Rennen waren, blieben Be Inc. und NeXT übrig.

Be Inc. schien zunächst der Favorit zu sein – es arbeitete perfekt mit dem PowerPC-Chip zusammen und verfügte über sämtliche Features, die man sich bei Apple für ein zukünftiges Betriebssystem wünschte. Im Juni 1996 kam es zu ersten Gesprächen mit Jean-Louis Gassée, dem Chef von Be Inc., einem ehemaligen Apple-Manager (er war unter anderem zeitweise Präsident der «Apple Products Division»). Wie an anderer Stelle bereits angedeutet hatte Gassée zuvor leitende Positionen bei Apple Frankreich und Apple USA bekleidet und deswegen bereits als visionärer Nachfolger von Steve Jobs im Gespräch. Als er bei Apple den Vorschlag zur Entwicklung eines neuen hochmodernen Betriebssystems machte, stieß er jedoch beim Management auf taube Ohren. Aus diesem Grund verließ er Apple, um seine Vision auf eigene Faust in die Tat umzusetzen. 1990 wurde die Firma Be Inc. mit einem Startkapital von 9 Millionen Dollar gegründet. Das unter der Leitung von Gassée entwickelte Be OS unterstütze «präemptives Multitasking» – also den gleichzeitigen Betrieb mehrerer Programme, «symmetrisches Multiprocessing», wodurch sich die Prozessoren des Computers gleichberechtigt die Arbeit teilen konnten und «Multithreading», das automatische Verteilen verschiedener Arbeitsschritte auf mehrere Prozessoren.

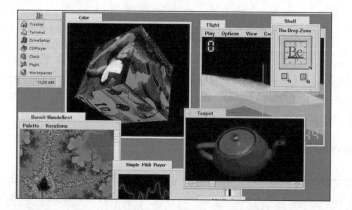

Zunächst wurde von Apple das Be OS als Grundlage für das zukünftige eigene Betriebssystem favorisiert, doch Jean Louis Gassée verlor letztlich im Betriebssystem-Pokerspiel gegen den alten «Platzhirsch» Steve Jobs.

Anfänglich produzierte die Firma ähnlich wie NeXT auch Hardware. Die Hard- und Software von Be Inc. wurde von Grund auf neu entwickelt und war zu nichts anderem kompatibel. Aus diesem Grund war sich die Fachpresse auch nicht ganz einig, ob Gassée «nicht Recht bei Trost oder ein echter Visionär sei», wie seinerzeit das Computermagazin c't schrieb. Die BeBox war technisch viel versprechend, jedoch – ähnlich wie die NeXT-Hardware – ein kommerzieller Flop. Die Produktion der BeBox wurde 1996 eingestellt, als die Verhandlungen mit Apple begannen. Doch Gassée überreizte beim Betriebssystem-Poker mit Apple sein Blatt: Er war der festen Überzeugung, dass Be Inc. die einzige Rettung für die angeschlagene Firma Apple sein würde und verlangte für den Verkauf der Rechte an seinem Betriebssystem 400 Millionen Dollar. Gassée soll in diesem Zusammenhang einmal bermerkt haben: «Wer in der Wüste verdurstet, sollte nicht um den Wasserpreis feilschen.» Bei Apple war man jedoch nur bereit, höchstens 120 Millionen Dollar zu zahlen. Später wurde das Angebot auf 200 Millionen erhöht.

Jean-Louis Gasseé glaubte, dass sein Betriebssystem für Apple die einzig mögliche Rettung sei; doch er hatte seine Rechnung ohne Steve Jobs gemacht.

Gassée versuchte Apple zusätzlich unter Druck zu setzen, indem er das Be OS an den Mac Clone Hersteller PowerComputing lizensierte. Die führte jedoch zu empfindlichen Verstimmungen bei den Verhandlungen mit Apple. Während Gassée glaubte, dass er Apple fest in der Hand habe, erwog man jedoch nun in Cupertino Verhandlungen mit Steve Jobs über den Verkauf von NeXT zu beginnen. Es kam zu intensiven Gesprächen zwischen den NeXT-Leuten und dem Apple-Management, wobei zu Beginn Steve Jobs nicht mit dabei war. Dann kam es zu einem Treffen zwischen Jobs und Amelio, auf dem die Weichen in Richtung NeXT gestellt wurden.

Am 2. Dezember 1996 betrat Steve Jobs zum ersten Mal seit seinem Abgang bei Apple im Jahre 1985 wieder das Firmengebäude seiner ehemaligen Firma. Jobs zog an diesem Tag bei Apple sämtliche Register seiner Überredungs-Kunst. Einige Tage später kam es zu weiteren Treffen mit Apple-Managern und Delegationen von NeXT und Be Inc.; das Rennen war also noch nicht definitiv entschieden. Nach einigen Tagen Bedenkzeit und weiteren persönlichen Gesprächen zwischen Amelio und Jobs wurde am 20. Dezember schließlich bekannt gegeben, dass Apple die Firma NeXT in Form einer freundlichen Übernahme kaufen würde. Am 4. Februar 1997 wurde der Deal endgültig perfekt gemacht. Für den Kaufpreis von 427 Millionen Dollar erwarb Apple von Jobs die Firma NeXT. Damit bezahlte Apple einen höheren Preis als die ursprünglich von Gassée geforderte Kaufsumme – ein Unterschied zum gescheiterten Deal mit Be Inc. bestand allerdings darin, dass Apple in diesem Fall die ganze Firma NeXT erwarb (und nicht nur die Rechte für die Lizensierung eines Betriebssystems). Hinzu kam natürlich der symbolische Wert von Steve Jobs, der infolge des NeXT-Deals wieder bei Apple einstieg.

Mit der Firma Be Inc. ging es nach dem geplatzten Apple-Deal bergab; sie wurde schließlich im August 2001 für 10 Millionen Dollar von der Firma Palm gekauft. Der größte Teil der Programmierer des Be OS arbeitet heute an der Fortentwicklung des Palm OS.

Apple-Chef Gil Amelio gab bezüglich der Gründe für den Kauf der Firma NeXT durch Apple Folgendes bekannt:

«Als wir uns verschiedene Partner für die Entwicklung unseres Betriebssystems ansahen, entdeckten wir, dass sich die Produkte, Technologien und Dienstleistungen von Apple und NeXT erstaunlich gut ergänzen. Je mehr wir die beiden Firmen verglichen, desto klarer wurde uns, dass die Schwächen der einen durch die Stärken der anderen ausgeglichen wurden. Apple benötigt ein modernes Betriebssystem, und NeXT besaß ein außergewöhnliches Betriebssystem mit modernen Diensten und APIs. NeXT wiederum benötigte eine möglichst große installierte Basis, und Apple – einer der größten PC-Hersteller der Welt – hatte über 26 Millionen Macintosh-Systeme verkauft.»

Amelio gab später zu, zuviel für NeXT bezahlt zu haben; doch zum damaligen Zeitpunkt schien Apple tatsächlich beinahe in der Wüste zu verdursten.

Jobs erklärte seinerseits über die Fusion von Next mit Apple und sein Comeback in Cupertino:

«Ein großer Teil der Branche hat über zehn Jahre vom Macintosh gelebt und die revolutionäre Benutzeroberfläche des Mac kopiert. Jetzt ist die Zeit für Innovationen gekommen, und wer könnte sie besser als Apple liefern? Wer sonst hat die Entwicklung in der Branche immer wieder vorangetrieben – zuerst mit dem Apple II, dann mit dem Macintosh und LaserWriter? Mit dieser Fusion wird die hochentwickelte Software von NeXT mit den Hardware-Plattformen und Marketing-Kanälen von Apple eine Ehe eingehen. Wir werden einen weiteren Durchbruch erzielen, indem wir vorhandene Plattformen weit hinter uns lassen und Apple und den anderen Herstellern neue Anstöße für die nächsten zehn Jahre und darüber hinaus geben. Ich fühle mich Apple noch immer sehr verbunden, und es verschafft mir große Freude, eine Rolle bei der Sicherung seiner Zukunft zu spielen.»

Jobs versuchte anfänglich seine Rolle bei Apple herunterzuspielen. Doch von den Medien wurde er als die «neue Lichtgestalt» gefeiert – als strahlender Retter der einstigen amerikanischen Vorzeige-Firma Apple, die während seiner Abwesenheit beinahe in den Abgrund gestürzt wäre.

Pixar – vom Dollargrab zur Goldgrube 8

Pixar – vom Dollargrab zur Goldgrube

Pixar war ursprünglich eine Unterabteilung von George Lucas Spezialeffekt-Firma Industrial Light and Magic (ILM). Seit 1979 war Pixar unter der Leitung von Edwin Catmull für die Entwicklung computeranimierter Spezialeffekte zuständig. Gemeinsam mit Ralph Guggenheim, John Lasseter, William Reeves und Loren Carpenter produzierte Catmull computeranimierte Trickszenen für «Die Rückkehr der Jedi-Ritter» 1982, «Star Trek 2 – Der Zorn des Khan» 1982 und «Das Geheimnis des verborgenen Tempels» 1985.

Bereits während er noch bei Apple war, wurde Jobs auf Pixar aufmerksam und schlug dem Vorstand vor, die Firma zu erwerben. Aufgrund eines Scheidungsprozesses war George Lucas gezwungen, Teile seines Imperiums zu verkaufen und seiner Ansicht nach war Pixar eher von zweitrangiger Bedeutung.

Es würde noch viel Jahre dauern, bis computeranimierte Effekte wirklich in großem Stil produziert werden könten. Die Aussicht, Zeichentrickfilme und Spezialeffekte nicht in mühevoller Handarbeit, sondern mithilfe des Computers zu produzieren erschien zwar verlockend, doch noch waren die hierfür benötigten gigantischen Rechenkapazitäten äußerst kostspielig.

Ein teures Hobby

Steve Jobs schaute erstmals 1985 bei Pixar vorbei und er war sofort begeistert, von dem was er dort sah. Pixar bestand aus einem Haufen genialer hippieartiger Computergrafik-Freaks, die ähnlich wie bei Apple von einer gemeinsamen Vision getrieben wurden. Jobs war überzeugt davon, dass er mit ein wenig Geduld aus Pixar ein äußerst profitables Unternehmen machen konnte und er bot George Lucas 10 Millionen für die Firma, die ihn nach ihrem Börsengang zeitweise zum Milliardär machen sollte. Lucas nahm an.

Im Februar 1986 übernahm Steve Jobs die Leitung von Pixar, ohne sich freilich in den folgenden Jahren allzu oft in der Firma sehen zu lassen. Vorläufig konzentrierte er den Großteil seiner Energie auf NeXT. Pixar erwies sich jedoch zunächst in erster Linie als ein äußerst kostpieliges Hobby.

In Wirklichkeit wurde Pixar von Alvy Smith und Edwin Catmull geleitet. Sie verfolgten schon seit vielen Jahren das Ziel, einen abendfüllenden computeranimierten Film zu produzieren. Um dieses Ziel in die Tat umzusetzen, brauchten sie einen Kapitalgeber und wandten sich bereits bevor Jobs ihr neuer Chef wurde an das Management von Disney. Doch Disney war zunächst nicht interessiert, sich auf ein derartig teures Abenteuer mit ungewissem Ausgang einzulassen. 1985 verfügte man nach der langjährigen Vorarbeit von Smith und Catmull bei Pixar prinzipiell über die nötige Hardware und Software, um einen 90-minütigen computeranimierten Film herstellen zu können und mit John Lasseter stand auch ein genialer Regisseur zur Verfügung, der in der Lage war, die richtige Story für einen solchen Film zu entwickeln.

Pixar war anfangs Steve Jobs teuerstes Hobby – ein Unternehmen das jährlich neue Verluste anhäufte. Im Laufe der Zeit entwickelte sich die Firma jedoch zu einer absoluten Goldgrube für ihn.

Der Firmensitz von Pixar befand sich in San Rafael. Für Jobs bedeutete das eine Autofahrt von über eine Stunde Distanz. Er forderte deshalb die Verlegung des Firmensitzes. Smith und Catmull schafften es jedoch, sich gegen Jobs durchzusetzen und den angestammten Firmensitz beizubehalten. Allein die Entfernung die Jobs zurücklegen musste, um zu Pixar zu gelangen, sorgte dafür, dass er innerhalb eines Zeitraums von mehreren Jahren nur wenige Male bei Pixar persönlich vorbeschaute.

Im Mai 1986 – kurz nachdem Jobs Pixar erworben hatte – begann der Verkauf des Pixar-Image-Computers, der ein sündhaft teures Medium zur Speicherung von digitalen Bildern darstellte. Der Preis für die Speicherplatte betrug 135.000 Dollar; und um Zugriff auf die Bilder zu erhalten, benötigte man eine Sun-Workstation, die nochmals mit rund 35.000 Dollar zu Buche schlug.

Jobs war zunächst fest vom Erfolg der teuren Pixar-Hardware überzeugt:

«*Die Bildbearbeitung wird in den nächsten vier Jahren explodieren, so wie Supercomputer in den vergangenen Jahren in der Geschäftswelt allgegenwärtig geworden sind.*»

Bisher war Pixars wichtigste Einnahmequelle die 3D-Software «RenderMan» gewesen, die unter anderem bei der künstlichen Erzeugung der Dinosaurier in dem Film «Jurassic Parc» zum Einsatz kam.

Der Name «RenderMan» steht gleichzeitig für die gleichnamige 3D-Rendering-Software (PhotoRealistic RenderMan) und die zugehörige RenderMan-Schnittstelle (RenderMan Interface Specification), die ein standardisiertes Kommunikationsprotokoll für 3D-Software darstellt.

Jobs war jedoch schon immer ein Hardware-Fanatiker gewesen – und so setzte er zunächst alles daran, den beinahe unverkäuflichen Pixar-Rechner unter die Leute zu bringen. Es schien zu diesem Zeitpunkt, als ob er denselben Fehler, den er schon einmal bei NeXT begangen hatte, bei Pixar wiederholen wollte.

Um Promotion für Pixars Supercomputer zu machen, sollte John Lasseter einen computeranimierten Trickfilm mithilfe des Pixar Image Computers produzieren. Heraus kam dabei «Luxo Jr.» – ein Film, der in seiner Wirkung auf das Publikum einzigartig war. Gezeigt wurde ein Schreibtisch auf dem zwei Lampen, sich einen Ball zuspielten. Die beiden Lampen schienen wirklich lebendig zu sein. So etwas hatte man noch nie gesehen. Der Film wurde in der Kategorie «Kurzfilme» für den Oscar nominiert.

Steve Jobs war erfreut darüber, dass sein teures Hobby zumindest in künstlerischer Hinsicht erste Früchte zu tragen begann. Der Pixar Image-Computer verkaufte sich jedoch trotz der Anerkennung, die Pixar durch Lasseters glänzenden Film überall entgegen kam nur sehr schlecht. Lediglich die Disney-Studios waren ein größerer Abnehmer für den Computer, den sie im Rahmen ihrer Produktionen von Zeichentrick-Filmen einsetzen konnten.

Der unter der Regie von John Lasseter produzierte Kurzfilm «Luxo Jr.», bei dem zwei Schreibtischlampen durch kunstvolle Computeranimation zum Leben erweckt wurden, war der erste Meilenstein auf dem Weg zu Pixars späterem spektakulären Erfolg im Animationsfilm-Bereich.

Pixar saß auf einem immer größer werdenden Schuldenberg. Jährlich verbrauchte die Firma rund 10 Millionen Dollar, ohne gleichzeitig über nennenswerte Einnahmen zu verfügen. John Lasseter machte sich trotzdem an die Arbeit für seinen nächsten Kurzfilm, der 1988 auf der Siggraph-Computermesse präsentiert werden sollte. Der Film mit dem Titel «Tin Toy» wurde zwar nicht rechtzeitig zur Messe fertig, war jedoch wieder so brillant, dass er 1989 mit dem Oscar für den besten animierten Kurzfilm ausgezeichnet wurde.

Im selben Jahr beendete Jobs den Verkauf des Pixar-Image-Computers, weil er eingesehen hatte, das sich mit dem Hardware-Geschäft nicht wirklich Geld verdienen ließ. Die eigentlichen Kronjuwelen von Pixar war die Software, mit der sich jene beeindruckenden dreidimensionale Szenarien schaffen ließen, die das Publikum in nie gesehene Welten entführten. Eine Zeitlang spielte Jobs mit der Idee, 3D-Software auf dem Konsumenten-Markt anzubieten: Es war die alte Vision von «Computerpower to the people», die ihn auch schon bei Apple getrieben hatte.

Doch 3D-Software war viel zu komplex und daher für Nicht-Experten zu schwierig zu bedienen. Nachdem Jobs dies realisiert hatte, begann Pixar Werbespots für andere Firmen zu machen, um auf diese Weise endlich Geld in die

Kasse zu bekommen. Im Sommer 1990 geschah dann etwas, worauf Catmull und Smith schon seit Jahren hingearbeitet hatten: Disney zeigte endlich Interesse an einem 90-minütigen computeranimierten Spielfilm. Das war auch höchste Zeit, denn Pixar hatte bis zu diesem Zeitpunkt einen Schuldenberg in Höhe von rund 50 Millionen Dollar angehäuft. Niemals hätte Jobs gedacht, dass ihn dieses Unternehmen derartig viel Geld kosten würde. Genau genommen war Jobs allerdings «nur» derjenige, der mit seinem Vermögen für die Schulden von Pixar bürgte; denn das Geld, das die Firma verbrauchte, wurde im Gegensatz zu den Ausgaben von NeXT über einen Kredit finanziert. Jobs bekam angesichts der Tatsache, dass NeXT ebenfalls keine Gewinne machte, trotzdem allmählich kalte Füsse und feuerte im Februar 1991 dann 30 der insgesamt 80 Mitarbeiter von Pixar.

Vom kostspieligen Hobby zur Goldgrube

Die unverhoffte Wende für Pixar kam dann im Mai 1991, als Disney sich bereit erklärte die Produktion von «Toy Story» dem ersten komplett computeranimierten Spielfilm zu finanzieren. Daneben sollten noch zwei weitere abendfüllende Filme von Pixar für Disney realisiert werden. Als Regisseur bei diesem sowohl in technischer wie in künstlerischer Hinsicht äußerst ehrgeizigen Projekt würde erneut John Lasseter fungieren.

Als Lasseter den Disney-Leuten im Sommer 1993 die ersten Ergebnisse seiner Arbeit vorlegte, waren diese nicht zufrieden: Die Story gefiel ihnen nicht. Gegen Ende des Jahres kam die Katastrophe. Disney stieg aus dem Projekt aus. Lasseter arbeitete daraufhin fieberhaft an einer neuen Fassung des Films, die im April 1994 schließlich die Zustimmung der Disney-Manager fand.

Disney stieg wieder als Produzent ein. Jobs begann allmählich das große Erfolgspotenzial des Films zu begreifen und machte sich 1995 zum CEO von Pixar. Auch das Amt des Präsidenten der Firma, das zuvor Catmull inne gehabt hatte, riss Jobs nun an sich. Er war nun von dem Erfolg von Toy Story und von Pixar fest überzeugt und er wollte das Prestige genießen, auch in den Augen der Öffentlichkeit an der Spitze von Pixar zu stehen.

Hinzu kam der kühne Plan, Pixar im Zuge des zu erwartenden Erfolges von Toy Story auch direkt an die Börse zu bringen. Am 29. November 1995 – eine Woche vor dem Kinostart von Toy Story – ging Pixar an die Börse. Toy Story wurde zu einem überwältigenden Erfolg. Innerhalb eines Wochenendes spielte der Film die enorme Summe von 29 Millionen Dollar ein. Insgesamt spielte der Film in den USA 160 Millionen Dollar ein. Die Pixar-Aktien schlugen ebenfalls wie eine Bombe an der Börse ein: Der Anfangskurs betrug 22 Dollar.

Der Höchstkurs am ersten Börsentag ging bis auf 49 Dollar hinauf. Steve Jobs, der den Großteil der Pixar-Aktien besaß, wurde durch den Börsengang seines teuren Hobbys zum Milliardär.

Der im Windschatten des Erfolges von Toy Story erfolgende Börsengang Pixars machte Steve Jobs zum Milliardär.

1997 schloss Jobs einen neuen Vertrag mit Disney ab, der vorsah, dass Pixar innerhalb von zehn Jahren fünf Spielfilme für Disney machen sollte. Die kreative Verwantwortung für diese Filme würde allein bei Pixar liegen. Ein Zugeständnis, das Disney bisher noch nie gegenüber einer anderen Firma gemacht hatte.

1998 erschien mit «A Bug's Life» (Das große Krabeln) der nächste von Pixar für Disney hergestellte Film. Auch dieser Film wurde mit einem Einspiel-Ergebnis in Höhe von 163 Millionen Dollar zu einem triumphalen Erfolg an den Kinokassen. Im November 1999 folgte «Toy Story 2», der ebenfalls äußerst erfolgreich war.

Jobs war mittlerweile nicht mehr nur der geniale Computer-Visionär, der die Firma Apple vor dem Untergang bewahrt hatte, sondern er hatte sich mit Pixar zugleich auch zu einer festen Größe im Filmgeschäft entwickelt. Mit dem Erfolg von Pixar stieg auch das Selbstbewusstein gegenüber dem Disney-Management. Es war kein Geheimnis, dass Jobs persönlich nicht besonders gut mit dem damaligen Disney Chef Michael Eisner auskam. Pixar erfüllte mit den Filmen «Monster Inc.» 2001, «Finding Nemo» 2003 und «The Incredibles» 2004 seinen Vertrag gegenüber Disney, doch die Ehe mit Disney sollte nicht mehr von Dauer sein.

Im März 2004 begann Steve Jobs sich nach neuen Partnern umzusehen, da der neue Deal, den er Disney angeboten hatte, vom Disney-Management nicht angenommen wurde. Jobs verkündete deshalb, dass Pixar übergangsweise seine Filme selbst produzieren wolle, bis es einen neuen Partner gefunden habe. Jobs kommentierte die beabsichtigte Trennung von Disney mit den Worten: «Das Beste haben wir noch vor uns.»

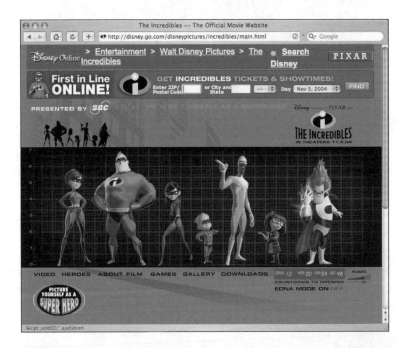

Das Ende einer Ehe – Pixar hat die langjährige Partnerschaft mit dem Disney Konzern aufgekündigt und wird sich in Zukunft langfristig einen anderen Partner suchen. «The Incredibles» ist einer der letzten Filme, die Pixar noch gemeinsam mit Disney produziert. Kurzfristig ist Pixar mit rund einer Milliarde Dollar an liquiden Mitteln auch dazu in der Lage im Alleingang Filme zu produzieren.

Damit ließ er keinen Zweifel daran, dass er dem Ende er Partnerschaft mit Disney keine Träne nachweinen werde. In der Vergangenheit hatten sich Pixar und Disney Produktions-Kosten und Gewinne geteilt. Zudem bezahlt Pixar zusätzlich eine Gebühr an Disney. Dies empfand Jobs als eine Benachteiligung Pixars.

Die von ihm vorgeschlagene Änderung der Vertragsbedingungen scheiterte jedoch. Pixar braucht sich für die Zukunft ohne Disney wohl kaum Sorgen zu machen. Die Firma verfügt über finanzielle Mittel in Höhe von rund einer Milliarde Dollar und 2006 soll der erste Spielfilm, der Pixar ganz allein gehört, in die Kinos kommen. Im Nachhinein erklärte Jobs:

> «Wenn ich 1986 gewusst hätte, wie viel es kosten würde, um Pixar am Laufen zu halten, hätte ich die Firma wohl nicht gekauft.»

Pixar war über einen langen Zeitraum hinweg Steve Jobs mit Abstand teuerstes Hobby. Zeitweise behielt er die Firma vermutlich nur, weil er keinen Käufer für sie finden konnte.

Am Ende scheint sich jedoch alles, was Jobs anfasst, in Gold zu verwandeln. Die ebenfalls jahrelang erfolglose Firma NeXT wurde zu einem staatlichen Preis an Apple verkauft. Apple steht heute wirtschaftlich besser denn je da und Pixar schwimmt nur so im Geld und wird in Zukunft mit Sicherheit noch viele computeranimierte Kassenschlager produzieren.

Comeback in Cupertino 9

Comeback in Cupertino

Während man früher einmal mit der Marke Apple Individualismus, Kreativität und Lifestyle assoziiert hatte, schien es, als ob das Unternehmen während der Abwesenheit von Steve Jobs langsam aber sicher seine Identität verloren hatte. Gekoppelt mit dem Verlust des Charismas der einstigen Vorzeige-Firma war der Vertrauensverlust bei einstmals treuen Apple-Fans und der bodenlose Sturz der Apple-Aktie an der Börse, die zeitweilig bei jämmerlichen 17 Dollar stand.

Als Gil Amelio sich auf den NeXT-Deal mit Steve Jobs einließ, war ihm die große Popularität, die Letzterer nach wie vor bei den Medien genoss, durchaus bewusst. Er glaubte allerdings, Jobs genauso wie NeXT einkaufen zu können. Er glaubte, Jobs nach dem Kauf von NeXT in einer untergeordneten Rolle – als Visionär und medienwirksames Aushängeschild – in das Unternehmen integrieren zu können. Nicht im Traum hätte er daran gedacht, dass Jobs ihm schon sehr bald seine Führungsrolle streitig machen würde, zumal Jobs selbst ja betont hatte, dass er keinen formalen Posten im Unternehmen einnehmen wolle, sondern nur als informeller Berater ohne jegliche vertragliche Vereinbarungen.

Nachdem sich Jobs und Amelio sowohl über Jobs zukünftige Rolle bei Apple als auch den NeXT-Deal geeinigt hatten, wurde eine Pressekonferenz einberufen, die von Amelio eröffnet wurde. Auf der Pressekonferenz gab Jobs sich den Anschein, als ob er an der ganzen Veranstaltung kaum interessiert sein und am liebsten so schnell wie möglich verschwinden wolle. Nachdem der offizielle Part beendet war, wandte sich die misstrauische Journalistin – Louise Kehoe von der Financial Times –, die sich nicht vorstellen konnte, dass Jobs sich tatsächlich wie ein wohlerzogenes Kind bedingungslos der Autorität Amelios unterordnen würde, an Amelio und fragte ihn, ob er nicht Angst hätte, dass Jobs die Führung bei Apple übernehmen wolle.

Amelio antwortete darauf: «Steve ist hier, um uns zu helfen.» Anschließend fragte die Journalistin Steve Jobs, ob er nicht vorhabe, das Unternehmen zu übernehmen, woraufhin dieser in ähnlich gespielter Naivität wie zuvor Amelio antwortete: «Ach was, Louise. Ich habe eine Familie. Ich habe andere Interessen.»

Der High-Tech-Messias kehrt heim zu seinen Jüngern

Über 8.000 freudig erregte Apple Fans erwarteten am 7. Januar den Auftritt von Gil Amelio und Steve Jobs auf der alljährlichen Macworld Expo in San Francisco, die von über 80.000 Apple-Jüngern insgesamt besucht wird. Kurz nach 12 Uhr mittags gingen die Lichter aus und es wurde eine Sequenz aus Independence Day

– dem Blockbuster-Film des Jahres 1996 – gezeigt. Dazu ertönte eine tiefe Stimme aus dem Off mit den Worten: «Wenn du nur 28 Sekunden hast, um die Erde zu retten, solltest du besser den richtigen Computer haben.» Dies war eine Anspielung auf das im Film zum Einsatz kommende PowerBook, das von einem Wissenschaftler, der von Jeff Goldblum gespielt wurde, benutzt wurde. Anschließend tauchte Goldblum tatsächlich auf der Bühne auf, um Gil Amelio als den eigentlichen Star des Abends zu begrüßen.

Amelio begann mit einer endlosen Rede, bei der sich selbst der hartgesottenste Apple-Fan zu Tode langweilen musste. Teilweise verlor er regelrecht den Faden bei seiner Rede, die nicht komplett ausgearbeitet, sondern ihm nur in Stichworten durch einen Teleprompter angezeigt wurde. Ursprünglich war vorgesehen, dass Amelios Rede etwa eine Stunde dauern sollte, es würden über drei Stunden. Es gab dennoch einige wenige Höhepunkte in Amelios müder «Show»: Zum Beispiel als er Muhammad Ali als Ehrengast begrüßte. Doch das eigentliche Highlight des Abends war, nachdem Amelio sein Publikum bereits zwei Stunden lang mit seiner belanglosen Rede gelangweilt hatte, der kurze aber äußerst effektvolle Auftritt von Steve Jobs, dem es gelang, durch seine Worte einen ungeheuren Optimismus bezüglich der Zukunft von Apple zu verbreiten.

Jobs gab zu, dass Apple durch die Dominanz von Windows zunehmend in die Defensive geraten sei, doch nun präsentierte er das Wunder-Heilmittel, mit dem alles wieder gut werden würde: Mithilfe der Integration der fortschrittlichen Technologie des Betriebssystems von NeXT in das kommende Mac OS würde Apple der Konkurrenz wieder um Jahre voraus sein. Jobs unterlegte seine Ansprache mit einigen «schicken» Dias, auf denen die sehr eindrucksvollen Leistungen des NeXT-Betriebssystems anschaulich demonstriert wurden.

Zum Schluss überraschte Amelio das Publikum noch einmal mit einem weiteren Apple-Prominenten. Steve Wozniak betrat die Bühne; als er neben Steve Jobs stand, gab es minutenlange Standing Ovations für die beiden Apple-Gründer. Woz hatte jedoch nichts zu sagen, sondern blinzelte nur verstört in die Menge. Er war im Gegensatz zu Jobs weder daran gewöhnt noch besonders scharf darauf im Rampenlicht zu stehen.

Er hatte längst mit Apple abgeschlossen und genoss jenes zurückgezogene – von der Familie und einer Vielzahl von sozialen Engagements geprägte – Leben, das er schon seit langer Zeit führte. Am Ende der Veranstaltung überreichte Amelio den beiden Apple-Gründern jeweils ein Vorserienmodell eines futuristischen Rechners, dem Mac «Special Edition», auch bekannt unter dem Namen «20th Anniversary Macintosh», der aufgrund seines hohen Preises am Markt wenig Erfolg haben sollte.

Auf der Mac World Expo 1997 kamen erstmals nach langer Zeit die beiden Steves wieder vor den Augen der Öffentlichkeit zusammen. Es war jedoch nur ein kurzer Augenblick. Während Amelio und Woz noch auf der Bühne blieben, hatte sich Jobs schon wieder eilends aus dem Staub gemacht. In Gedanken war er zu diesem Zeitpunkt vermutlich schon der neue CEO von Apple. Amelio wusste nur noch nichts von seinem Glück.

Die letzte Szene des Abends hatte einen symbolischen Charakter. Amelio und Woz blieben noch auf der Bühne, um sich fotografieren zu lassen. Zu diesem Zeitpunkt war der sonst so auf Medien-Aufmerksamkeit erpichte Steve Jobs jedoch schon verschwunden. Es schien, als ob er in Gedanken schon auf einer ganz anderen Veranstaltung war – als neuer Chef von Apple Computer.

Jobs beseitigt Amelio

Zweifellos hielt sich Jobs nicht nur für intelligenter – und bezüglich der Leitung von Apple kompetenter –, sondern auch für einen besseren Geschäftsmann als Amelio. Amelio hatte sich wahrlich keinen Gefallen damit getan, Jobs ins Unternehmen zu holen. Jobs wartete nun nur noch auf den richtigen Moment, um Amelio abzulösen, auch wenn er gegenüber der Öffentlichkeit zunächst noch den «braven Sohn» spielte.

Das psychologische Klima war ohnehin darauf ausgerichtet. Sowohl firmenintern als auch in der Öffentlichkeit fieberte man einem Retter entgegen, der Apple wieder zurück ins gelobte Land der schwarzen Zahlen führen sollte. Amelio las in der Presse die schlechten Kritiken über seinen peinlichen Auftritt bei der Mac Expo, doch so schnell würde er nicht aufgeben. Er war noch nie ein Medienstar wie Jobs gewesen. Um ein Unternehmen profitabel zu machen, zählten Resultate und nicht irgendein Image, das die Medien einem zuwiesen.

Das gesamte erste Halbjahr 1997 bestand nur aus einer Kette von immer neuen Hiobsbotschaften, die Amelio dem Aufsichtsrat, den Mitarbeitern und den Anhängern der Firma Apple zu verkünden hatte.

Jobs schüttete sozusagen noch Öl ins Feuer der schlechten Presse – die Amelio ohnehin als Hauptverantwortlichen für die katastrophale Situation der Firma ausmachte –, indem er über einen befreundeten Journalisten durchblicken ließ, «er habe einen Plan, um die Firma zu retten». Im selben Artikel, der gegen Ende Februar erschien, hieß es auch, dass Amelios Unerfahrenheit im PC-Business der Grund dafür wäre, «warum die Produkte und die Marketing-Aktivitäten des Unternehmens immer noch so chaotisch erscheinen.»

Einige Tage später erschien in den San Jose Mercury News ein Artikel, in dem Oracle Chef Larry Ellison – ein dem eigenen Bekunden nach enger Freund von Steve Jobs –, bestätigte, dass er sich ernsthaft überlege, die angeschlagene Firma Apple im Zuge einer feindlichen Übernahme zu kaufen, um anschließend Steve Jobs zum neuen Chef des Unternehmens zu machen.

Der Tropfen, der dann beim Aufsichtsrat das Fass zum Überlaufen bringen sollte, war die Nachricht, dass Apple im ersten Quartal des Jahres 1997 einen Verlust in Höhe von 708 Millionen Dollar erlitten hatte. Während der Amtszeit von Gil Amelio hatte Apple damit insgesamt einen Verlust von 1,6 Milliarden Dollar zu verzeichnen. Die Zeit für eine Ablösung an der Spitze war nun endgültig reif. Anfang Juli wurde Amelio vom Aufsichtsrat nahegelegt, sein Amt als CEO niederzulegen. Amelio ließ am 9. Juli 1997 sämtlichen Apple-Mitarbeitern via E-Mail das folgende Rücktritts-Schreiben zukommen:

```
«Heute hat Apple meinen Rücktritt als Chairman und CEO von Apple
Computer bekannt gegeben, der sofort wirksam ist. Ich werde Apple
bis zum 27. September 1997 nicht mehr als Manager, sondern als
Mitarbeiter angehören, um einen reibungslosen Übergang zu gewähr-
leisten.

Ich bin am 2. Februar 1996 nach einer erfolgreichen Amtszeit als
Chairman, Präsident und CEO der National Semiconductor Corpora-
tion zu Apple gekommen. Damals war ich bereits Mitglied im Vor-
stand von Apple, und es war schon offensichtlich, dass schwere
Zeiten bevorstanden und der Fortbestand Apples als unabhängiges
Unternehmen gefährdet war. Jemand musste die Aufgabe übernehmen,
Apple wieder auf den Weg der Gesundung zu bringen.

Apple hatte fünf große Probleme: erstens waren die Kassen leer,
zweitens waren die Produkte von erbärmlicher Qualität, drittens
gab es keine vernünftige Strategie für das Betriebssystem, vier-
tens mangelte es an Verantwortungs-Bewusstsein und Disziplin in
```

der Unternehmenskultur, und fünftens waren die Kräfte zerrissen – man versuchte zu viel gleichzeitig abzudecken und verzettelte sich in zu vielen Richtungen.

Diese Probleme bestanden weiter, auch wenn es eine Reihe außerordentlich fähiger Apple-Mitarbeiter gab. Ich habe einen großen Teil meiner Zeit bei Apple darauf verwendet, diese und andere Schwierigkeiten anzugehen. Ich denke, dass meine Entscheidungen und Maßnahmen richtig waren. Heute sind diese Probleme entweder gelöst oder sie sind auf dem besten Weg dazu. Heute kann Apple die stärkste Produktpalette in der Geschichte des Unternehmens vorweisen. Heute haben wir eine hochinteressante Betriebssystem-Strategie, und wir bringen demnächst Mac OS 8 heraus, das in den Beta-Tests sehr positiv beurteilt wurde. Rhapsody, unser System im High End-Bereich, wird bald darauf folgen und ein neues Paradigma in der Betriebssystem-Architektur schaffen. Heute haben wir das stärkste Management-Team in der jüngeren Geschichte. Und heute haben wir eine Kostenstruktur, die eher in Einklang mit den realisierbaren Umsätzen steht.

Es ist sehr schwierig gewesen, aber in den vergangenen 17 Monaten wurde viel erreicht. Das wird in den kommenden Monaten und Quartalen noch deutlich werden. Apples nächste Aufgabe wird sein, die Programme, die wir begonnen haben, unerbittlich zu Ende zu führen, und das Umsatzvolumen wieder aufzubauen. Ich glaube fest daran, dass das jetzige Team diese Aufgabe bewältigen wird. Was mich persönlich angeht, freue ich mich darauf, wieder etwas mehr Zeit mit meiner Familie zu verbringen.

Meine Zeit bei Apple war aufregend und erfüllend. Wir haben große Fortschritte gemacht. Jetzt ist es Zeit, dass alle davon profitieren. Ich danke Ihnen für Ihre unerschütterliche Unterstützung während meiner Zeit bei Apple … sie hat mir meine Arbeit erleichtert. Ich setze mein Vertrauen in Sie, dass Sie sich gut um Apple kümmern. Viel Glück dabei – ich werde am Spielfeld-Rand stehen und Sie anfeuern!

Gil»

Jobs übernimmt die Führung und Apple wird erwachsen

Jobs schlug zwar den Posten des CEO, der ihm prompt vom Aufsichtsrat angeboten wurde, aus; er übernahm aber de facto trotzdem die Führung der quasi dahin treibenden Firma. Der Rücktritt Amelios machte sich sofort positiv an der Börse bemerkbar, wo die Apple-Aktie von unterirdischen 13 Dollar immerhin wieder auf 20 Dollar hinaufkletterte.

Jobs zog unterdessen die Fäden im Hintergrund, indem er zum Beispiel den Aufsichtsrat mit Leuten besetzte, die ihm wohl gesonnen waren – darunter auch sein Intimus Larry Ellison. Nachdem er Apple im Laufe des Sommers unter seine Kontrolle gebracht hatte, traute sich Jobs am 16. September 1997 endlich auch offiziell, die Führungsrolle für sich zu beanspruchen. Er gab bekannt, dass er «vorübergehend als geschäftsführender Vorsitzender» das Unternehmen leiten werde.

Während der ersten Wochen in seinem neuen Amt trug Jobs ständig ein Stück Styropor mit sich herum: Es handelte sich um einen von Apples Chef-Designer angefertigen Entwurf für einen neuen Computer – den iMac, wobei das «i» für Internet stand. Eine Art neue Aufbruchsstimmung machte sich in der Öffentlichkeit auch durch die neue von Jobs initiierte «Think-Different»-Werbekampagne breit, in der mit Fotos von berühmten Persönlichkeiten für die Computer aus Cupertino geworben wurde.

In der Werbekampagne «think different» warb Apple erfolgreich mit Fotos von bekannten Persönlichkeiten wie zum Beispiel Albert Einstein, Muhammad Ali oder Bob Dylan für seine Produkte.

Firmenintern führte Jobs ein strenges Regiment ein. Um ein konzentriertes Arbeitsklima zu schaffen, wurde sehr zum Unmut vieler Angestellter das Rauchen auf dem Firmengelände verboten. Jobs war der Überzeugung, dass durch das Rauchen und die damit verbundenen kommunikativen Prozesse zu viel Zeit verloren ging, die produktiver genutzt werden konnte. Gerade Jobs, der früher als langhaariger Hippie kiffend durch die Gegend gestreunt war, sorgte nun dafür, dass bei Apple ein neuer Geist von Disziplin und Ordnung einzog! Er war so besessen von seiner neuen Mission, die Firma Apple neu zu erfinden, das für sein Privatleben kaum noch Zeit blieb.

Mit Steve Jobs Comeback in Cupertino kehrte ein neuer von Disziplin und Ordnung geprägter Geist in der bisher notorisch anarchischen Firma mit dem Apfel-Logo ein.

Steve Jobs hatdie Firma Apple geprägt wie kein anderer – in der Vergangenheit hat die eigenartige Mischung aus elitärem Individualismus gekoppelt mit der Vision, Computer für alle – «for the rest of us» – zu machen, Apple viel Ruhm, jedoch auch viele Probleme bereitet.

Es scheint, als ob mit Steve Jobs nun auch Apple endlich erwachsen wird. Das alte Hippie-Erbe von Apple – die Synthese von Computer und «Counterculture» / Gegenkultur – verblasst allmählich. Was bleibt, ist ein innovativer Geist, der durch Steve Jobs verkörpert wird und das ganze Unternehmen prägt.

Mitarbeiter von Steve Jobs haben immer wieder seine Fähigkeit hervorgehoben, ein «realitätsverzerrendes Feld» zu schaffen. Möglicherweise liegt hier ein Schlüssel zur Erklärung des Phänomens Apple. Steve Jobs gibt sich nicht mit der bestehenden Realität zufrieden, sondern er konstruiert seine eigene. (Diese Grundhaltung wird im Rahmen der postmodernen Philosophie-Geschichte als Konstruktivismus bezeichnet. Sie findet sich jedoch im Grunde auch schon bei vielen Denkern aus der Antike.

Die Wirklichkeit stellt aus konstruktivistischer Sicht nichts objektiv Gegebenes dar, sondern kann immer nur in Abhängigkeit von einem Beobachter subjektiv konstruiert werden.)

Das große Talent von Steve Jobs besteht darin, seine subjektive Wirklichkeits-Wahrnehmung so überzeugend an seine Mitmenschen als «Realität» zu verkaufen, dass diese unversehens zu Gefangenen des berühmten Jobs'schen realitätsverzerrenden Feldes werden. Die Geschichte von Apple ist eine Geschichte der Konstrukte von Steve Jobs.

Manche scheiterten kläglich, brachten die Firma an den Abgrund und führten sogar dazu, dass Jobs die Firma zeitweise verlassen musste; andere erwiesen sich als extrem erfolgreich. In jüngster Zeit überwiegt eindeutig die letztere Gruppe.

Der iMac bringt Apple wieder auf Erfolgskurs

Anfang Januar 1998 hielt Jobs eine Rede auf der Macworld Expo in San Francisco, bei der er sich die beste Nachricht bis zum Schluss aufhob. Als er eigentlich schon dabei war, die Bühne zu verlassen, drehte er sich noch einmal um und verkündete ganz beiläufig, dass Apple wieder in der Gewinnzone sei. Im vorherigen Quartal hatte Apple aufgrund drastischer Sparmaßnahmen und des großen Erfolgs der neuen G3-PowerPCs einen Gewinn in Höhe von 45 Millionen Dollar einfahren können.

Die G3-PowerPC-Modellreihe brachte Apple wieder in die schwarzen Zahlen.

Bis zu diesem Zeitpunkt firmierte Jobs offiziell immer noch als vorläufiger geschäftsführender Vorsitzender mit einem symbolischen Gehalt in Höhe von einem Dollar. Der Vorstand bot ihm ein großzügiges Aktienpaket sowie die dauerhafte offizielle Leitung der Firma Apple an. Jobs lehnte jedoch trotzdem ab. Doch was wichtiger war als Jobs Titel, waren die Zahlen, die erneut gut für Apple aussahen.

Mitte April konnte der zweite Quartalsgewinn in Folge bekannt gegeben werden; diesmal waren es 55 Millionen Dollar. Nicht nur die Firma Apple befand sich in einem neuen Aufschwung, sondern auch das Internet machte eine rasante Entwicklung durch. Immer mehr Menschen gingen aus privaten oder beruflichen Gründen online. Die Zeit war reif für einen Internet-Computer. Jobs hatte jedoch bemerkt, wie andere Firmen daran gescheitert waren, den viel propagierten Computer erfolgreich zu verkaufen, der all seine Informationen aus dem jeweiligen Netzwerk beziehen sollte, in das er integriert erfolgreich zu verkaufen, erfolgreich zu verkaufen, war. So wurde das Konzept des iMac modifiziert.noch einmal gründlich modifiziert: Übrig blieb die Idee eines Computers, mit dem man schnell online gehen konnte, der überhaupt möglichst unkompliziert in der Handhabung sein sollte, der ein neues ansprechendes Design besitzen sollte und der als möglichst kompaktes Gerät eine Einheit von Rechner und Bildschirm bilden sollte.

Am 6. Mai 1998 wurde der iMac als der «Computer des Internet-Zeitalters» der Öffentlichkeit vorgestellt. Das Gerät wurde von Apples Chef-Designer Jonathan Ives entworfen. Durch das «i» im Namen konnte der Rechner in gewisser Weise vom allgemeinen Internet-Hype profitieren, auch wenn es sich im Grunde genommen gar nicht um einen dezidierten Netzwerk- oder Internet-Computer handelte.

Der von Apples «Design-Gott» Jonathan Ive designte knuddelige iMac bedeutete nicht nur ein völlig neues Konzept von Computerästhetik sondern auch ein sehr gutes Geschäft für die sich nun endgültig wieder auf Erfolgskurs befindende Computerfirma aus Cupertino.

Die etwas eigenwillige Entscheidung, den Computer nicht mit einem Disketten-Laufwerk zu versehen, erregte zwar anfangs den Protest der Fachkritiker. Doch änderte dies nichts daran, dass der ansonsten rundum perfekt ausgerüstete, äußerst kompakte und benutzerfreundliche «Volkscomputer» mit integriertem

Bildschirm, der zu einem Preis von 1.299 Dollar über den Ladentisch ging, zu einem absoluten Renner wurde. Innerhalb der ersten Wochen nach seinem Erscheinen konnte sich Apple über den Verkauf von über 278.000 iMacs freuen. Der iMac avancierte damit zum mit Abstand erfolgreichsten Computer-Modell der gesamten bisherigen Firmengeschichte.

Die Krise, in der sich Apple im Grunde seit 1995 befunden hatte, schien mit dem äußerst positiven Gesamtverlauf des Geschäftsjahres 1998 nun endlich überwunden. Im Oktober 1998 war der Turnaround bei Apple definitiv geschafft. Der dritte Quartalsgewinn in Folge betrug 105 Millionen Dollar. Seitdem Steve Jobs wieder das Ruder bei Apple übernommen hatte, hatte sich der Wert der Aktie verdreifacht. Und es ging weiter steil bergauf mit Apple. Vom iMac wurden innerhalb eines Jahres fast zwei Millionen Modelle verkauft.

Auf der Macworld zu Beginn des Jahres 1999 stellte Steve Jobs vier neue «fruchtigen Farbtöne» für den iMac vor. Darüber hinaus führte er einen neuen Verriegelungs-Mechanismus vor, der es leichter machte, das Gerät zu öffnen. An sich waren das keine überwältigenden Neuigkeiten. Die Menge tobte trotzdem. Jobs verstand es immer wieder auf's Neue, die Massen mit solchen technischen Neuigkeiten und Spielereien zu euphorisieren, die bei einer weniger geschickten Präsentation und einem weniger berühmten Moderator vermutlich nicht mehr als ein leises Gähnen hervorgerufen hätten. Das absolute Highlight des Jahres 1999 waren die mit Velocity-Engine-Technik ausgestatteten G4-PowerPCs – die seinerzeit schnellsten Computer der Welt. Im Sommer 1999 wurde neben der neuen G4-Modellreihe als tragbare Ausgabe des iMacs auch das iBook als «iMac2go» von Apple vorgestellt. Da in der Vergangenheit PowerBooks stets relativ teuer waren, gab es nun mit dem kostengünstigen – zugleich jedoch durchaus leistungsfähigen – iBook eine willkommene Alternative für preisbewusste Apple-Anwender.

Als kostengünstige aber denoch leistungsfähige Alternative für preisbewusste Apple User entwickelte sich das iBook zu einem ähnlich großen Erfolg wie der iMac.

Das Geschäftsjahr 1999 wurde mit einem Gewinn in Höhe von 601 Millionen Dollar – bei einem Umsatz von 6,1 Milliarden Dollar – abgeschlossen.

Im Sommer 1999 zeigte der amerikanische Fernsehsender TNT den Film «Pirates of the Silicon Valley», der vor allem die frühen «Hackerzeiten» im Leben von Steve Jobs und Bill Gates behandelt. Der Film ist absolut empfehlenswert für jeden, der sich für die Geschichte von Apple interessiert. Ein deutsche Fassung ist als Videokassette unter dem Titel «Die Silicon Valley-Story» erhältlich.

Der zwischen Hippietum, Egomanie und Narzissmus schwankende Steve Jobs wird von Noah Wyle – vormals Lebensretter im «Emergency Room» verkörpert, während der schlitzohrige Bill Gates von Anthony Michael Hall, der unter anderem in «The Breakfast Club» zu sehen war, gespielt wird. Der Film erzählt auf eine äußerst amüsante Art und Weise zahlreiche Anekdoten aus der Pionierzeit der PC-Ära. Als beispielsweise Steve Ballmer von Microsoft zu einem wichtigen Treffen mit IBM-Managern ohne Krawatte anreist, überredet er einfach einen anderen Fluggast, der gerade auf der Herrentoilette des Flughafens sitzt, ihm seinen Binder zu verkaufen.

Anschließend haben Gates und Microsoft-Mitbegründer Paul Allen den schicksalsträchtigen Termin bei Big Blue, der den Aufstieg von Microsoft zum Welt-Unternehmen einleitet. Die Unterredung bei IBM endet damit, dass ein IBM-Vertreter in völliger Fehleinschätzung der Lage den Besuch aus Redmond darauf hinweist, dass in der IT-Welt die Gewinne doch durch die Computer «und nicht dieses Software-Zeugs» erzielt werden.

Der Höhepunkt des Films ist die im Big Brother-Jahr 1984 erfolgende Konfrontation zwischen Jobs und Gates, nachdem Microsoft für Windows zu sehr beim Macintosh-Betriebssystem «abgekupfert hat», worüber sich Jobs äußerst erbost zeigt. Der Film hat allerdings in Hinblick auf die Kontroverse zwischen Apple und Microsoft ein versöhnliches Ende, denn er endet mit Jobs Präsentation auf der Macworld Expo in Boston, auf der 1997 Bill Gates per Satellit zugeschaltet wird, wobei Microsoft Apple mit einer gehörigen Finanzspritze wieder auf die Beine hilft.

Seitdem geht es bei Apple bekanntlich im Film wie im wahren Leben wieder mächtig bergauf. Im September 1999 erreichte die Apple-Aktie einen Kurswert von 73 Dollar. Jobs hatte damit die bisherige Höchstmarke, die 1991 mit 68 Dollar während der Ära Sculley erzielt worden war, deutlich übertroffen und in der Folgezeit stieg die Aktie noch weiter an.

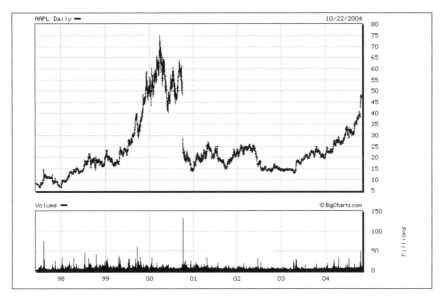

Im September 1999 übertraf Steve Jobs mit einem Kurswert von 73 Dollar erstmals die bisherige Höchstmarke von 68 Dollar aus dem Jahre 1991.

Der lange Weg zu Mac OS X

Das neue unixbasierte Betriebssystem Mac OS X ist ein wichtiger Pfeiler der gegen Ende der neunziger Jahre erneut einsetzenden Erfolgsstory von Apple. Der Weg zu Mac OS X begann mit dem System 1.0, dem ersten Macintosh-Betriebssystem. Der erste richtungsweisende Umbruch hin zu einem neuen innovativen Betriebssytem fand mit System 8 statt, das im Sommer 1997 erschien. Es folgte als letzte Zwischenstationen System 9 und Anfang 1999 Mac OS X Server. Die Markt-Einführung von Mac OS X – dem Betriebssystem der Zukunft, mit dem Apple Windows XP mühelos Paroli bieten kann – erfolgte schließlich im März 2001.

Fassen wir nur noch einmal kurz zusammen: Beim ersten Mac wurde das Betriebssystem noch ganz einfach und unspektakulär als System bezeichnet und mit jedem neuen Rechner erschienen neue System-Versionen. Das System befand sich zum Teil in Bausteinen des ROM-Speichers sowie in Form von so genannten «System Enablern», die später direkt ins ROM integriert wurden. Die Größe von System und ROM nahm im Laufe der Zeit ständig zu. Angefangen bei 64 KB im Mac 128 K bis zu 4 MB in den PowerMacs.

Der nächste wesentliche Entwicklungs-Sprung war die Einführung von System 6, in dem der Benutzer erstmals mit dem Finder zwischen verschiedenen laufenden Anwendungen wechseln konnte. Der MultiFinder, der uns bis auf den heutigen Tag erhalten geblieben ist, war geboren. Mit System 7 vollzog Apple dann 1991 den Sprung vom 16-Bit- zum 32-Bit-Betriebssystem. Hinzu kommen zahlreiche neue nützliche Funktionen, wie zum Beispiel File Sharing und Alias-Dateien. Der Systemordner wurde erstmals in verschiedene Unterordner unterteilt, die über verschiedene Kontrollfelder zugänglich waren. Ende 1994 erschien dann System 7.5 oder Mac OS. Es handelte sich um das erste System, das auch auf PowerMacs lief. Mac OS 8 sollte ursprünglich ein völlig neues System werden, das für die neuen PowerMac-Rechner optimiert sein sollte.

Mac OS 8 sollte das optimale System für die neuen leistungsstarken PowerMac-Rechner sein.

Der Versuch, unter dem Codenamen Copland ein völlig neuartiges System zu schaffen, scheiterte jedoch an einer Vielzahl von technischen Problemen. Apple verfolgte stattdessen in der Folgezeit eine zweigleisige Strategie. Als Basis für das neue System wurde die Firma NeXT gekauft, deren Eigentümer Steve Jobs war. Parallel dazu wurde das alte System weiter optimiert, wobei der Finder aus dem Copland-Projekt in das aktuelle Betriebssystem eingebaut wurde. Aus dieser Synthese entstand als Endprodukt Mac OS 8. Eine wichtige Neuerung erfolgte im Januar 1998 unter Mac OS 8.1 mit der Einführung des Mac-OS-Extended-Formats, das auch unter der Bezeichnung HFS+ bekannt ist.

Der erste Schritt in die Richtung zu einem echten Multi-User-Betriebssystem wurde mit Mac OS 9 getan, das Ende 1999 auf den Markt kam. Mit dem Kontrollfeld «Mehrere Benutzer» wurde eine grundsätzliche Mehrbenutzer-Funktionalität in Mac OS 9 integriert, die jedoch im Grunde nur auf das Betriebssystem aufgesetzt war.

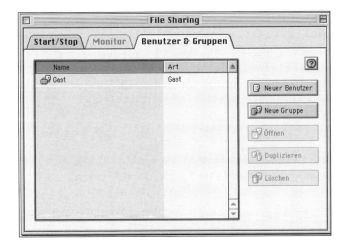

Das «Mehrere Benutzer»-Kontrollfeld in Mac OS 9 war ein erster Schritt in Richtung auf das konsequente Multi-User-System-Konzept von Mac OS X.

Im Januar 2000 wurde parallel zum Erscheinen des ersten echten Multi-User-Systems das vorerst letzte Update von Mac OS 9 veröffentlicht. Mac OS 9.1 stellt die Mindest-Voraussetzung zum Betrieb des Classic-Systems unter Mac OS X dar.

Ein wichtiges Werkzeug zur Konvertierung von Mac OS 9 in Mac OS X-Programme ist die Programmier-Umgebung Carbon. Mit Hilfe von Carbon ist es Software-Entwicklern innerhalb kürzester Zeit möglich, Programme auf das neue Betriebssystem zu portieren, da lediglich etwa fünf Prozent des ursprünglichen Programm-Codes verändert werden müssen. Es folgt ein kurzer Überblick der System-Versionen auf dem Weg zu Mac OS X:

System 1.0
Mit der Markt-Einführung des Macintosh-Rechners erschien 1984 die System-Version 1.0, die lediglich 216 K an Speicherplatz in Anspruch nahm. Ein wesentliches Merkmal der frühen Betriebssystem-Software von Apple bestand darin, dass wichtige Bestandteile des Systems in einem ROM-Speicher enthalten waren, um auf diese Weise kostbaren Arbeitsspeicher zu sparen. Man schaffte es dadurch, wenig speicherhungrige Anwendungen auf dem Macintosh zum Laufen zu bringen, die für die damalige Zeit erstaunliche Leistungen boten.

Man bedenke nur, dass das Textverarbeitungs-Programm MacWrite bei einem lächerlichen Speicherbedarf von 30 K eine grafische Benutzeroberfläche mit revolutionären WYSIWYG-Merkmalen («What you see is what you get») bot.

Wenige Monate später kam mit System 1.1 das erste Update heraus. Eine der großen Schwachstellen des Macintosh war die langsame Kopiergeschwindigkeit des Systems. Mit dem Update auf Version 1.1 schaffte Apple Abhilfe, indem dem Finder mehr Speicher für den Kopiervorgang zur Verfügung gestellt wurde. Das Kopieren ging nun etwas schneller von der Hand. Für heutige Verhältnisse dauerte der Kopiervorgang jedoch immer noch quälend lange.

System 2.0
Der erste große Versionssprung fand im April 1985 statt. Zu den wichtigsten Merkmalen gehörte ein optimierter Finder, der nun erheblich schneller arbeitete sowie der neue «Mini Finder». Er gestattete es, mithilfe einer Dialog-Box häufig benutzte Programme zu starten. Zu den benutzerfreundlichen Neuheiten des optimierten Finders gehörte die Möglichkeit, Disketten durch Ziehen auf das Papierkorb-Symbol auswerfen zu können.

System 3.0
Mit System 3.0, das im Januar 1986 erschien, wurde nicht nur die Finder-Geschwindigkeit nochmals erhöht, sondern auch der RAM-Cache eingeführt. Mithilfe des RAM-Cache konnte die Arbeits-Geschwindigkeit bestimmter Anwendungen drastisch erhöht werden, indem große Dateien zeitweilig in den Arbeitsspeicher ausgelagert wurden.

Eine weitere bedeutsame Neuerung war die Einführung des HFS-Dateisystems (Hierarchical File System) anstelle des MFS-Dateisystems (Macintosh File System). Ein hierarchisches Dateisystem bedeutete einen großen Schritt nach vorne, denn nun konnten Ordner-Hierachien erstellt werden. Beim alten System war dies nicht möglich gewesen, da sich aus der Sicht des Betriebssystems stets sämtliche Ordner und Dateien auf einer Ebene befanden. Mithilfe der so genannten «File ID» wurde jeder Datei vom Betriebssystem eine eindeutige Identifikations-Nummer zugewiesen; so war auch der Aufbau komplexer Ordner-Hierarchien kein Problem mehr.

System 3.1 enthielt lediglich einige unspektakuläre Verbesserungen, die für den Benutzer kaum spürbar waren; es wurde im Juni 1986 von System 3.2 abgelöst. Es bot als besonders augenfällige Neuerung einen neu gestalteten Taschenrechner, dessen Tastatur nun auch exakt mit den Tasten des Ziffernblocks der Computer-Tastatur übereinstimmte.

System 3.3 erschien im Januar 1987 und brachte weniger wesentliche Neuerungen als vielmehr einige Optimierungen des bestehenden Systems.

System 4.0
System 4.0 wurde im März 1987 auf den Markt gebracht. Es benötigte mit 512 K RAM erheblich mehr Arbeitsspeicher als die bisherigen System-Versionen. Es enthielt in erster Linie zahlreiche Bugfixes für Fehler, die im System 3 zu finden waren.

System 4.1 wurde von Apple im April 1987 veröffentlicht. Es brachte eine optimierte Behandlung von großen Festplatten und die Version 1.1 von Apples Netzwerk-Technologie Apple Share.

Im Oktober 1987 erschien System 4.2 es brachte als spektakuläre Neuerung den Multi-Finder, der es ermöglichte, mehrere Anwendungen gleichzeitig auf dem Rechner zu betreiben und zwischen diesen hin- und herwechseln zu können.

System 6.0
Der Versionssprung auf das nächste System erschien den Apple-Technikern und Marketing-Strategen als so hoch, dass man System 5 einfach ausließ und direkt auf System 6 überging, das im August 1989 eingeführt wurde. Im Grunde beinhalteten die Versionen 6.0.0 – von nun an wurde dreistellig gezählt – bis 6.0.8 jedoch kaum revolutionäre Neuerungen.

System 7.0
Erst System 7, das im Mai 1991 erschien, war ein technisch generalüberholtes Betriebssystem, das zwar mit 2 MB RAM sehr leistungshungrig, dafür jedoch auch sehr einfach und schnell zu bedienen war. Dafür sorgte zum Beispiel das neue Apple-Menü, die Einführung von Alias-Dateinamen, die Formular-Funktion und die multimedialen Fähigkeiten von QuickTime. Mit System 7 wurde bei Apple der Sprung vom 16-Bit- zum 32-Bit-Betriebssystem gemacht.

Einige Features der Datei-Verwaltung von System 7 sind bis auf den heutigen Tag erhalten geblieben. So zum Beispiel die Möglichkeit, Dateien und Ordner in Form von hierarchischen Listen darstellen zu lassen – oder der Papierkorb, dessen Inhalt nicht automatisch gelöscht wurde, wenn der Rechner heruntergefahren wurde. Mit System 7.0.1 wurden die Anwender nicht nur mit einer Vielzahl von Bugfixes beglückt, sondern auch mit einem optimierten Arbeitsspeicher ausgestattet, der ein noch schnelleres Arbeiten erlaubte.

System 7.1 war das erste Update, das vom Mac-Anwender käuflich erworben werden musste. Die Gemeinde der Mac-User war von diesem Schritt Apples verständlicherweise nicht gerade begeistert. Neben den neuen Kontrollfeldern «Zahlenformat» und «Datum und Uhrzeit» gab es zudem wieder zahlreiche

Optimierungen unter der Oberfläche, die für den Anwender nicht unmittelbar ersichtlich waren. Eine nützliche Neuerung war die Einführung eines gemeinsamen Ordners für sämtliche Zeichensätze. Alle verfügbaren Schriften waren nun an einem zentralen Speicherort aufgehoben. System 7.1.1 enthielt als einzige echte Neuerung die Netzwerk-Software «PowerTalk» in einer noch ziemlich unausgereiften Fassung. System 7.1.2 optimierte in erster Linie die Lauf-Geschwindigkeit für die neuen PowerMac-Rechner. Hinzu kam das neue Kontrollfeld «Speicher». System 7.1.2P war eine spezielle Betriebssystem-Version, die für die Quadra- sowie LC- und Performa-630-Rechner ausgeliefert wurde. System 7.1.3 erschien gemeinsam mit der PowerBook-500-Serie und enthielt als augenfällige Neuerung die praktische Kontroll-Leiste zum Starten von Programmen und Kontrollfeldern.

System 7.5 brachte eine verbesserte Version von «PowerTalk». Weitere nützliche Neuerungen waren «PC Exchange» zum Öffnen von DOS-formatierten Disketten, die optimierte Darstellung des Bildschirm-Inhalts mithilfe von «QuickDraw GX» sowie die Apple Hilfe. System 7.5.1 brachte zahlreiche Software-Ausbesserungen, da sich herausgestellt hatte, dass System 7.5 noch äußerst fehlerhaft war. System 7.5.2 war speziell für die PowerMac-Rechner und die PowerBook-Notebooks vorgesehen.

Das Update steckte jedoch voller Fehler. Positiv war vor allem die Möglichkeit, dass nun Volumes mit einer Größe von bis zu 2 Terabyte vom Betriebssystem angesprochen werden konnten. System 7.5.3 brachte Anfang 1996 neben vielen Fehler-Verbesserungen als Netzwerk-Protokoll «OpenTransport», welches anstelle von «AppleTalk» treten sollte. System 7.5.3L war eine speziell für Mac-Clones, die zum Beispiel von der Firma Power Computing angeboten wurden, vorgesehene Betriebssystem-Version. System 7.5.3 Revision 2brachte keine brachtekeine lediglich kleinere Verbesserungen unter der Oberfläche.

System 7.5.3 Revision 2.1 bezog sich lediglich auf einige neue Rechner der Performa-Modellreihe. System 7.5.4 war so fehlerhaft, dass seine Veröffentlichung in letzter Sekunde zurückgezogen wurde. Kurz darauf erschien System 7.5.5, das erheblich zur Standardisierung des Macintosh-Betriebssystems beitrug, da es nun möglich war, einen allgemein gültigen Systemordner einzurichten, mit dem jeder Macintosh-Rechner betrieben werden konnte.

System 7.6, welches im Januar 1997 veröffentlicht wurde, brachte für alle Macintosh-Modelle ein schnelleres Hochfahren des Rechners, die dreidimensionalen Grafik-Routinen von QuickDraw 3D mehr Stabilität und optimierte Arbeits-Geschwindigkeiten für Computer mit mehreren Prozessoren an Bord. Das neue

Kontrollfeld «Speech» erlaubte es dem Benutzer, sich die Hinweise in Dialogfeldern vorlesen zu lassen.

Mit System 7.6 wurde gleichzeitig die Bezeichnung «Mac OS» eingeführt. System 7.6.1 brachte neben zahlreichen Bugfixes unter anderem verbesserte Wiedergabe-Eigenschaften von QuickTime-Filmen sowie eine Entschlackung des Systems durch die Entfernung verschiedener nicht länger benötigter System-Komponenten.

System 7.5 war eine wichtige Etappe in der Geschichte des Macintosh-Betriebssystems.

System 8

Unter dem Codenamen «Copland» sollte bereits Mitte der neunziger Jahre eine Antwort auf Microsofts Windows 95 erscheinen. Später wurde dieses neue Betriebssystem, dessen Veröffentlichung sich immer wieder verschob, System 8 genannt.

Die erste Ankündigung von Copland erfolgte bereits 1994 parallel zur Vorstellung der PowerMac-Rechner. System 8 wartete im Sommer 1997 mit einem neuen Finder und einer gänzlich neu aussehenden Benutzeroberfläche in einem modernen dreidimensionalen Look auf. Mit dem neuen Kontrollfeld «Erscheinungsbild» war es zudem möglich, die Farben von Menüs und Fenstern sowie die Auswahl des Schreibtisch-Hintergrundbildes individuell zu gestalten. Es gab unter anderem Menüs, die nach dem Öffnen offen blieben, sich automatisch öffnende Ordner und eine erheblich verbesserte Scroll-Funktion. System 8 brachte tatsächlich eine Vielzahl von nützlichen Neuerungen mit sich und verkaufte sich besser als jedes bisherige Betriebssystem von Apple.

System 8 sollte Apples überzeugende Antwort auf Windows 95 werden, doch die Veröffentlichung des neuen Betriebssystems verzögerte sich um mehrere Jahre.

Mac OS 8.1 brachte Anfang 1998 neben zahlreichen Bugfixes als wichtigste Neuerung die Einführung des erweiterten hierarchischen Dateisystems, das unter der Bezeichnung Mac OS Extended sowie HFS+ bekannt wurde.

Das neue Dateisystem erlaubte durch eine optimierte Datei-Verwaltung wesentlich mehr Dateien auf einer Festplatte unterzubringen, als dies bisher der Fall gewesen war. Eine Besonderheit von HFS+ besteht darin, dass so genannte «Meta-Daten» von Dateien gespeichert werden können, in denen zum Beispiel die Zugriffsrechte für eine Datei verwaltet werden können.

Die Datei-Verwaltung erfuhr zudem weitere Verbesserungen, da ebenfalls das «Universal Disk Format» sowie neben Disketten auch andere DOS-formatierte Wechselmedien wie zum Beispiel ZIP-Disketten erkannt wurden.

Mac OS 8.5 – das nächste große System-Update – erschien im Herbst 1998. Es brachte unter anderem eine nochmals verbesserte Benutzeroberfläche mit neuen Icons und optimierten Listen-Ansichten sowie den neuen Suchassistenten «Sherlock», der nicht nur nach Dateien sondern auch Datei-Inhalten sowie im Internet suchen kann.

Mit Mac OS 8.5 brachte Apple das erste System heraus, das nur noch auf Rechnern mit PowerPC-Prozessor betrieben werden konnte. Einige Monate nach dem ersten nur für PowerPC-Besitzer verwendbaren System erschien mit Mac OS

8.5.1 ein Update, das in erster Linie zahlreiche Fehler der vorherigen Betriebssystem-Version behob.

Das folgende Update, Mac OS 8.6, enthielt viele neue Treiber für Wechselmedien, es wurden zahlreiche Fehler behoben und im Hintergrund verrichtete eine neuer Betriebssystem-Kernel seinen Dienst, der bereits eine wichtige Vorstufe zu Mac OS X darstellte.

Mit Mac OS 8.5, das erstmals nur noch auf PowerPC-Prozessoren lief, kam auch der neue Suchassistent «Sherlock» hinzu.

Mac OS 9
Das letzte «klassische» Betriebssystem vor dem großen Sprung auf Mac OS X erschien im Oktober 1999. Es enthielt eine verbesserte Sherlock-Funktion, die Online-Shopping erlaubte, einen Schlüsselbund, in dem alle Passwörter an einem zentralen Ort abgelegt werden konnten, eine automatische Software-Aktualisierungs-Funktion, Möglichkeiten zur verschlüsselten Dateiübertragung, AppleScript mit Internet-Funktionaliäten sowie mittels File Sharing Zugriff auf Dateien in lokalen Netzwerken und die Möglichkeit mehrere Benutzer im System anzumelden. Mac OS 9.1

Mac OS 9 war die letzte Mac-Systemversion vor dem gänzlich neu konzipierten Mac OS X.

Das erste Update für Mac OS 9 erschien im Januar 2001. Es war im Grunde zugleich das letzte für das klassische Mac OS, das im Laufe des Jahres 2001 offiziell von Mac OS X abgelöst wurde. Mac OS 9.2 sowie die Updates 9.2.1 und 9.2.2 brachten nur noch Optimierungen für den Betrieb von Mac OS 9 im Classic-Modus unter Mac OS X.

Die Version 9.2 war das letzte große Update in der Geschichte des Mac OS 9.

Mac OS X – das Betriebssystem der Zukunft

Am 24. März 2001 erfolgte die offizielle Markt-Einführung von Mac OS X – Apples Betriebssystem der Zukunft. Bis zu diesem triumphalen Augenblick war es ein langer Weg, der teilweise bereits an anderer Stelle wie zum Beispiel im Kapitel über die Firma NeXT in diesem Buch beschrieben wurde. Auf die Frage, ob noch zu seinen Lebzeiten ein modernes runderneuertes Betriebssystem für den Mac erscheinen werde, soll der ehemalige Apple-Manager und spätere Chef von Be Inc. einmal gesagt haben: «Das hängt davon ab, wie lange ich lebe.» Eine Aussage, die vielleicht mehr darüber aussagt, wie schwer es Apple gefallen ist, nach vielen Irrungen und Wirrungen endlich zu Mac OS X zu finden, als nun noch einmal sämtliche gescheiterten Anläufe auf dem Weg zu Mac OS X zu rekapitulieren.

Die Entwicklungsgeschichte von Mac OS X, als UNIX-basiertes Betriebssystem wird auf jeden Fall erst dann wirklich nachvollziehbar, wenn man auch die Geschichte von UNIX mit einbezieht. Bereits in den 60er Jahren wurde von der Firma AT&T Bell Labs ein Betriebssystem für Großrechen-Anlagen entwickelt, das von mehreren Benutzern gleichzeitig genutzt werden konnte.

Unter UNIX konnten zur gleichen Zeit verschiedene Prozesse, die von verschiedenen Benutzern gesteuert wurden, ablaufen zu lassen. In den 80er Jahren entwickelten Programmierer an der University of California ein Betriebssystem, das eng an UNIX angelehnt war, um den Lizenzgebühren, die für die Benutzung von UNIX fällig waren, zu entgehen. Unter dem Namen Berkeley Systems Distribution (BSD) wurde das UNIX-Derivat aus Kalifornien der Öffentlichkeit frei zugänglich gemacht. Als im Anschluss daran auch die Firma AT&T den Code von UNIX freigab, kam es zur Entwicklung einer Vielzahl weiterer UNIX-Derivate für jeweils spezifische Anwendungs-Bedürfnisse. UNIX hat sich als Standardsystem für vernetzte Hochleistungs-Rechner fest etabliert. Programme, die unter einem bestimmten UNIX-Derivat laufen, können ohne großen Aufwand auf ein anderes Derivat portiert werden.

Ein Beispiel ist der fest in Mac OS X integrierte Apache Web Server, der häufig unter Linux oder BSD eingesetzt wird und zum gegenwärtigen Zeitpunkt die am weitesten verbreitete Server-Software überhaupt darstellt.

Ein weiterer wichtiger Baustein für Mac OS X ist das aus der Firma NeXT hervorgegangene OpenStep-Betriebssystem, das ursprünglich NeXTStep hieß. Mit der Programmier-Umgebung von OpenStep wurde es möglich, Anwendungen zu erstellen, die sowohl unter Windows als auch unter UNIX eingesetzt werden konnten. Aus OpenStep entstand die Basis für die Programmier-Umgebung Cocoa unter Mac OS X. Das erste Produkt, das aus der Synthese des Mac OS mit OpenStep entstand, war Mac OS X Server, das 1999 erschien und von seinem Aussehen her noch weit von der heutigen Betriebssystem-Oberfläche im transparenten Aqua-Look entfernt war.

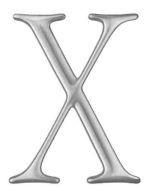

Mac OS X vereint die Eleganz der Aqua-Oberfläche mit der Leistungsfähigkeit von UNIX.

Mit Mac OS X, das im Januar 2000 der Öffentlichkeit vorgestellt wurde, ist Apple schließlich endgültig das Kunststück gelungen, ein ebenso leistungsfähiges wie universell einsetzbares UNIX-System mit der eleganten und zugleich kinderleicht zu handhabenden Benutzeroberfläche des früheren Mac OS zu verschmelzen.

Darwin und BSD-Unix
Mac OS X ist ein vollständig neu entwickeltes Betriebssystem, das auf Industriestandards für Netzwerk-Funktionalität und Apples Stärken in der Entwicklung innovativer Benutzeroberflächen basiert; das Ergebnis ist ein Höchstmaß an Kompatibilität, Stabilität und Benutzerfreundlichkeit.

Den Kern für die Stabilität von Mac OS X bildet das Open-Source-Speichersystem Darwin. Das modular aufgebaute Darwin integriert Dienste für Betriebssysteme, die auf BSD UNIX basieren. Von entscheidender Bedeutung für die Stabilität des Betriebssystems ist der verbesserte Speicherschutz und das erweiterte Management-System von Darwin. Jeder Anwendung wird ein eindeutig definierter Adressbereich zugewiesen, wodurch ein optimaler Schutz für jedes laufende Programm gewährleistetwird.

Geräte-Treiber werden mithilfe einer objektorientierten Programmierungs-Umgebung erstellt – dem so genannten E/A-Subsystem. Treiber, die auf diese Weise erstellt werden, ermöglichen problemloses Plug&Play, dynamisches Geräte-Management (Hot-Plugging) und Power-Management. Ein Hardware-Zugriff auf problemorientierte Anwendungs-Software wird ebenfalls durch das E/A-Subsystem ermöglicht. Die in Darwin enthaltene Network Kernel Extension (NKE) bietet Entwicklern der Netzwerk-Protokolle die Möglichkeit, Netzwerk-Module sowie im Bedarfsfall auch vollständige Protokoll-Stacks zu entwerfen, die dynamisch geladen und entladen werden können.

Um eine optimale Leistung in unterschiedlichen Computer-Umgebungen zu gewährleisten, unterstützt Darwin mehrere Dateisysteme. Das verbesserte Virtual File-System und zahlreich BSD-Erweiterungen sorgen dafür, dass Dateisysteme stapelbar sind. Nützliche Features in diesem Zusammenhang sind ein URL-basiertes Volume-Mounting, ein vereinheitlichter Buffer-Cache sowie lange Dateinamen. Zentrale Merkmale von Darwin sind präemptives und kooperatives Multitasking mittels des Mach-Kernels, erweitertes symmetrisches Multiprocessing (SMP) durch Unterstützung des Mehrpfad-Betriebs sowie kurze Zugriffszeiten auf Prozessor-Ressourcen für zeitsensible Medien-Anwendungen durch die Echtzeit-Unterstützung.

Das Schichtenmodell von Mac OS X
Die Struktur von Mac OS X ist durch ein Schichtenmodell geprägt, wobei jede Schicht mit der anderen in Verbindung treten kann. Den Kern des Modells bildet der Mach-Kernel, der in seinem Inneren die unbedingt nötigen Bestandteile zum Betrieb des Rechners enthält: in Form von Kernel-Extensions werden ihm weitere Treiber hinzugefügt. Dabei darf nur das Kernel-Enviroment direkt mit der

Hardware kommunizieren, während sämtliche übrige Prozesse getrennt ablaufen. Über dem Kernel-Enviroment liegen die Core-Services, die den Programm-Umgebungen nicht-grafische Dienste zur Verfügung stellen. Grafische Dienste werden durch die nächst höher liegende Schicht in Form der Application-Services bereitgestellt. Noch eine Stufe höher befinden sich die Programm-Umgebungen, die jeweils eine Sammlung von verschiedenen Schnittstellen für Programme beinhalten. Diese werden als APIs (Application Programming Interfaces) bezeichnet. Zahlreiche Funktionen, die eine Anwendung benötigt, brauchen somit nicht extra neu programmiert zu werden, sondern werden vom Betriebssystem zur Verfügung gestellt. Hierzu ist es lediglich notwendig, dass von der jeweiligen Anwendung eine entsprechende Anfrage an die Programm-Umgebung geschickt wird. Fenster sind zum Beispiel typische Bestandteile des Betriebssystems und brauchen nicht erst durch einen speziellen Code erzeugt werden.

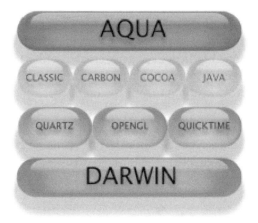

Das Schichtenmodell von Mac OS X.

Das Grafiksystem von Mac OS X

Das neue Grafiksystem unter Mac OS X bietet ein bislang für Desktop-Systeme nicht erreichtes Leistungsniveau. Mit Quartz, OpenGL und QuickTime werden drei der fortschrittlichsten Grafik-Technologien unter einer Benutzeroberfläche vereint. Quartz fungiert als Window-Server, um einen schnellen Fenster-Aufbau zu ermöglichen und beinhaltet gleichzeitig eine Bibliothek zur Grafik-Aufbereitung für zweidimensionale Bilder. Als Window-Server bietet Quartz verbesserte Funktionen wie geräteunabhängige Farb- und Pixeltiefe, Multi-Layer-Compositing und gepufferte Fenster, die das automatische Reparieren von beschädigten Fenstern ermöglichen.

Die Technologie zur Bild-Aufbereitung von Quartz basiert auf dem plattformübergreifenden PDF-Format. Für den Anwender bedeutet dies die Möglichkeit, PDF-Dokumente jederzeit automatisch generieren und speichern zu können. PDF-Daten können zudem problemlos zu Druckerraster-Daten oder PostScript verarbeitet werden.

Die in Quartz zum Einsatz kommende Engine zum Multi-Layer-Compositing-Engine ermöglicht einzigartige Bildschirm-Effekte, die von Entwicklern erzeugt werden können. Das traditionelle Switch-Modell herkömmlicher Fenster-Systeme wird durch ein Video-Mixer-Modell ersetzt, in dem jedes auf dem Bildschirm erscheinende Pixel jederzeit von allen Fenstern in Echtzeit genutzt werden kann.

Jedes Fenster wird unter Mac OS X durch eine Bitmap dargestellt, die transluzente und Anti-Aliasing-Informationen enthält. Auf diese Weise lassen sich halbtransparente Fenster realisieren, die ein zentrales Merkmal für den Look und Feel der Aqua-Oberfläche sind.

Die Bitmap-Informationen für jedes Fenster werden gepuffert, so dass der Window-Server sich jederzeit an den Inhalt eines Fensters erinnern kann, ohne erneut auf die jeweilige Anwendung zugreifen zu müssen.

Zur optimalen Darstellung dreidimensionaler Grafiken verfügt Mac OS X über eine verbesserte Version des OpenGL-Industriestandards, einem der in der heutigen Zeit am meisten verwendeten Grafik-Standards.

Mit OpenGL verfügt Mac OS X über optimale Möglichkeiten zur Darstellung von 3D-Grafiken.

Der neue unter Mac OS X verwendete OpenGL-Code ist äußerst portabel und sorgt für ein Höchstmaß an Einheitlichkeit bei der Erzeugung visueller Effekte. Er wurde vor allem in Hinblick auf Anwendungen entwickelt, die eine solide Grundlage für die Visualisierung von zwei- und dreidimensionalen Räumen benötigen, wobei unter dem neuen Betriebssystem auch für ein optimales Speicher-Management gesorgt wird.

Natürlich enthält Mac OS X auch die neueste Version von QuickTime, dem legendären, von der Firma Apple ins Leben gerufenen Multimedia-Standard, der zum Bearbeiten, Optimieren und Speichern von Ton, Animationen, Grafiken, Musik und virtuellen Panorama-Bildern eingesetzt werden kann.

Der Apple-QuickTime-Player kann weit mehr als nur Videos abspielen.

Hinzu kommt die Streaming-Funktionalität, mit der Live- oder gespeicherte digitale Videos im Netz übertragen werden können. QuickTime steht als plattform-übergreifendes Format neben Mac OS X, 8 und 9 auch unter Windows 95, 98, NT, 2000 und XP zur Verfügung. Zum Ausführen von Streaming-Funktionen ist QuickTime mit den erforderlichen Protokollen wie HTTP, RTP (Real Time Transport Protocol) und RTSP (Real Time Streaming Protocol) ausgerüstet. Gängige Bildformate wie BMP, GIF, JPEG, PSD, PNG und TIFF werden ebenso unterstützt wie die Videoformate AVI, AVR, FLA, M-JPEG, MPEG-1, H.263 und Open DML.

Das QuickTime-Plug-In für Webbrowser unterstützt über dreißig unterschiedliche Medien-Typen und ermöglicht auf diese Weise die Darstellung von über 80 Prozent sämtlicher Inhalte von Internet-Medien. Hinzu kommen erweiterte Web-Funktionen wie Movie-Hot-Spots und das automatische Starten von Webseiten.

Augenfällig kommt die neue Leistung und Technologie von Mac OS X durch die neue Benutzeroberfläche Aqua zum Ausdruck. Aqua steht gleichermaßen für herausragende Innovationen wie die Bewahrung vieler Eigenschaften, die Mac-User seit jeher zu schätzen wissen.

Praktisch und elegant – die Aqua-Benutzeroberfläche von Mac OS X 10.3.

Bei jeder Funktion und sämtlichen Möglichkeiten der Benutzeroberfläche wurde stets als oberstes Ziel das Prinzip der leichten – der Name «Aqua» steht für Transparenz – Bedienbarkeit angestrebt. Im Sinne der besonderen Entwicklungs-Philosophie der Firma Apple dienen intuitive Verbindungen zwischen Dokumenten und Funktionen durch nicht modale Dialogfenster zur leichten Bedienbarkeit des Systems, während für Entwickler vor allem die «Anwendungspaket-Methode» von großem Vorteil ist.

Mittels der Verwendung von Anwendungspaketen können Bibliotheks- und Ressourcen-Dateien so gruppiert werden, dass für den Endbenutzer letztlich jeweils nur ein einziges Symbol sichtbar ist. Der Installations-Prozess wird erheblich vereinfacht und es ist problemlos möglich, internationalisierte und lokalisierte Software-Versionen in ein einziges Bundle (Paket) zu integrieren.

Die Zukunft von Mac OS X

Mac OS X bietet eine Vielzahl von Entwicklungs-Optionen. Da es auf einem UNIX-Kern aufbaut, ist der Transfer von UNIX-basierten Anwendungen auf die Macintosh-Plattform relativ problemlos möglich. Zur Entwicklung von Java-Applikationen steht ebenfalls mit der Java Virtual Machine eine geeignete Anwendungs-Umgebung bereit.

Die Java-Technologie wurde von der Firma Sun mit der Zielsetzung entwickelt, dass Programmierer Software entwickeln können, die auf jedem Betriebssystem funktioniert.

Mit der Entwicklungs-Umgebung Carbon können Programme erstellt werden, die auf beiden Betriebssystemen – Mac OS X und Classic – laufen. Der Entwicklungs-Aufwand ist bei diesem Verfahren relativ gering; nur etwa fünf Prozent des Codes müssen neu geschrieben werden. Mit der Entwicklungs-Umgebung Cocoa lassen sich dagegen Anwendungen programmieren, die ausschließlich unter Mac OS X laufen. Cocoa ist die aus dem NeXTStep-System hervorgegangene Programmier-Umgebung. Deshalb kommt unter Cocoa die speziell für diesen Zweck entwickelte Programmiersprache Objective-C zum Einsatz. Es handelt sich hierbei um eine relativ einfach zu programmierende und zugleich sehr leistungsfähige Programmiersprache, die allerdings nicht sehr verbreitet ist. Als alternative Programmier-Option kann auch Java benutzt werden. Der Java-Code wird in diesem Fall in Objective-C konvertiert.

In der ersten Jahreshälfte 2005 wird das nächste Mac OS X Update namens Tiger erscheinen. Die neue Version des Apple-Betriebssystems wurde erstmals im Sommer 2004 auf der Entwicklerkonferenz WWDC in San Francisco vorgestellt. Anhand der bereits verfügbaren Vorabversion von Mac OS X 10.4 lässt sich ermessen, das mit Tiger wieder einmal die Hardware-Anforderungen für den reibungslosen Betrieb des neuen Systems steigen werden. Unter einem G4-Prozessor macht das Arbeiten mit Tiger keinen Spaß. Eine der wichtigsten Neuerungen von Tiger ist Spotlight – eine neue Suchhilfe, die das Suchen und Finden von Dateien und Inhalten auf dem Mac nochmals erleichtern soll. Die neue Such-Technologie analysiert den Inhalt von verschiedenen Dateiformaten und speichert ihn in einer Datenbank ab. Auf diese Weise kann die Suche nach Datei-Inhalten merklich beschleunigt werden.

Ein weiteres neues Feature von Tiger ist Dashboard – eine Funktion, die bestimmte Mini-Programme, die so genannten «Widgets», auf Tastendruck einblendet. Auf der Basis der mit Mac OS X 10.3 alias Panther eingeführten Exposé-Technologie können täglich genutzte Tools und Informationen wie zum Beispiel Aktienkurse, Webcams oder Kalender jederzeit auf dem Desktop eingeblendet werden. Das 64-Bit optimierte Tiger wird zudem unter anderem eine erweiterte UNIX-Unterstützung bieten, mit CoreImage und CoreVideo eine neue Programmier-Schnittstelle zur Auslagerung von grafischen Berechnungen auf die Grafikkarte besitzen und mit Automator über ein neues Programm zur Automatisierung von immer wiederkehrenden Aufgaben verfügen. Insgesamt wartet Tiger mit über 150 neuen Funktionen auf.

Der Tiger setzt zum Sprung an: Mac OS X 10.4 ist bereits als Beta-Version verfügbar.

Trotz dieser bisher eigentlich nicht gerade unbedingt übermäßig spektakulären Features war Steve Jobs bei seiner Ansprache in San Francisco natürlich wieder einmal vor Euphorie angesichts des neuen Apple-Betriebssystems kaum zu bremsen:

«Mit Mac OS X ist Apple – wieder einmal – zum Innovator bei Betriebssystemen geworden, Tiger wird den Vorsprung weiter ausbauen. Andere folgen den Rücklichtern von Mac OS X. Tiger wird es ihnen noch schwerer machen, jemals aufzuschließen.»

10 «Digital Lifestyle» – iTunes, iPod & Co.

«Digital Lifestyle» – iTunes, iPod & Co.

Am 9. Januar 2001 präsentierte Apple erstmalig iTunes – ein Programm, mit dem Musik ins MP3-Format umgewandelt werden konnte, um benutzerdefinierte Wiedergabe-Listen zu erstellen. Wenige Monate später sollte als perfekte Ergänzung zu iTunes der mobile MP3-Player iPod folgen.

Der Siegeszug des iPod

Der 24. März 2001 war der Stichtag für das Betriebssystem der neusten Betriebssystem-Generation. Mac OS X erschien auf den Markt. Im Mai wurde das neue iBook vorgestellt, die ersten eigenen Apple-Stores wurden in den USA eröffnet und im Juli erschien der neue Power Mac G4 mit Dualprozessor. Den letzten großen Coup des Jahres landete Apple im Oktober, als der iPod vorgestellt wurde, der sich seither einen bedeutenden Markt-Anteil im heiß umkämpften Segment der portablen MP3-Player sichern konnte.

Der iPod erfreut sich nicht nur bei Apple-Fans großer Beliebtheit.

Am Ende des Jahres 2001 waren bereits über 125.000 iPods von Apple verkauft worden. Gleichzeitig begann die Entwicklung von Software, die es ermöglichte, den iPod auch an Windows-PCs zu betreiben.

Der iPod wurde innerhalb von einem halben Jahr von einem etwa 40-köpfigen Entwickler-Team zur Marktreife gebracht. Die geniale Formgebung des iPod stammt von Apples obersten Design-Guru Jonathan Ive.

Ive selbst wurde im Juni 2003 vom Londoner Museum of Art zum Designer des Jahres gewählt. In der normalerweise als eher reserviert geltenden britischen Zeitung Guardian war unlängst zu lesen, dass der iPod, «die erste große Ikone des 21. Jahrhunderts» sei. Und wie es sich für eine große Ikone gehört, wird diese auch in der Promi-Welt mit großem Stolz getragen und hergezeigt: David Beckham joggt mit dem iPod, Rap-Sänger 50 Cent macht in einem seiner Musikvideos den musikalischen Alleskönner zum heimlichen Star und David Bowie wird auf seiner Homepage nicht müde, von der enormen Speicherkapazität des mobilen MP3-Players zu schwärmen.

Im März 2002 wurde der 10 GB-iPod vorgestellt, der auch Kontakt-Informationen im *vCard*-Format verarbeiten kann. Im Juli folgen dann die ersten Windows-iPods und ein neues iPod-Modell mit 20 GB-Festplatte. Alle iPod-Modelle können bisher jedoch nur am FireWire-Port angeschlossen werden, der bei Windows-PCs zu diesem Zeitpunkt noch nicht allzu weit verbreitet ist. Für weitere Promi-Publicity sorgt Apple am Ende des Jahres 2002 mit der Vorstellung einer exklusiven iPod-Edition mit eingravierten Unterschriften von Künstlern wie zum Beispiel Madonna.

Im April 2003 wurde die dritte iPod-Generation vorgestellt. Die Geräte der dieser iPod-Modellreihe sind etwas kleiner und schmaler und besitzen einen Dock-Connector sowie komplette berührungsempfindliche Bedienungs-Elemente. Die Speicherkapazität liegt wahlweise bei 10, 15 oder 30 GB. Das bedeutet 2000, 3700 oder beim Spitzenmodell 7500 Songs für den mobilen Musikgenuss. Bei den iPods der vierten Generation gibt es dagegen nur noch die Wahl zwischen 20 oder 40 GB bzw. 4 GB beim iPod mini.

Jonathan Ive – Apples Design-Guru

Laut Meinung eines Expertenteams aus der Film-, Medien- und Mode-Industrie belegt Jonathan Ive unumstritten – noch vor der Harry-Potter-Bestseller-Autorin Joanne K. Rowling! – den Spitzenplatz unter den britischen «Top 50 Cultural Movers and Shakers». Mit dem iMac brachte er Apple wieder aus der Krise heraus und mit dem iPod schuf er den «Walkman des 21. Jahrhunderts».

Bevor Jonathan Ive als Designer bei Apple einstieg, betrieb er in London eine sehr erfolgreiche Design-Agentur namens Tangerine. Dort entwarf er vom Fernseher über den Haartrockner bis zur Toilette eine Vielzahl von Gebrauchs-Gegenständen. Seine Ausbildung absolvierte der 1967 in London geborene Star-Designer an der Newcastle Polytechnic School. Ein ausgeprägtes Interesse für Formen und Funktionen zeichnete Ive bereits als Kind aus. Mit Vorliebe nahm er nicht gerade zur Freude seiner Eltern alle möglichen Apparate wie zum Beispiel Fernseher oder Taschenrechner auseinander, um anschließend zu versuchen sie wieder zusammenzusetzen.

1990 begann Ive bei Apple zunächst als externer Design-Berater. 1992 ging er nach Kalifornien, um die Führung der Design-Abteilung von Apple zu übernehmen. Ives erster Design-Job war das Produkt-Design für Apples Milliardengrab rund um den bereits früher erwähnten PDA, den ansprechend gestylten, aber ansonsten ziemlich unglückseeligen Newton. Ive erlebte den Abgang von Apple CEO John Sculley ebenso wie die Ära der beiden glücklosen Apple-Chefs Gil Amelio und Michael Spindler. Das Unternehmen befand sich in einer tiefen Krise.Die ersten Jahre bei Apple waren nicht immer das reinste Zuckerschlecken für Ive. Nach der Rückkehr von Steve Jobs in Apples Führungsetage wurde ihm die Aufgabe übertragen, ein völlig neues Design für einen kompakten All-in-One-Computer zu entwerfen.

Jonathan Ive – früher designte er auch Toiletten, heute ist er Apples unumstrittener Design-Guru.

Der knuddelig-transparente iMac eroberte den Markt bekanntlich im Fluge. Sein Produkt-Design wurde seitdem tausendfach vom Windows-Notebook bis zum Toast-Apparat kopiert. Offiziell trägt Ive bei Apple den Titel des Vizepräsidenten für Industrial Design. Ive verfügt bei seinem Job über einen beträchtlichen kreativen Spielraum. Er konzipiert nicht nur Formen und Farben, sondern sucht auch die passenden Materialien selbst aus.

Nicht nur die Produktlinie rund um den iMac – bis hin zum jüngsten iMac G5 –, sondern auch der G4 Cube, das G4 Powerbook, der G5 und natürlich der iPod sowie iPod mini gehen auf sein Konto. Bei der Farbgebung seiner Produkte bevorzugt Ive häufig ein strahlendes reines Weiß. Unverkennbar ist der sich bei ihm abzeichnende Trend zum reduzierten Produkt-Design.

Die meisten von Ive designten Geräte sind mit Preisen und Auszeichnungen nur so überhäuft worden. Es gab jedoch auch Kritik zu seinem kreativen Schaffen. Der eigenwillig aussehende G5 mit seinem Retro-Look wurde von Manchen als «Käse-Reibmaschine» bezeichnet.

Auch die zweite iMac-Modellreihe mit dem Spitznamen «Schreibtisch-Lampe» rief nicht nur Begeisterung hervor. Ives neueste Kreationen scheinen nun jedoch endgültig über jeden Zweifel erhaben zu sein. Für den iMac G5 und die iPods gibt es wirklich nur Lob von allen Seiten.

Auch der im Retro-Design daherkommende G5 geht auf das Konto von Jonathan Ive.

Seine Arbeitsweise beschreibt Ive selbst als geprägt durch einen «fanatischen Eifer für das Offensichtliche». Was Ives Produkt-Design so unverwechselbar macht, ist ihre bestechende Ungezwungenheit und Zugänglichkeit. Mit dem ersten iMac verlor der Computer plötzlich seinen Schrecken als Büro-Ungetüm und wurde zum symphatischen «digitalen Lifestyle-Kameraden».

Oftmals ist es die Liebe zu den Details, die Ives Entwürfe prägt: Der Aspekt der Zugänglichkeit wurde beim ersten iMac zum Beipiel durch den Handgriff am Gerät betont. Er unterstreicht, dass der Computer transportabel und anpassungsfähig ist – man darf ihn ruhig berühren. Ive macht Computer lebendig; er haucht ihnen durch eine emotional ansprechende Form-Gebung Leben ein. An Computern fasziniert Ive die Tatsache, dass diese eine unendliche Anzahl von Funktionen annehmen können. Mit einem iMac kann man Musik hören, Texte schreiben oder Videos schneiden.

Die endlosen Möglichkeiten des Computers in eine ansprechende Formensprache zu übersetzen – das reizt Apples Chef-Designer. Die Inspiration zu seinen Ideen liegt oft in einfachen Naturerscheinungen. Die transparente Apple-Maus, basiert auf dem Anblick eines Wassertropfens auf einer glatten Oberfläche. Der zweite iMac wurde nach der Gestalt einer Sonnenblume modelliert.

Der iPod ähnelt in gewisser Weise einer Zigarettenpackung, deren Inhalt ebenfalls süchtig macht aber weniger gesundheitsschädlich ist. Man darf gespannt sein, wie Ive in Zukunft das Gesicht der Firma Apple mit seinen sinnlichen Produkt-Designs prägen wird. Momentan scheint man in Cuptertino gerade an der Entwicklung eines neuartigen Notebooks ohne Tastatur zu arbeiten. In gewisser Weise könnte man von einem späten Comeback für den glücklosen Newton sprechen.

Der Tablet Computer, der via Bildschirm-Eingabe mithilfe eines Stifts bedient werden soll, wird offiziellen Angaben zufolge vom Designer-Team um Jonathan Ive designt. Darüber hinaus will man bei Apple bisher die Pläne für einen Tablet-Mac nicht kommentieren. Fest steht jedoch, dass bei einem britischen Anwaltsbüro bereits Unterlagen für eine Patent-Anmeldung eingereicht wurden.

Ebenfalls steht fest, dass es in der Geschichte des Unternehmens noch keinem Designer gelungen ist, die Idee des «Computers für den Rest von uns» so konsequent umzusetzen wie Jonathan Ive – «der obersten Design-Instanz» in Cupertino, deren Kompetenz offenbar selbst vom großen Steve Jobs respektvoll anerkannt wird.

Das renommierte Londoner Design Museum wählte Jonathan Ive 2003 zum Designer des Jahres.

iTunes, iLife und die MP3-Musikrevolution

Am 8. April 2003 öffnete der iTunes-Music Store seine Pforten, einem Online-Musikdienst mit über 200.000 Songs von Musik-Unternehmen wie BMG, EMI, Sony Music, Universal und Warner. Für 99 Cent pro Song können Lieder von beliebigen Musik-Alben heruntergeladen werden. Am 1. Mai des gleichen Jahres gab Apple bekannt, dass über den iTunes Music Store bereits über eine Million Songs verkauft wurden.

Nach fünf Jahren, also seit dem Jahr 2003, spielt Apple zudem neuerdings auch wieder im Browser-Bereich mit und bietet mit Safari den schnellsten Browser für Apple-Computer zum kostenlosen Download an. Auf der Apple-Expo in Paris gegen Ende des Jahres 2002 wurde zudem von Apple bekannt gegeben, dass im neuen Jahr 2003 Apple-Rechner nur noch unter Mac OS X booten werden, wobei das alte Classic-System optional weiterhin zur Verfügung stehen wird.

Mac OS X wird mittlerweile laut Informationen von Apple bereits von weltweit über 10 Millionen Anwender genutzt und es sind über 10.000 Anwendungs-Programme für das neue Betriebssystem erhältlich.

Unter der Fülle nützlicher Mac-Programme ist sicherlich das erstmals im Januar 2003 vorgestellte integrierte Multimedia-Paket «iLife» besonders herausragend. Rund ein Jahr später wurde «iLife 04» im Rahmen einer für Aufsehen sorgenden Marketing-Kampagne der Öffentlichkeit präsentiert.

«iLife 04» bringt als umfassendes multimediales Software-Paket Ordnung in die digitale Medienflut.

«iLife 04» besteht neben dem «Newcomer» GarageBand (zum Musikmachen auf dem Mac) aus neuen Versionen von iPhoto, iMovie und iDVD mit vielen neuen

Features. Und alle sind nahtlos integriert, damit Mac-Anwender auf ihre digitale Musik, Fotos und Filme von jeder Anwendung aus zugreifen können: Beispielsweise kann man nun zuvor in GarageBand produzierte Musik aus der iTunes-Musiksammlung zur Untermalung in iPhoto-Diashows, in beliebigen QuickTime-Movies oder auch in DVD-Menüs verwenden. Dies geschieht direkt aus iTunes 4, iPhoto 4, iMovie 4, iDVD 4 oder GarageBand heraus, ohne zwischen verschiedenen Programmen wechseln zu müssen. Auf die Lösung einer derart ausgereiften Multimedia-Software werden Windows-Anwender wohl noch ein Weilchen warten müssen. Kein Wunder also, dass die cleveren Produkte von Apple in Cupertino auch für volle Kassen sorgten.

Im vierten Geschäftsquartal 2003 konnte Apple insgesamt einen Nettogewinn in Höhe von 44 Millionen Dollar erwirtschaften. Apple konnte dabei sogar im Kerngeschäft zulegen. Gegenüber dem Vorjahresquartal konnte die Anzahl der ausgelieferten Rechner mit 787.000 Geräten um sieben Prozent gesteigert werden. Bei den iPods konnte Apple 336.000 Geräte ausliefern, 140 Prozent mehr als im vierten Quartal 2002.

Der iPod mini

Im Januar 2004 gab Apple den Verkauf des zweimillionsten iPod bekannt und stellte erstmals den iPod mini vor, der sich innerhalb kürzester Zeit in den USA zum absoluten Verkaufsrenner entwickelt und seit dem Sommer 2004 auch in Europa erhältlich ist.

Ursprünglich war der europäische Verkaufsstart für den iPod mini bereits zu einem früheren Zeitpunkt vorgesehen, doch die Nachfrage nach dem mobilen Sound-Spender in den USA war so groß, dass Apple keine Geräte mehr übrig hatte, um auch den europäischen Markt in angemessener Form bedienen zu können.

Während hierzulande nun also das iPod mini-Fieber ausbricht, bastelt Apple laut Gerüchteküche auch an einem Mega-iPod mit sage und schreibe 60-GB-Festplatte. So vermeldet der Online-Newsdienst macnews.de, dass der Hardware-Hersteller Toshiba momentan an einer 60-GB-Variante der im bisherigen iPod-Spitzenmodell verbauten 1,8 Zoll-Festplatte arbeitet. Wie das Unternehmen auf der Computex-Ausstellung in Taiwan laut einem Bericht von IDG News Services freimütig zugegeben hat, sei Apple der erste Kunde für die neuen Mini-Harddisks, die im Juli oder August in die Massenproduktion gehen sollen; das spricht vermutlich für neue, mit noch mehr Speicherkapazität ausgestattete iPods im Spätsommer.

Momentan liefert Toshiba bereits 350.000 seiner 1,8 Zoll-Festplatten mit bis zu 40 GB pro Monat aus, von denen Apple einen Großteil abnehmen dürfte. Toshiba macht mit der Computerschmiede aus dem kalifornischen Cupertino ein so gutes Geschäft, dass bei dem japanischen Elektronik-Konzern zurzeit schon die Kapazitäten ausgebaut werden.

Unterdessen hat die Firma Creative in den USA schon ein Gerät vorgestellt, dass laut Ansicht der Experten eindeutig als eine weitere Kampfansage an Apples iPod zu verstehen ist. Die neue Version der «Nomad Jukebox Zen» von Creative verfügt bereits über eine 60-GB-Festplatte. Beim Vorgänger wurde allerdings bei vielen Benutzern bemängelt, dass die Daten nur über den Creative File Manager ausgetauscht werden konnten und das Gerät ansonsten nicht als externe Festplatte unter Windows erkannt wurde. Fest steht jedenfalls, dass Creatives neuer iPod-Konkurrent bei einem um 100 US-Dollar niedrigeren Preis über die doppelte Festplatten-Kapazität des iPod verfügt. Anderseits liegt der neue iPod dank seiner 1,8 Zoll-Festplatte im Gewichts- und Größen-Vergleich weiterhin vorn. Und Apple wird sicherlich nicht allzu lange warten, um zum Gegenschlag auszuholen und seinerseits einen mobilen MP3-Player vorstellen, der ebenfalls dazu in der Lage ist, rund 15.000 Songs auf seiner Festplatte zu speichern.

Darüber hinaus hat Steve Jobs einen ganz großen Trumpf im Ärmel: Durch den von ihm mit dem Mega-Computerhersteller Hewlett-Packard ausgehandelten Deal wird HP eine lizensierte Version des iPod verkaufen; das Gerät wird von Apple hergestellt und von HP unter dem HP-Logo angeboten werden. Eine herausragende Bedeutung kommt dem HP-iPod-Deal nicht zuletzt auch dadurch zu, dass HP nun neben Linux noch eine weitere Software-Plattform erstmals in großem Stil fördert, die nicht von Microsoft stammt.

Die Vereinbarung zwischen Apple und HP ist somit ein ernster Schlag gegen das von Microsoft propagierte Audio-Format «Windows Media Audio» (WMA). Ob es Apple mit Hilfe von HP jedoch gelingen wird, das hauseigene «Advanced Audio Coding» (AAC) wirklich zum definitiven Standard-Format für die Verbreitung von Musik im Internet zu machen, bleibt noch abzuwarten.

Apples neuester Hit, der iPod mini, besitzt ein äußerst handliches und leichtes Gehäuse aus eloxiertem Aluminium und ist bislang in fünf verschieden Farben erhältlich – Silber, Gold, Pink, Blau und Grün. Die Steuerung erfolgt über ein berührungsempfindliches ClickWheel, das sich problemlos mit einer Hand bedienen lässt. Er verfügt über die gleiche Benutzeroberfläche wie seine größeren Brüder und arbeitet natürlich genauso nahtlos mit dem iTunes Music Store von Apple zusammen.

Über FireWire oder USB 2.0 lässt sich bis zu ein Song pro Sekunde vom Mac oder Windows Computer übertragen, während gleichzeitig der Musik-Player aufgeladen wird.

Sämtliche iPod minis werden mit Kopfhörern, Netzteil, einem 1,2 Meter langen FireWire-Kabel, einem 1,2 Meter USB 2.0-Kabel, Gürtel-Clip sowie einer CD mit iTunes für Mac und Windows ausgeliefert. Die Leistung der Batterie ermöglicht bis zu acht Stunden Musik-Wiedergabe auf dem iPod. Optional sind unter anderem eine Docking-Station, spezielle Kopfhörer und Armclips sowie individuelle Laser-Gravuren zur Personalisierung des iPod verfügbar.

Handlich, schick und mit Platz für über 1000 Songs – der iPod mini.

Wieder einmal scheint Apple gegenüber den Konkurrenten aus der Windows-Welt und anderen MP3-Player-Produzenten die Nase vorne zu haben. Und es ist wohl davon auszugehen, dass Steve Jobs dafür sorgen wird, dass es auch in Zukunft noch viele äußerst erfreuliche Überraschungen für die kontinuierlich zunehmende Gemeinde der traditionellen Mac-Anwender und der neuen Windows-User geben wird.

So wie zum Beispiel im Juni 2004 die Eröffnung des deutschen iTunes Music Store, der in der ersten Woche bereits 800.000 Songs verkaufen konnte und der dank iTunes für Windows nun auch jedem Windows-User – so er denn eine gültige Kreditkarte besitzt – offen steht.

Wie vor allem ein Blick auf die Entwicklung der Firma im neuen Millennium beweist, entwickelt sich Apple von einer seit jeher schon immer äußerst innovativen Soft- und Hardware-Schmiede ganz offensichtlich zu einem der führenden «Digital Lifestyle»-Unternehmen. Die Verbindung der Computer- mit der Musik-Welt ist keiner Firma so gut gelungen wie Apple mit seinen «Killer-Produkten» iPod und iTunes respektive iTunes Music Store. Und wer weiß, welcher nächste große Coup genau in diesem Moment wieder von «Steve Jobs und den Seinen» in Cupertino ausgebrütet wird …

«Der iTunes Music Store hat in seinem ersten Jahr unsere kühnsten Erwartungen übertroffen und der Musik-Industrie neue Wege gewiesen,» erklärte Steve Jobs kürzlich mit von Stolz geschwellter Brust.

Der iTunes Music Store macht munter satte Gewinne, während sich die großen Plattenkonzerne verstört die Augen reiben.

Mit seiner Aussage übertreibt Jobs keineswegs: Während die fünf größten Musikverlage – BMG, Warner, EMI, Sony und Universal – seit Jahren massive Umsatz-Einbußen im zweistelligen Prozent-Bereich hinnehmen müssen, hat Apple auf einem vermeintlichen Neben-Schauplatz sein vermutlich neues Kerngeschäft entdeckt. Das äußerst Bemerkenswerte: Im ersten Quartal 2004 verkaufte Apple erstmalig mehr iPods als Macintosh-Computer, wobei sich der Nettogewinn der Apple Aktie mit 12 Cent je Aktie verdreifachte.

Apple revolutioniert den Online-Musikhandel

Die Plattenbosse haben wahrlich allen Grund ein Loblied auf Apple zu singen. Denn der eigentlich in anderen Geschäftsfeldern aktiven Computerfirma aus Cupertino ist es in eindrucksvoller Weise gelungen, mit dem Online-Handel den Musikkonzernen einen neuen Markt zu eröffnen, den die Platzhirsche der Branche zunächst völlig unterschätzt und später logistisch nie wirklich in den Griff bekommen haben. Von den 99 Cent, die Apple pro Song kassiert, gehen 69 Cent an die Musik-Unternehmen.

Zweifellos ist Apple nicht der einzige Konzern, der neben den großen Medienkonzernen mit dem Musikhandel viel Geld verdienen wird. Während es noch vor einem Jahr rund 20 Plattformen für den Internet-Musikhandel gab, sind es heute bereits über 100.

«Rip, mix and burn» – mit iTunes revolutioniert Apple den Online-Musikhandel.

So verkaufen in Deutschland zum Beispiel Karstadt, MTV, RTL und der Media Markt Musik über ihre Webseiten, ganz aktuell tritt Medion (bisher Hauptzulieferer für Aldi-Elektrogeräte) als weiterer Konkurrent in den Ring. Und auch Coca Cola, Sony und Microsoft sind kurz davor, mit eigenen Musikhandels-Plattformen online zu gehen.

Durch den Online-Boom gerät natürlich auch der CD-Markt in erhebliche Turbulenzen: Schon jetzt werden in Deutschland wöchentlich mehr Songs heruntergeladen als Single-CDs im regulären Handel verkauft werden. Die Musikkonzerne planen angesichts der jüngsten Entwicklungen auf dem Musikmarkt nun auch ein neues Preismodell, damit die gute alte CD nicht völlig unter die Räder kommt. So gibt es – als Testlauf – nunmehr neue CDs in drei Preisklassen:

Eine Billigvariante für 9,99 Euro (ohne Booklet) sowie eine reguläre CD für 12,99 Euro und eine Luxusvariante mit DVD-Extras für 17,99 Euro (und anspruchsvoll gestaltetem Booklet).

Der große Erfolg des iTunes Music Store hat zudem sicherlich nicht nur ökonomische, sondern auch kulturelle Konsequenzen. Schließlich führt das neue Konzept der beliebig kombinierbaren Wiedergabe-Listen – in denen Klassik, Jazz und Techno ohne Weiteres gemischt werden können und ein möglichst inkongruenter Mix als besonders «hip» gilt – unweigerlich zum Tod des bisherigen LP-Konzepts. In der neuen Musikwelt dreht sich alles um den einzelnen Track, LPs mit einzelnen Hits und dazwischen reichlich Füllmaterial sind nun dagegen vom Aussterben bedroht. Niemand muss mehr eine ganze LP kaufen, wenn er nur einige wenige ausgewählte Titel eines bestimmten Künstlers besitzen möchte.

Im Zeitalter des jederzeit verfügbaren Musik-Downloads muss zukünftig jeder Track ein Hit sein, wenn er es in den virtuellen Warenkorb des Musikfans schaffen soll. Bislang werden die früheren «B-Seiten» als Package verkauft, indem die gesamte Online-CD dann einen attraktiven Bundle-Preis (statt aller Lieder einzeln) bekommt. Aber wer sagt denn, dass diese dann auch samt und sonders auf die Audio-CD fürs Auto gebrannt werden …

Apple als Trendsetter des digitalen Lifestyles

Apple hat somit nicht nur musikwirtschaftlich, sondern auch bezüglich der traditionellen Rezeptions-Muster von Musik eine ganze Menge in Bewegung gebracht. Allerdings weiß man natürlich auch in Cupertino, dass trotz der momentanen Triumph-Stimmung das Rennen um die Vorherrschaft auf dem Megamarkt des Online-Musikvertriebs noch längst nicht entschieden ist. Bill Gates & Co. sind fieberhaft dabei nachzuziehen. Im Moment hat Apple jedoch noch einen komfortablen Vorsprung – in den USA besitzt der iTunes Music Store einen Marktanteil von 95 Prozent, in Deutschland wurden innerhalb kürzester Zeit ähnliche Dimensionen erreicht. Und wenn Steve Jobs weiterhin so geschickt agiert und fleißig Allianzen mit mächtigen Partnern wie zum Beispiel Hewlett Packard schmiedet, braucht man sich über die Zukunft Apples wohl keine allzu großen Sorgen zu machen.

Im dritten Quartal des Geschäftsjahres 2004 konnte Apple seinen Gewinn auf 61 Millionen Dollar verdreifachen. Im gleichen Quartal des Vorjahres wurde lediglich ein Gewinn in Höhe von 19 Millionen Dollar erzielt. Die deutsche Apple-Niederlassung freute sich über ein «exorbitant gutes Quartal». Im Vergleich zum dritten Quartal 2003 wurde mit 183.000 Geräten eine Steigerung um 183 Prozent erreicht. Apple erreichte damit einen neuen Verkaufs-Rekord.

Während die Hardware-Umsätze um 14 Prozent stiegen, konnten die auf Musik basierenden Umsätze um sagenhafte 162 (!) Prozent gesteigert werden. Nicht nur die Umsatzzahlen belegen den Trend, bei Apple die Hardware in den Hintergrund treten zu lassen. Mit der Vorstellung des neuen iMac G5 auf der Apple Expo im September 2004 in Paris wurde ein neues Computer-Paradigma geschaffen – der Computer als Hardware tritt vollkommen zurück.

Der iMac G5 ist Jonathan Ives neuestes Designer-Glanzstück, das für volle Kassen in Cupertino sorgt.

Als der iMac erstmals 1997 mit seinen Bonbonfarben bewies, dass Computer nicht unbedingt wie Büromöbel sondern wie sympathische Einrichtungsgegenstände aussehen können, wurde der Computer noch gewissermaßen als knuddeliges Lustobjekt gefeiert. Das revolutionäre tranparente Design des iMac wurde in der Folgezeit von unzähligen Herstellern kopiert, von der Computermaus bis zum Bügeleisen war auf einmal alles bunt und durchsichtig. Die zweite iMac-Generation wurde im Januar 2002 auf der Macworld Expo in Boston vorgestellt, diesmal hatte sich Apples Star Designer angeblich von der Gestalt der Sonnenblumen in Steve Jobs Garten inspirieren lassen. Heraus kam dabei eine Art Schreibtischlampe mit Flachbildschirm über deren ästhetische Vollkommenheit man geteilter Meinung sein konnte, die aber erneut durch ihre Kompaktheit zu überzeugen wusste.

Mit der Vorstellung des neuen iMac G5 auf der Apple Expo im September 2004 in Paris wurde ein neues reduktionistisches Computerparadigma geschaffen. Der Computer als Hardware tritt vollkommen zurück.

Die gesamte Technik des neuen iMac ist innerhalb des Flach-Bildschirms untergebracht, der von seinem Design her perfekt mit Apple iPod harmoniert. Nicht umsonst heißt es in der Werbung für den neuen iMac auch: «Von den Designern des iPod …»

Der iPod ist nicht zuletzt aufgrund seines gelungen Designs hervorragend vom Markt aufgenommen worden. Diesen Bonus möchte Apple mit dem perfekt zum iPod passenden iMac G5 gerne nutzen. Das Gerät an sich spielte keine zentrale Rolle mehr, im Mittelpunkt steht die grenzenlose virtuelle Welt, die sich durch die Nutzung des Computers für den Anwender eröffnet.

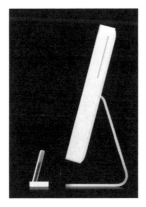

Reduktion auf das Wesentliche – der iPod und der iMac G5 von der Seite.

Überschattet wurde die Apple Expo, die als bedeutendste Mac-Veranstaltung in Europa gilt, lediglich durch die Abwesenheit von Steve Jobs; Philipp Schiller, Apples Marketing Vizepräsident vertrat Jobs. Jobs wurde ein gutartiger Bauchspeicheldrüsen-Krebstumor entfernt. Die Operation verlief unproblematisch. Mittlerweile ist Jobs wieder auf seine Position als oberster Denker und Lenker in Cupertino zurückgekehrt.

Auch die neuesten von Apple veröffentlichten Geschäfts-Ergebnisse bieten Anlass zu großem Optimismus, was die Zukunft anbelangt. Das Ende September 2004 endende Geschäftsjahr 2004 wurde laut Jobs, der seine Operation offensichtlich gut überstanden hat, mit einem sagenhaften vierten Quartal abgeschlossen:

> «Das war ein sagenhaftes Quartal. Wir sind begeistert. Es war besser als wir gehofft haben. Wir haben den höchsten Umsatz in einem vierten Fiskalquartal seit neun Jahren erzielt, wir haben mehr als zwei Millionen iPods ausgeliefert, der Umsatz der Apple Retail Stores ist im Vergleich zum Vorjahr um 95 Prozent gestiegen und die Resonanz auf unseren neuen iMac G5 ist überwältigend.»

Apple hat im vierten Quartal des Fiskaljahres 2004 836.000 Rechner ausgeliefert, das entspricht einer Steigerung von 6 Prozent zum vergleichbaren Vorjahres-Quartal und 2.016.000 iPods gingen über den Ladentisch. Das sind 500 Prozent mehr als im vierten Quartal 2003. Mit einem Unsatzanteil von 23 Prozent ist der iPod, der mit seinem überwältigenden Marktanteil praktisch zum Synonym für mobile MP3-Player geworden ist, zum wichtigsten Produkt der Firma Apple geworden.

Für das Gesamtgeschäftsjahr 2004 erzielte Apple insgesamt einen Nettogewinn von 276 Millionen US-Dollar bei einem Umsatz von 8,28 Milliarden US-Dollar (im Vergleich zu einem Nettogewinn von 69 Millionen US-Dollar und 6,21 Milliarden US-Dollar Umsatz im Fiskaljahr 2003).

Eine der jüngsten Innovationen aus Cupertino ist der «iPod photo» mit LCD-Farbdisplay.

Die Transformation Apples in ein Digital Lifestyle-Unternehmen schreitet unaufhaltsam voran. Das belegen auch die jüngsten Umsatzzahlen. Als Computerfirma wird Apple vermutlich in Zukunft weiterhin bezüglich seines Markt-Anteils ein Exot bleiben. Als Digital Lifestyle-Unternehmen ist dagegen der Apfel sozusagen gerade erst angebissen worden – oder kennen Sie in ihrem Freundeskreis einen trendbewussten Zeitgenossen, der keinen iPod haben möchte?

A1

Macmania – Namen, Zahlen und Fakten

Macmania – Namen, Zahlen und Fakten

Auf den folgenden Seiten machen wir einen kleinen Rundgang durch das «Macintosh-Museum»: Wir erinnern uns schmunzelnd an die Zeiten, wo acht Megabyte Arbeitsspeicher noch ein gigantischer Leistungswert für einen Rechner waren und der Inhalt des Systemordners bequem auf eine 3,5 Zoll-Diskette passte. Wir lernen zudem die Codenamen zahlreicher Apple-Projekte kennen, schauen uns den historischen Verlauf der Apple-Aktie an und erfahren abschließend auch noch, welche Promis den Mac benutzen.

Beginnen wollen wir jedoch zunächst mit einer kurzen Rekapitulation der Amtszeiten der bisherigen Apple-CEOs, um die nun folgenden Namen, Zahlen und Fakten auch in einem größeren Kontext einordnen zu können.

Apple-CEOs

- Juni 1977 bis März 1981: Mike Scott
- März 1981 bis April 1983: Mike Markkula
- April 1983 bis Juni 1993: John Sculley
- Juni 1993 bis Februar 1996: Michael Spindler
- Februar 1996 bis Juli 1997: Gil Amelio
- Juli 1997 bis Januar 2001: Steve Jobs als Interims-CEO
- Januar 2001 bis heute: Steve Jobs

Apple-Computermodelle

Die Apple-Serie

Der Beginn der Apple-Serie markiert zugleich den Beginn der Geschichte des Unternehmens Apple, die bekanntlich im Jahre 1976 in Kalifornien entstand.

Die Apple-Serie

Modell	CPU	MHz	RAM
Apple I	6502	1	8K
Apple II	6502	1	4K, max. 64K
Apple II+	6502	1	48K, max. 64K
Apple III / III+	6502A	2	128K, max. 256K
Apple IIe	6502/65C02	1	64K., max. 128K
Apple IIc / IIc+	65C02	1/4	128K, max. 1 MB
Apple IIgs	65SC816	2,8	256K, max. 8 MB

Ein Blick auf die Systemplatine des Apple I.

Die Macintosh-Serie
Der zierlich wirkende Macintosh 128K kam im Jahre 1984 als erster Rechner der ursprünglichen kompakten Macintosh-Modellreihe auf den Markt. Er besaß einen integrierten 9 Zoll-Bildschirm, 128 K Arbeitsspeicher und einen 68000er Prozessor mit 8 MHz. Es folgen die 512K- und 512Ke-Rechner, die mehr Arbeitsspeicher und mit dem Ke-Modell auch ein eingebautes Disketten-Laufwerk boten.

Der Macintosh Plus erwies sich als regelrechter Dauerbrenner auf dem Markt.

Mit dem aus damaliger Sicht astronomisch hohen Wert von 1 MB Arbeitsspeicher erschien dann im Januar 1986 der Macintosh Plus auf dem Markt. Er blieb mit knapp fünf Jahren so lange auf dem Markt wie kein anderer Rechner aus Cupertino. Seine große Popularität verdankte dieser Rechner dem Umstand, dass auf ihm auch äußerst speicherhungrige Programme betrieben werden konnten und von Haus aus eine SCSI-Schnittstelle vorhanden war. Im März 1987 folgte der Macintosh SE, der als erster Mac – im Gegensatz zu den vorherigen Modellen mit beigem Gehäuse – in Grau gehalten war und über einen Lüfter verfügte. Im Januar 1999 wurde er durch den SE/30 abgelöst, der anstelle des 68000er Prozessors mit einem leistungsfähigeren 32 Bit 68030er Prozessor ausgerüstet war.

Die Macintosh-Serie

Modell	CPU	MHz	RAM
Macintosh 128K	68000	8	128K
Macintosh 512K	68000	8	512K
Macintosh Plus	68000	8	1 MB, max. 4 MB
Macintosh SE	68000	8	1 MB, max. 4 MB
Macintosh SE/30	68030	16	1 MB, max. 128 MB

Die Mac-II-Serie

Im Jahre 1987 schlug die Geburtsstunde der Mac-II-Serie, die den Beginn der Ära der modular aufgebauten Macs bedeutete. Rechner und Monitor bildeten bei der neuen Modellreihe keine Einheit mehr. Dies bot einen Vorteil bei der Unterbringung des Rechners, da lediglich der Monitor auf dem Schreibtisch zu stehen brauchte, während die restliche Hardware diskret unter dem Tisch verschwinden konnte. Bis zum Macintosh IIci war es allerdings notwendig, eine Grafikkarte einzubauen, um überhaupt einen externen Monitor anschließen zu können. Erstmals kam in der IIer Modellreihe der 68020er Prozessor zum Einsatz.

Die Mac-II-Serie

Modell	CPU	MHz	RAM	(MB)
Mac II	68020	16		1, max. 64
Mac IIx	68020	16		1, max. 128
Mac IIci	68030	25		1, max. 128
Mac IIcx	68030	16		1, max. 128
Mac IIsi	68030	20		1, max. 65
Mac IIvx	68030	32		4, max. 68
Mac IIfx	68030	40		1, max. 128

Mit dem Mac II begann die Ära der modular aufgebauten Macs, bei denen Rechner und Monitor keine Einheit mehr bildeten.

Ältere PowerBooks

Der erste Schritt zum mobilen Mac bestand im Mac Portable, der satte 15 Pfund auf die Waage brachte und damit nur bedingt für unterwegs tauglich war. Dies änderte sich mit der PowerBook-Modellreihe. Das gleichzeitig mit den PowerBooks 140 und 170 im Jahre 1991 erscheinende PowerBook 100 war dagegen mit 2,5 kg ausgesprochen leicht – auch da es im Gegensatz zu den teureren Modellen ein Plastikgehäuse hatte. Es verfügte über 2 MB RAM, eine 20 MB Festplatte, einen Monitor in Schwarz-Weiß-Passivmatrix und kein internes Disketten-Laufwerk.

Die übrigen PowerBooks der Modellreihe 100 hatten dagegen standardmäßig ein Disketten-Laufwerk mit an Bord und waren alle – mit Ausnahme des Modells 190 – mit einem 68030er Prozessor ausgestattet. Erwähnenswert im Rahmen der 100er Baureihe ist definitiv noch das PowerBook 165c, das erstmals mit einem Farb-Monitor aufwarten konnte, der zur Darstellung von 256 Farben fähig war. Bei der 500er Baureihe wurde ein speziell auf einen möglichst niedrigen Stromverbrauch optimierter 68040er Prozessor eingebaut. Ein weiteres Novum waren intelligente Akkus, die jederzeit Auskunft über den aktuellen Ladezustand geben konnten.

Im Oktober 1992 fand die Einführung der Duo PowerBooks statt. Bei diesen tragbaren Rechnern handelte es sich um PowerBooks, die mit einer Docking-Station verbunden werden konnten und deshalb über keine internes Disketten-Laufwerk und an der Rückseite nur über die notwendigsten Schnittstellen verfügten. Um das Duo PowerBook in einen Desktop zu verwandeln, schiebt man es in die Docking-Station, die neben einem eingebauten Disketten-Laufwerk über alle notwendigen Anschlüsse verfügt. Die Baureihe 5300 bot erstmals die Leistung eines Power-Prozessors im Gehäuse eines Laptops. Im August 1995 erschien das erste PowerBook aus dieser Reihe auf dem Markt. Insgesamt gab es vier verschiedene Modelle, die sich lediglich durch unterschiedliche Bildschirme voneinander unterschieden.

Kompakte Kraftpakete: Die frühe PowerBook-G3-Modellreihe!

Ältere PowerBooks

Modell	CPU	MHz	RAM (MB)
100	68000	16	2, max. 8
140	68030	16	2, max. 8
145	68030	25	2, max. 8
145B	68030	25	4, max. 8
150	68030	33	4, max. 40
165	68030	33	4, max. 14
165c	68030	33	4, max. 14
170	68030	25	2, max. 8
180	68030	33	4, max. 14
180c	68030	33	4, max. 14
190	68LC040	33	4, max. 36
190cs	68LC040	33	8, max. 40
520	68LC040	25	4, max. 36
520c	68LC040	25	4, max. 36
540	68LC040	33	4, max. 36
540c	68LC040	25	4, max. 36
5300	603e	100	8, max. 64
5300cs	603e	100	8, max. 64
5300c	603e	100	8, max. 64
5300ce	603e	117	8, max. 64

Duos

Modell	CPU	MHz	RAM (MB)
210	68030	25	4, max. 24
230	68030	33	4, max. 32
250	68030	33	4, max. 24
270c	68030	33	4, max. 32
280	68LC040	33	4, max. 40
280c	68LC040	33	4, max. 40
2300c	603e	100	8, max. 56

Die ersten PowerBooks mit G3-Prozessor erschienen parallel zu den ersten G3-Desktop-Rechnern im November 1997. Die G3-PowerBooks waren mit knapp 4 kg relativ schwer, ließen dafür jedoch in puncto Leistung und Ausstattung nichts zu wünschen übrig.

Nur wenige Monate nach der Einführung des ersten mobilen Rechners mit G3-Prozessor wurde die Modellreihe G3-Wallstreet ins Leben gerufen. Eine Besonderheit der Wallstreet-Geräte bestand darin, dass sie alle über zwei Erweiterungs-Schächte verfügten, die standardmäßig mit einem CD-ROM-Laufwerk und einem Akku versehen waren. Auf Wunsch konnte anstelle des Laufwerkes oder des Akkus ein anderes Erweiterungs-Modul eingefügt werden. Falls das Laufwerk nicht gerade aktiv war, konnte dies sogar bei laufendem Betrieb («hot swappable») geschehen. Mitte 1999 erschienen dann die neuen PowerBooks mit dem Namen Lombard G3. Diese kamen wesentlich schlanker und leichter als die vorherige Modellreihe daher und verfügten anstelle von seriellen und ADB-Anschlüssen über einen USB-Port.

Die LC-Serie
Die LC-Rechner waren als kostengünstige Alternative zu den anderen Macintosh-Rechnern konzipiert. LC bedeutete ursprünglich «low-cost-color», also preiswert und in Farbe. Besonders im Bildungsbereich fanden die Modelle dieser Baureihe weite Verbreitung. Sie boten daher ein äußerst faires Preis-Leistungs-Verhältnis, bei dem nur die mangelnde Erweiterbarkeit dieser Rechner vom Käufer hingenommen werden musste. Der erste LC erschien im Oktober 1990 und war damals das – mit eingebauter farbfähiger Grafikkarte ausgestattet – günstigste Macintosh-Modell.

Die LC-Serie

Modell	CPU	MHz	RAM (MB)
LC	68020	16	2, max. 10
LC II	68030	16	4, max. 10
LC III	68030	25	4, max. 36
LC 475	68LC040	50/25	4, max. 36
LC 520	68030	25	4, max. 36
LC 550	68030	33	4, max. 36
LC 575	68040	66/33	4, max. 36
LC 580	68LC040	66/33	4, max. 52
LC 630	68LC040	66/33	4, max. 36
LC 630 DOS Comp.	68LC040	66	4, max. 52

(zusätzlicher 486 DX2/66-Prozessor)

LC stand für «Low Cost Color» – günstig und in Farbe. Die LC-Rechner sollten eine preiswerte Alternative zu den anderen Macintosh-Rechnern darstellen.

Die Classic-Serie

Im Vergleich zur ersten Mac-Modellreihe waren die Mitglieder der Classic-Familie ausgesprochen schlecht ausgestattet. Die Classic-Modelle bedeuteten gleich in mehrfacher Hinsicht einen Rückschritt. Einerseits kehrte man zum Design des kompakten Macs mit integriertem Bildschirm zurück, andererseits war beim ersten Modell lediglich ein nicht allzu leistungsfähiger 68000er Prozessor mit maximal 4 MB RAM mit an Bord.

Nicht auf dem neuesten Stand der Technik: Der Macintosh Classic ...

Mit dem Classic II verbesserten sich in der Folgezeit zwar die Leistungsdaten der Classic-Linie ein wenig, doch letztlich wurde sie durch die Performa-Modellreihe verdrängt, da die Performas – abgesehen von den internen Leistungs-Merkmalen – mit einen wesentlich größeren Bildschirm erhältlich waren.

Der erste Classic-Mac erschien im Oktober 1990 zu einem vergleichsweise günstigen Preis auf dem Markt, für den man jedoch in Kauf nehmen musste, sich einen Rechner mit einem veralteten Prozessor anzuschaffen. Für die Marketing-Abteilung von Apple stand anfangs vermutlich die Idee im Hintergrund, mit einem Lockvogel-Angebot möglichst viele unbedarfte Neukunden zu ködern. Andererseits wurde mit dem Macintosh Color Classic – der den Codenamen Slice trug und sozusagen ein LC in Kompakt-Bauweise war – der Grundstein für die erfolgreiche Modellreihe der Low-Cost-Performa gelegt. Das Gerät wurde im Februar 1993 vorgestellt.

Modell	CPU	MHz	RAM (MB)
Classic	68000	8	1, max. 4
Classic II	68030	16	2, max. 10
Color Classic	68030	16	4, max. 10
Color Classic II	68030	33	4, max. 10

Die Performa-Reihe wurde von Apple ins Leben gerufen, um mit kostengünstigen Rechnern auch im Bereich der Heimanwender Boden gegenüber der PC-Konkurrenz gut zu machen. Die Performa-Rechner basierten auf vorhandenen Modellen, die unter dem «Performa-Label» im Paket mit Monitor, Software und anderem Zubehör auch über spezielle Computer-Vertriebe verkauft wurden. Es folgt eine Auflistung der jeweiligen Basismodelle und der zugehörigen Performa-Editionen:

- Color Classic: Performa 250
- Color Classic II: Performa 275
- LC II: Performa 400, 405, 410, 430
- LC III: Performa 450
- LC III+: Performa 460, 466, 467
- Quadra 605: Performa 475, 476
- LC 520: Performa 520
- LC 550: Performa 550, 560
- LC 575: Performa 575, 576, 577, 578
- LC 575: Performa 580CD, 588CD
- IIvx: Performa 600, 600CD
- Quadra 630: Performa 630, 630CD, 631CD, 635CD, 636, 636CD, 637CD, 638CD, 640CD
- Power Mac 4400: Performa 4400
- Power Mac 5200: Performa 5200CD, 5210CD, 5215CD, 5220CD, 5260CD, 5260/120, 5270CD, 5280, 5300CD, 5320CD
- Power Mac 5400: Performa 5400CD, 5400/160, 5400/180, 5430, 5440
- Power Mac 6100: Performa 6110CD, 6112CD, 6115CD, 6116CD, 6117CD, 6118CD
- Power Mac 6200: Performa 6200CD, 6205CD, 62190CD, 6214CD, 5216CD, 6218CD, 6220CD, 6230CD, 6260CD, 6290CD, 6300CD, 6310CD, 6320CD
- Power Mac 6360: Performa 6360
- Power Mac 6400: Performa 6400/180, 6400/200, 6410, 6420

Die Performa 6300-Serie mit den Modellen 6300, 6310, 6320 und 6360 wurde im Oktober 1995 eingeführt.

Die Centris- und Quadra-Serie

Zu Beginn der 90er Jahre erschien eine Reihe von weniger für den Privatanwender als für den professionellen Einsatz gedachter Mac-Modelle, die bezüglich ihrer Bezeichnung ein wenig für Verwirrung sorgten, da der zweite Rechner der neuen Modellreihe gleich unter vier verschiedenen Bezeichnungen auf den Markt kam. Der im Oktober 1993 eingeführte neue Mac hörte zugleich auf die Namen Quadra 605, LC 475, Performa 475 und Performa 476. Sämtliche folgenden Modelle der Baureihe verfügten entweder über einen 68LC040er oder einen 68040er Prozessor. Wenige Monate zuvor hatte Apple mit einem weiteren Kuriosum für Aufsehen in der Computerwelt gesorgt. Neben dem Quadra 610 – der auch als Centris 610 bezeichnet wurde und im Februar 1993 als erstes Modell der Baureihe erschien – kam im selben Monat eine MS-DOS kompatible Modellversion des Quadra 610 auf den Markt. Mithilfe einer in den Rechner integrierten PDS-Karte und eines 486er Prozessors mit 23 MHz war es möglich, neben dem Macintosh-Betriebssystem auch die «Welt der Kommandozeilen von MS-DOS» zu benutzen. Obwohl sich der erste von Haus aus hybride Mac hervorragend verkaufte, wurde seine Produktion jedoch aus ungeklärten Gründen bereits nach zwei Monaten eingestellt.

Der Quadra wurde seinerzeit als «Macintosh mit der Kraft Berge zu versetzen», beworben.

Die Centris- und Quadra-Serie:

Modell	CPU	MHz	RAM (MB)
Centris 610	68040	20	4, max. 68
Centris 650	68040	25	4/8, max. 132/136
Quadra 605	68LC040	25	4, max. 36
Quadra 610	68040	25	4, max. 68
Quadra 630	68040	66/33	4, max. 36
Quadra 650	68040	33	4/8, max. 132/136
Quadra 700	68040	25	4, max. 68
Quadra 900	68040	25	4, max. 256
Quadra 950	68040	33	8, max. 256
Quadra 800	68040	33	4, max. 136
Quadra / Centris 660 AV	68040	50	4, max. 68
Quadra 840 AV	68040	80	8, max. 128

Der Twentieth Anniversary-Macintosh

Zum Anlass ihres zwanzigjährigen Bestehens brachte die Firma Apple im Februar 1997 den Twentieth Anniversary-Macintosh heraus. Zum Preis von 7.500 Euro erschien das futuristische aussehende Designerstück in einer limitierten Gesamtauflage von 20.000 Geräten.

Der futuristisch aussehende Jubiläums-Macintosh hatte in Wirklichkeit keine große Zukunft.

Das Motherboard des Rechners war dem des PowerMac 5500 sehr ähnlich. Innovativ waren bei diesem Computer weniger die inneren Werte, als vielmehr die extravagante Formgebung. Eine technische Besonderheit stellten das integrierte Fernseh- und Radio-System sowie das speziell von der Firma Canton entwickelte Sound-System dar.

Angesichts der nur mäßigen technischen Daten verkaufte sich der Jubiläums-Mac jedoch nur schlecht und – obwohl es sich eigentlich um ein Sammlerstück handelt – stürzte auf dem freien Markt der Preis für den «etwas anderen Rechner» schon bald in ungeahnte Tiefen. Im März 1998 wurde die Produktion des Jubiläumsmodells eingestellt. Zu diesem Zeitpunkt war war der Preis des Rechners schon so stark gefallen, dass das Sammlerstück für weniger als 2.000 Dollar zu haben war.

Der Cube
Genau ein Jahr, von Juli 2000 bis Juli 2001, betrug die Lebensdauer des Cubes, der unter dem Codenamen Rubicon ein Bindeglied zwischen dem Consumer *iMac* (mit seinen eingeschränkten Erweiterungsmöglichkeiten) und den Profi-Geräten sein sollte.

Formschön und extrem leise: Der Cube hätte zur Traummaschine für Musiker werden können, wenn er über mehr Erweiterungsmöglichkeiten verfügt hätte.

Das formschöne mit einem leistungsstarken G4-Prozessor ausgestattete Gerät kam als große Besonderheit gänzlich ohne Lüfter aus. Dies machte ihn zum leisesten Mac überhaupt. Insbesondere für Musiker hätte der Cube vermutlich zum absoluten Nonplusultra-Rechner werden können, wenn er neben seinen guten technischen Daten noch über PCI-Erweiterungs-Optionen verfügt hätte. In puncto Design ist der aus einem Plastikguß gerfertigte Cube dagegen zweifellos wegweisend.

Macintosh-Betriebssystem-Versionen

Mac System Software	24. Januar 1984
Mac System Software 0.1	1984
Mac System Software 0.3	1984
Mac System Software 0.5	Sommer 1984
Mac System Software 0.7	10. September 1984
System Software 1.0	Januar 1986
System Software 1.1	14. April 1986
System Software 2.0	2. März 1987
System Software 2.0.1	März 1987
System Software 5.0	Oktober 1987
System Software 5.1	November 1987
System Software 6.0	1988
System Software 6.0.1	19. September 1988
System Software 6.0.2	Ende 1988
System Software 6.0.3	7. März 1989
System Software 6.0.4	20. September 1989
System Software 6.0.5	19. März 1990
System Software 6.0.7	15. Oktober 1990
System Software 6.0.8	Ende 1990
System Software 7.0	Anfang 1991
System Software 7.0.1	Oktober 1991
System Software 7.0.1P	März 1992
System Software 7.1	August 1992
System Software 7.1P	Anfang 1993
System Software 7.1.1 (Pro)	Oktober 1993
System Software 7.1.1	Oktober 1993
System Software 7.1.2	März 1994
System Software 7.1.2P	Juli 1994
System Software 7.5	1995
System Software 7.5.1	März 1995
System Software 7.5.2	August 1995
System Software 7.5.3	Januar 1996
System Software 7.5.3, Rev. 2	1. Mai 1996
System Software 7.5.3, Rev. 2.1	7. August 1996
System Software 7.5.3, Rev. 2.2	7. August 1996
System Software 7.5.5	27. September 1996
System Software 7.6	7. Januar 1997
System Software 7.6.1	7. April 1997

Mac OS 8.0	22. Juli 1997
Mac OS 8.1	Ende 1997
Mac OS 8.5	15. Oktober 1998
Mac OS 8.6	8. Mai 1999
Mac OS 9.0	5. November 1999
Mac OS 9.0.4	4. April 2000
Mac OS X Public Beta	12. September 2000
Mac OS 9.1	9. Januar 2001
Mac OS 9.2	18. Juli 2001
Mac OS 9.2.1	20. August 2001
Mac OS 9.2.2	5. Dezember 2001
Mac OS X 10.0	24. März 2001
Mac OS X 10.0.1	16. April 2001
Mac OS X 10.0.2	1. Mai 2001
Mac OS X 10.0.3	9. Mai 2001
Mac OS X 10.0.4	21. Juni 2001
Mac OS X 10.1	25. September 2001
Mac OS X 10.1.1	13. November 2001
Mac OS X 10.1.2	20. Dezember 2001
Mac OS X 10.1.3	19. Februar 2002
Mac OS X 10.1.4	17. April 2002
Mac OS X 10.1.5	4. Juni 2002
Mac OS X 10.2	17. Juli 2002
Mac OS X 10.2.1	18. September 2002
Mac OS X 10.2.2	11. November 2002
Mac OS X 10.2.3	19. Dezember 2002
MacOS X 10.2.4	7. Januar 2003
Mac OS X 10.2.5	10. April 2003
Mac OS X 10.2.6	6. Mai 2003
MacOS X 10.2.7	September 2003
Mac OS X 10.2.8	22. September 2003
Mac OS X 10.3	24. Oktober 2003
Mac OS X 10.3.1	10. November 2003
Mac OS X 10.3.2	17. Dezember 2003
MacOS X 10.3.3	15. März 2004
Mac OS X 10.3.4	26. Mai 2004
Mac OS X 10.3.5	9. August 2004
Max OS X 10.4 Beta	28. Juni

Code-Namen

Nicht weniger legendär als die Computer sind die Code-Namen aus dem Hause Apple. Jedes Produkt bekommt in Cupertino einen streng geheimen Projekttitel verpasst. In der Frühzeit des Unternehmens wurden überwiegend Frauennamen – in der Regel handelte es sich um Töchter von Apple-Mitarbeitern – verwendet, bis Jef Raskin, der geistige Vater des Macintosh diese Praxis als sexistisch brandmarkte. (Ob Raskin damit vielleicht ein wenig zu weit ging, mag dahin gestellt bleiben. Es stellt sich in diesem Zusammenhang die Frage, was er davon hielt, als die erste Werbeanzeige für den Macintosh im amerikanischen Playboy erschien.)

Er benutzte auf jeden Fall stattdessen mit «Macintosh» den leicht abgewandelten Namen seiner bevorzugten Apfelsorte «McIntosh». Im Laufe der Zeit erweiterte sich dann mit der wachsenden Produktpalette auch das thematische Spektrum für Code-Namen. Für die jüngsten Versionen von Betriebssystemen werden zum Beispiel mit «Jaguar», «Tiger», «Panther» und dem ankündigten Mac OS X 10.4 «Tiger» die Namen von Raubtieren verwendet. Einige Titel blieben auch nach der Markt-Einführung des Produkts bestehen. Dies war zum Beispiel beim Macintosh oder beim Newton der Fall.

Als Quellen für die folgende Auflistung dienten www.apple-codenames.com, die vermutlich größte und vollständigste Sammlung von Code-Namen sowie www.cupertino.de.

Für die jüngsten Betriebssysteme verwendet Apple die Namen von Raubtieren. Nach Puma, Jaguar und Panther wird als nächste Wildkatze Mac OS X 10.4 alias Tiger erscheinen.

Computer

Apple II
Apple II+: *Annie*
Apple IIe: *Diana, LCA (Low Cost Apple), Super II*
Apple IIc: *E.T., IIb, IIp, Pippin, VLC (Very Low Cost), Chels, Jason, Moby, Lollie, Sherry, Zelda, Elf, Yoda, Teddy, Lollie*
Apple IIc+: *Adam Ant, Pizza, Propeller, Raisin*
Apple IIgs: *Rambo, Phoenix, Cortland, Gumby*

Apple III
Apple III/III+: *Sarah*

Lisa
Lisa: *Lisa*
Lisa 2: *Lisa*
Mac XL: *Lisa2, Pepsi*

Macintosh
Macintosh 128k: *Macintosh*
Macintosh 512k: *Fat Mac*
Macintosh Plus: *Mr. T, Turbo Mac*

Macintosh SE
Macintosh SE (FD/HD): *Mac ±, PlusPlus, Maui, Chablis, Aladdin, Freeport, Midnight Run*
Macintosh SE/30: *Green Jade, SEx, Fafnir, Oreo, Single Stuffed* (2 MB Konfiguration), *Double Stuffed* (4 MB Konfiguration)

Macintosh II
Macintosh II: *Little Big Mac, Paris, Milwaukee, Ikki, Cabernet, Reno, Becks, Uzi*
Macintosh IIci: *Aurora II, Cobra II, Pacific, Stingray*
Macintosh IIcx: *Aurora, Cobra*
Macintosh IIfx: *Stealth, Blackbird, F-16, F-19, Four Square, IIxi, Zone 5, Weed-Whacker*
Macintosh IIsi: *Oceanic, Erickson, Ray Ban, Raffica, Raffika, Spin*
Macintosh IIvx: *Brazil 16*

Macintosh IIvi: *Brazil 32c*
Macintosh IIx: *Spock, Stratos*

Macintosh Classic
Macintosh Classic: *XO*
Macintosh Classic II: *Montana, Apollo*
Macintosh Color Classic: *Slice*
Macintosh Color Classic II: *Montana, Apollo*

Macintosh LC
Macintosh LC: *Elsie, prism, Pinball*
Macintosh LC II: *Foster Farms*
Macintosh LC III / III+: *Vail, Elsie III*
Macintosh LC 475: *Primus*
Macintosh LC 520: *Hook*
Macintosh LC 550: *Hook 33*
Macintosh LC 575: *Optimus*
Macintosh LC 580: *Dragonkid*

Mac TV
Mac TV: *LD50, Peter Pan*

Macintosh Centris
Macintosh Centris 610: *Econoline, QFC, WLCD*
Macintosh Centris 650: *Wombat 25*
Macintosh Centris 660AV: *Tempes*

Macintosh Quadra
Macintosh Quadra 605: *Aladdin, Primus, ELB*
Macintosh Quadra 610: *Speedbumb 610*
Macintosh Quadra 630: *Crusader, Show & Tell, Show Biz*
Macintosh Quadra 650: *Speedbumb 650*
Macintosh Quadra 660AV: *Tempest*
Macintosh Quadra 700: *Shadow, Spike, IIce, Evo 200*
Macintosh Quadra 800: *Fridge, Wombat 33*
Macintosh Quadra 840av: *Quadra 1000, Cyclone*
Macintosh Quadra 900: *Darwin, Eclipse, IIex, Premise 500*
Macintosh Quadra 950: *Amazon, Zydeco*

Macintosh Performa
Macintosh Performa 200: *Lady Kenmore*
Macintosh Performa 400: *Lady Kennmore, Vail*
Macintosh Performa 460, 466, 467: *Route 66*
Macintosh Performa 475, 476: *Aladdin*
Macintosh Performa 550: *Hook*
Macintosh Performa 600: *Brazil 32, Macintosh IIvm*
Macintosh Performa 630: *Show & Tell*
Macintosh Performa 5200: *Bongo, Rebound, Transformer*
Macintosh Performa 6360: *Elixir*
Macintosh Performa 6400: *Instatower, Hacksaw*

Power Macintosh
Power Macintosh 4400: *Cupid, Tanzania*
Power Macintosh 5200/5300: *Trailblazer, Bongo, Rebound, Transformer*
Power Macintosh 5400: *Excalibur, Chimera*
Power Macintosh 5500: *Phoenix*
Power Macintosh 6100: *Piltdown Man*
Power Macintosh 6200: *Crusader*
Power Macintosh 6400: *Instatower, Hacksaw*
Power Macintosh 7100: *Carl Sagan, BHA (ButtHead Astronomer), LAW (Lawyers Are Wimps)*
Power Macintosh 7200: *Catalyst*
Power Macintosh 7220: *Tanzania*
Power Macintosh 7300: *Montana, Inertia*
Power Macintosh 7500: *TNT (The New Tesseract)*
Power Macintosh 7600: *Montana 7600*
Power Macintosh 8100/80: *Cold Fusion*
Power Macintosh 8100/110: *Flagship*
Power Macintosh 8200: *Catalyst*
Power Macintosh 8500: *Nitro*
Power Macintosh 8600: *Kansas*
Power Macintosh 9500: *Tsunami, Autobahn*
Power Macintosh 9600: *Kansas*

Twentieth Anniversary Macintosh
Twentieth Anniversary Macintosh: *Spartacus*

Power Macintosh G3
Power Macintosh G3: *Gossamer*

Power Macintosh G3 All-In-One: *Artemis*
Power Macintosh G3 Blue & White: *Yosemite*
Power Macintosh G3 Blue & White 450 MHz: *Yosemite 1.5, Silk*

Power Macintosh G4
Power Macintosh G4 PCI-Graphics: *Yikes!*
Power Macintosh G4 AGP-Graphics: *P5, Project E*
Power Macintosh G4 Gigabit Ethernet: *Mystic, Medusa2 (dual 450 MHz), Snake-Bite (dual 500 MHz)*
Power Macintosh G4 Digital Audio: *Clockwork, Tangent*
Power Macintosh G4 Quick Silver: *Titan, Nichrome*
Power Macinotsh G4 Mirrored Drive Doors: *P57*
Power Macintosh G4 FW 800: *P58, P58C*

Power Macintosh G4 Cube
Power Macintosh G4 Cube: *Trinity*
Power Macintosh G4 Cube (Frühjahr 2001): *Rubicon*

Power Macintosh G5
Power Macintosh G5: *Omega, Q37, Q38 (dual 1.8 GHz)*
Power Macintosh G5 (June 2004): *Q77, Q78 (dual 2.5 GHz)*

iMac
iMac (Revision A + B): *Columbus, Elroy, Tailgate, C1*
iMac (Revision C): *LifeSavers, C1.5*
iMac (Revision D): *Eight Ball, C1.8*
iMac (Slot-Loading CD-ROM): *Kihei, P7, C2*
iMac (Sommer 2000): *Perigee*
iMac (Sommer 2001): *Kiva*
iMac (Flat-Panel): *Tessera, P80*
iMac (17-inch Flat-Panel): *P79*
iMac (USB 2.0): *Horizon, Q26B (15" model) / Q26C (17" model)*

eMac
eMac: *P69*
eMac (ATI Graphics): *Northern Lights*

Macintosh Portable
Non-Backlit: *Laguna, Riveria, Malibu, Esprit, Guinness*
Backlit: *Aruba, Love Shack, Mulligan*

PowerBook Duo

PowerBook Duo 210/230: *DB-Lite, BOB W, Cinnamon, Companion*
PowerBook Duo 250: *Ansel*
PowerBook Duo 270c: *Escher*
PowerBook Duo 280c: *Yeager*
PowerBook Duo 2300: *AJ*
PowerBook Duo MiniDock: *Spaniard*
PowerBook Duo Dock II: *Atlantis*

PowerBook

PowerBook 100: *Asahi, Classic, Derringer, Rosebud*
PowerBook 140: *Tim LC (low cost), Tim Lite, Leary, Replacements*
PowerBook 145: *Colt 45*
PowerBook 145B: *Pikes Peak*
PowerBook 150: *JeDI (Just Did It)*
PowerBook 160: *Brooks*
PowerBook 165: *Dart LC*
PowerBook 165c: *Monet*
PowerBook 170: *Tim, Road Warrior*
PowerBook 180: *Converse, Dartanian*
PowerBook 180c: *Hokusai*
PowerBook 190 / 190cs: *Omega*
PowerBook 520 / 520c: *Blackbird LC*
PowerBook 540: *Blackbird, SR-71, Spruce Goose*
PowerBook 550: *Blackbird, Banzai*
PowerBook 1400c / 1400cs: *Epic*
PowerBook 2400c: *Comet, Nautilus, Mighty Cat*
PowerBook 3400c: *Hooper*
PowerBook 5300: *M2*
PowerBook G3 (original): *Kanga, PowerBook 3500*
PowerBook G3 (Rev. 1): *Wall Street*
PowerBook G3 (Rev. 2): *PDQ*
PowerBook G3 (bronze keyboard): *Lombard, 101*
PowerBook G3 (FireWire): *Pismo, P8*
PowerBook G4: *Mercury*
PowerBook G4 (Gigabit Ethernet): *Onyx, P25*
PowerBook G4 (DVI): *Ivory, P59*
PowerBook G4 (1 GHz / 867 MHz): *Antimony, P88*
PowerBook G4 (12-inch): *Thresher, P99*
PowerBook G4 (17-inch): *Hammerhead*

PowerBook G4 (12-inch DVI): *Q54*
PowerBook G4 (15-inch FW 800): *Q16*
PowerBook G4 (17-inch 1.33 GHz): *Q41*
PowerBook G4 (12-inch April 2004): *Q54A*
PowerBook G4 (15-inch April 2004): *Q16A*
PowerBook G4 (17-inch April 2004): *Q41A*

iBook
iBook (original): *P1, Bismol, Lanai*
iBook (FireWire): *Midway, P1.5*
iBook (Dual USB): *Marble, P29*
iBook (Ende 2001): *P92*
iBook (14.1-Zoll-Display): *Son of Pismo, P54*
iBook (16 VRAM): *P72*
iBook (Opaque 16 VRAM): *P72B*
iBook (32 VRAM): *P72B*
iBook (Early 2003): *P73D*
iBook G4 (12-Zoll April 2004): *Q72*
iBook G4 (14-Zoll April 2004): *Q73*

Newton

Newton MessagePad
Newton MessagePad: *Newton*
Newton MessagePad 100: *Junior, Wedge*
Newton MessagePad 110: *Lindy*
Newton MessagePad 120: *Gelato*
Newton MessagePad 130: *Quark*
Newton MessagePad 2000: *Q*

eMate 300
eMate 300: *Schoolbook, K, Shay*

Zubehör
Newton MessagePad 110 Ladestation: *Crib*
Newton MessagePad 2000 Keyboard: *Bazooka*

Drucker

ImageWriter
ImageWriter II: *Express*

SytleWriter
StyleWriter: *Franklin, Mighty Mouse, Salsa, Tabasco*
StyleWriter II: *Speedracer*
Color StyleWriter: *Logo*
Color StyleWriter 1500: *Chile*
Color StyleWriter 2200: *Calamari*
Color StyleWriter 2400: *Aurora*
Color StyleWriter 2500: *Jalapeno*
Color StyleWriter Pro: *Fantasia, Logo*
Color StyleWriter 4100: *Schooner, Cabo*
Color StyleWriter 4500: *Baja, Normandy*

LaserWriter
LaserWriter: *LightWriter*
LaserWriter LS: *Nike*
LaserWriter NT: *Twist*
LaserWriter SC: *Shout*
LaserWriter IIf: *Kirin Dry*
LaserWriter IIg: *Kirin*
LaserWriter IINT: *Leia*
LaserWriter IINTX: *Darth Vader*
LaserWriter IISC: *Solo*
LaserWriter Pro 600: *Tollhouse*
LaserWriter Select 300: *Ninja*
LaserWriter Select 360: *Viper*
Personal LaserWriter: *Capriccio*
Personal LaserWriter 300: *Comet*
Personal LaserWriter 320: *Photon*
Personal LaserWriter LS: *Nike*
Personal LaserWriter NT: *Twist*
Personal LaserWriter NTR: *Speedo*
Personal LaserWriter SC: *Shout*
LaserWriter 16/600: *Cobra*
LaserWriter 16/640: *Cobra Speed Bump*
LaserWriter 12/640 PS: *Mongoose*
LaserWriter 8500: *Badger*

Server

Workgroup Server
Workgroup Server 60: *Blugu*
Workgroup Server 80: *Blugu*
Workgroup Server 95: *Chinook, Menagine*
Workgroup Server 6150: *Starbucks*
Workgroup Server 8150: *Summit*
Workgroup Server 9150: *Green Giant*
Workgroup Server 7250: *Summit*
Workgroup Server 8550: *Summit*
Workgroup Server 9650: *Kansas*

Network Server
Network Server 500: *Shiner LE*
Network Server 700: *Shiner HE*

Macintosh Server
Macintosh Server G3: *Moses*
Macintosh Server G3 (Blue & White): *Wasp*
Macintosh Server G4 (May 2001): *Shark*

Xserve
Xserve: *High Fidelity*
Xserve G5: *Dark Star*

Monitore

Monochrome
Apple Portrait Display: *Tomcat*
Apple Zwei-Seiten-Monochrom-Monitor: *Fred, Kong*

Color
Macintosh 12" RGB Display: *Mai Tai*
Apple Color Plus Display: *Dragon*
Macintosh 16" Color Display: *Goldfish*
Macintosh 21" Color Display: *Vesuvio*

AudioVision
AudioVision Display: *Telecaster*

AppleVision
AppleVision 1710 Display: *Sousa*
AppleVision 1710AV Display: *Hammerhead*
AppleVision 750 Display: *WarriorEZ*
AppleVision 750AV Display: *WarriorEZAV*
AppleVision 850 Display: *Whaler*
AppleVision 850AV Display: *Orca*

Studio Display
Apple Studio Display 15": *Manta*
Apple Studio Display 17": *Chablis*
Apple Studio Display 21": *Moby*
Apple Studio Display 17" (ADC): *Goldstar*

Cinema Display
Apple Cinema HD Display: *P63*

Prozessoren

Veröffentlichte Modelle
PowerPC 603: *Wart*
PowerPC 603e: *Stretch, 603+*
PowerPC 603ev: *Valiant, 603ev, Slant Six* (200 MHz)
PowerPC 604: *Zephyr*
PowerPC 604e: *Sirocco*
PowerPC 604e @ 233 & 250 MHz: *HelmWind*
PowerPC 604eq: *Mach 5*
PowerPC 750: *Typhoon*
PowerPC 750 @ 400 MHz: *Conan, Lonestar*
PowerPC 750CX: *SideWinder*
PowerPC 750CXe: *Anaconda*
PowerPC 750FX: *Sahara*
PowerPC 750GX: *Gobi*
PowerPC 750VX: *Mojave*
PowerPC G4: *Desktop 98, Max* (300 - 450 MHz), *NextGen* (600 - 800 MHz)
PowerPC G4 Multiple Cores: *Desktop 99*
PowerPC 7410 (weniger Energieverbrauch): *Nitro*
PowerPC 7450 (integrierter L2 Cache): *V'Ger, G4+*
PowerPC 7455: *Apollo 6*
PowerPC 7457: *Apollo 7*

PowerPC 7460 (Silicon-on-Insulator-Technologie): *Apollo*
PowerPC 970: bei IBM: *Regatta, GPUL (GigaProcessor Ultralite)*, bei Apple: *Neo*
PowerPC 970FX: *Neo2*
PowerPC 970MP: *Antares*
PowerPC 975: *Trinity*

Unveröffentlichte Modelle

Apples erstes RISC-Projekt: *Jaguar* (basierend auf Motorola 88000 RISC)
Apples abgebrochenes Highend-PowerPC-Projekt: *Tesseract*
Apples 68k-kompatibles RISC-Projekt: *Cognac, Piltdown Man or PDM*
PowerPC 602: *Galahad*
PowerPC 603 (mit x86 Emulation): *Merlin*
PowerPC 603et: *Goldeneye*
PowerPC 603q: *QED*
PowerPC 604e (integrierter L2 cache): *Twister*
PowerPC 620: *Trident (150 MHz) / Red October (200 MHz)*
PowerPC 630: *Boxer, Dino*
PowerPC 740: *Arthur*
PowerPC 770: *Jalapeno*
PowerPC 780: *Habenero*
Motorola G5 Prozessor (MPC 7500/8500): *Processor 2000, Goldfish, Eleven, Steamroller*

Sonstige Hardware

Bandai Pippin Atmark / @Mark
Bandai Pippin Atmark / @Mark: *Pippin*

Tastaturen und Mäuse
Apple Standard Keyboard: *Eastwood*
Apple Keyboard II: *Elmer, Dörfer*
Apple IIgs keyboard: *Universe*
Apple Adjustable Keyboard: *Norsi*
Apple Extended Keyboard: *Dörfer, Saratoga*
Apple Extended Keyboard II: *Elmer, Nimitz*
PowerBook Trackpad: *Midas*
Apple Desktop Bus Mouse II: *Topogigo*
Apple Newton Keyboard: *Bazooka*

Apple USB Keyboard: *Cosmo*
Apple Keyboard: *Q30*
Apple Wireless Mouse: *P91a*
Apple Wireless Keyboard: *Q6*

Laufwerke
Apple 871 Floppy Drive: *Twiggy*
PowerBook 100 Conner Peripherals HD: *Elwood* (40 MB Konfiguration) / *Jake* (20 MB Konfiguration)
Apple Hard Disk 400SC: *A Ts'ah, Eagle*
AppleCD 600: *Hollywood*
AppleCD 800: *Stingray*
PowerBook Duo Floppy Adapter: *Blackwatch*
Sony Floppy drive: *WolfPack* (ersetzte das SuperDrive in allen post-IIvx Macs)

Karten
Apple II High-Speed SCSI card: *Cocoon*
Apple IIe LC PDS card: *Double Exposure*
Quadra 610 DOS PDS card: *Houdini, Royal Scam*
Apple PC Drive Card: *Emerald City*
Apple ISDN NuBus Card: *CarCraft*
LocalTalk serial card: *Livonia*
Apple II AppleTalk card: *Bullwinkle*
Macintosh IIci Cache Card: *American Express, Optima*
PC Compatibility Card mit Intel 486 Prozessor: *Gaucho*
PC Compatibility Card mit Intel Pentium Prozessor: *Grand Illusion*
Power Macintosh Upgrade Card: *STP*
PowerPC Upgrade für PowerBook 500 series: *Malcom*
Macintosh II Hi-Res Monochrome Card: *Bob the Card*
Macintosh II 21" Monochrome Card: *Barney*
AppleColor High-Resolution RGB Monitor Video Card: *Toby*
Apple IIgs Video Overlay Card: *Gumby, Pokey*
Power Macintosh AV Card: *Planaria*
Power Macintosh G3 AV Card: *Wings* (233 & 266 MHz Modelle), *Wings 2* (300 & 333 MHz Modelle)
Power Macintosh G3 Sound Card: *Whisper*
PCI MPEG-1 Video Card: *San Francisco*
QuickTime 3D Accelerator Card: *White Magic*
QuickTime Conferencing Card: *Cider*

Motherboards / Controller / ROMs
Mac 128k ROM: *L-H*
Apple IIgs ROM 04: *Mark Twain*
32-bit CPU ROM (Macintosh II und später): *A-B-C-D ("Ala Baster Can Delabra")*
1 MB Apple inline cache: *Sam-I-Am*
Macintosh Coprocessor Platform: *Zorro*
Quadra 840AV floppy controller: *New Age*
Power Macintosh ADB/clock/softstart chip: *Cuda*
Power Macintosh 6100 intelligent connector: *HPV (high-power video)*
Power Macintosh 7200 chipsets: *Bandit, Sparky, Grand Central, Athens, Curio, Dracula*
Power Macintosh 5400 motherboard: *Alchemy*
Power Macintosh 6400 motherboard: *Gazelle*
PowerBook 3400c PCI bus technology: *PowerStar*
iMac I/O controller: *Paddington*
Power Macintosh G3 motherboard: *Grackle IV*
Power Macintosh G3 Crystal CS 4212 sound chip: *Screamer*
Power Macintosh G3 Personality slot: *Perch*
Power Macintosh G3 VLSI-I/O controller: *Heathrow*
Power Macintosh G3 VLSI block: *Grackle*
Power Macintosh G3 (Blue & White) motherboard: *Gossamer II*
Power Macintosh G4 (AGP Grafik) motherboard: *Sawtooth*
PowerBook G3 (Bronze-Keyboard) motherboard: *Skateboard*
Power Macintosh G5 HyperTransport technology: *ApplePI*

Cases
Centris 650: *Lego*
Power Macintosh 7500/G3DT: *Outrigger*
Power Macintosh 8600/9600: *K2*
Power Macintosh G3 (Blue & White): *El Capitan*

Kommunikation
LocalTalk: *AppleBus, AppleTalk*
Apple Freedom Network: *Frogger*
AppleTalk Internet Router: *North*
Apple Data Modem 2400: *Funnelweb*
PowerBook 100 internal modem: *O'Shanter & Bess*
GeoPort Modem: *Metropolitan*

Scanner
Color OneScanner: *Half-Dome, Ping-Pong*
Color OneScanner 600/27: *Rio*
Color OneScanner 1200/30: *New Orleans*
Color OneScanner for Windows: *WinDome*

Digital Cameras
QuickTake 100: *Venus*
QuickTake 150: *Mars*
QuickTake 200: *Neptune*

Audio / Video
AppleDesign Powered Speakers: *Badger*
AppleDesign Powered Speakers II: *Baby Badger*
Apple PowerCD: *Tulip*
Apple iPod: *Dulcimer*
Apple iPod (20 GB): *P97*
Apple iPod (mit Dock Connector): *Q14*
iSight: *Q8*

Software

System 6
System 6.0.4: *Antares*
System 6.0.5: *Big Deal*
System 6.0.6: *SixPack*
System 6.0.8: *Terminator*

System 7
System 7: *Blue, Big Bang, M80, Pleiades*
System 7 Finder: *Furnishings 2000*
System 7 Tune-Up: *7-Up*
System 7.0.1: *Road Warrior, Beta Cheese*
System 7.1: *Cube-E, I Tripoli*
System 7.1 Pro: *Jirocho*
System 7.1.2: *Rock & Roll*
System 7.5: *Mozart, Capone*
System 7.5 Update 2.0: *Thag, Thor*
System 7.5.1: *Danook*

System 7.5.2: *PowerSurge*
System 7.5.3 PPC and PowerBooks: *Juno*
System 7.5.3 Revision 2 Update: *Buster*
System 7.5.3 Revision 2.2 Reference Release: *Unity*
System 7.5.3 unveröffentlicht: *Bloom County*
System 7.5.3 CPU Update: *Zeus + Thag*
System 7.5.4: *Son of Buster*
System 7.5.5: *Son of Buster*
Mac OS 7.6: *Harmony*
Mac OS 7.6.1: *Ides of Buster*

Mac OS 8

Mac OS 8.0: *Tempo, Maxwell*
Mac OS 8.1: *Bride of Buster, Scimitar*
Mac OS 8.1 for iMac: *Men in Black*
Mac OS 8.5: *Allegro*
Mac OS 8.5.1: *The Ric Ford Release*
Mac OS 8.6: *Veronica*
Mac OS 8.6 alpha: *Hammerfest, Horatio*

Mac OS 9

MacOS 9.0: *Sonata*
MacOS 9.0.4: *Minuet*
MacOS 9.1: *Fortissimo*
MacOS 9.2 alpha: *Slurm!*
MacOS 9.2: *Moonlight*
MacOS 9.2: Spezial-Version für PowerMac G4 QuickSilver: *Starlight*
MacOS 9.2.1: *Limelight*
MacOS 9.2.2: *LU1*

MacOS X

MacOS X: *Cyan, Siam*
MacOS X Public Beta: *Kodiak*
MacOS X 10.0: *Cheetah*
MacOS X 10.1: *Puma*
MacOS X 10.2: *Jaguar*
MacOS X 10.2.1: *Jaguar Red*
MacOS X 10.2.2: *Jaguar Blue, Merlot*

MacOS X 10.2.3: *Jaguar Green*
MacOS X 10.2.4: *Jaguar Pink*
MacOS X 10.2.5: *Jaguar Plaid*
MacOS X 10.2.6: *Jaguar Black*
MacOS X 10.2.7 for Power Macintosh G5: *Smeagol*
MacOS X 10.2.7 for PowerBook G4: *Blackrider*
MacOS X 10.3 frühes Entwicklungsstadium: *Pinot*
MacOS X 10.3: *Panther*
MacOS X 10.4 frühes Entwicklungsstadium: *Merlot*
MacOS X 10.4: *Tiger*

MacOS X Server
MacOS X Server: *Rhapsody*
MacOS X Server CR1: *Enterprise*
MacOS X Server frühe Entwicklungs-Version: *Atlas*
MacOS X Server frühe Entwicklungs-Version: *Hera*
MacOS X Server DR2: *Titan*
MacOS X Server 1.0: *Mac OS Enterprise*
MacOS X Server v10.2: *Tiger*
MacOS X Server 10.3: *Panther*

API
Macintosh Application Environment (MAE): *Cat-in-the-Hat*
PowerTalk API's: *Ventoux*
MacOS API's: *BlueBox, Classic*
NeXT API's: *YellowBox, Cocoa*
MacOS X API's: *Carbon*

A/UX
A/UX 1.0: *Pigs in Space*
A/UX 1.11: *Circle K*
A/UX 2.0: *Perestroika, Space Cadet*
A/UX 3.0: *Hulk Hogan*

Newton System Software
Newton OS 2.0: *Dante*
Newton OS 2.0 Handwriting Recognition: *Rosetta*

Abgebrochene Betriebssystem-Projekte
Apple object-oriented OS: *Pink*
Apple/IBM object-oriented OS (früher *Pink*): *Taligent*
MacOS für x86 computer: *Star Trek*
MacOS X für x86 computer: *Marklar, Star Trek: The Next Generation*
Original System 8: *Copland, V1, Faraday, Maxwell*
Original System 9: *Gershwin, Edison*
Copland Interface Project: *MUSE (Maxwell USer Experience), Fanfare*
Piles für MacOS: *Sybil*
CHRP Systems: *Orient Express*

QuickTime
QuickTime 1.0: *Warhol*
QuickTime 1.5: *Dali*
QuickTime 6.3: *Sidecar*
QuickTime Conferencing: *Alexander, MovieTalk*
QuickTime für Java: *Biscotti*
QuickTime für Windows: *Ethel, Escher*
QuickTime Streaming Sever 5: *Magnum*

QuickDraw
QuickDraw 32-bit: *Jackson Pollock*
QuickDraw 3D: *Escher*
QuickDraw GX: *Serrano, Skia, El Kabong*

AppleScript
AppleScript 1.0: *Cheeze Whiz, Gustav, Toy Surprise*
AppleScript 1.1: *Guava Surprise, Pure Guava*

HyperCard
HyperCard: *WildCard*
HyperCard 2.0: *Snow, Hot Water*
HyperCard IIGS: *Bulfinch, Iduna*

Textverarbeitungs-Programme
MacWrite: *Macauthor*
MacWrite Pro 1.0: *Old Pro*
MacWrite Pro 1.5: *Cue Ball*
MacWrite Pro 1.5v3: *Shakespeare*
AppleWorks 5.0: *Narnia*

MacDraw
MacDraw: *Mackelangelo*
MacDraw Pro 1.0: *Chameleon, Maui*

Claris-Software
ClarsWorks: *Terminator*
ClarisDraw: *Expressway*
Claris CAD: *Blackjack*
Claris FileMaker Pro: *Banza, Ninja, Samurai*
ClarisImpact: *Wall Street*
Claris MacProject: *Road Runner*
Claris OfficeMail: *RotoRunner*

eWorld-Software
eWorld 1.0: *Aladdin*
eWorld 1.1: *Golden Gate*

Netzwerk-Software
OT/PPP 1.0: *Paris*
LocalTalk: *AppleBus, AppleTalk*
AppleTalk Internet Router: *North*
AppleTalk Internet Router '92 update: *Betelgeuse*
Apple Freedom Network: *Frogger*
Apple Token Ring: *Frodo*
Apple Internet Connection Kit: *Cyberpup*
Apple Remote Access: *976*
AppleShare 1.0: *007*
AppleShare 3.0: *Holy Hand Grenade*
AppleShare IP MacOS Server Admin: *RAdmin*
FileShare: *Killer Rabbit*
Workgroup Server 95 A/UX: *Barracuda*
Workgroup Server 95 AppleShare: *Fugu*
Network Software Installer 1.0: *Lumahai*
Network Software Installer 2.0: *Balihai*
Network Software Installer 3.0: *Why-o-wai*
Apple Safari Internet browser: *Perseus*
AirPort Extreme Software 3.1: *Shamrock*

Mac Terminal
MacTerminal II: *Killer Bees*
MacTerminal 2.0: *Super Prawn*

Manager
Edition Manager: *Diet Coke*
Layer Manager: *Glass Plus*
Data Access Manager: *SnarfMan*
Sound Manager: *DJ, Party Line*
Apple Location Manager: *Walkabout*

Apple Developer CDs
Volume I: *Phil and Dave's Excellent CD*
Volume II: *Phil and Dave's Excellent CD: The Release Version*
Volume III: *A Disc Called Wanda*
Volume IV: *Discy Business*
Volume V: *Night of the Living Disc*
Volume VI: *Gorillas in the Disc*
Volume VII: *Lord of the Files*
Volume VIII: *Desperately Seeking Seven*
Volume IX: *Code Warrior*
Volume X: *On a clear day you can CD forever!*
Volume XI: *The Silence of the ROMs*
Januar 1992: *The Winter of Our Disc Content*
Februar 1992: *20,000 Leagues Under the CD*
März 1992: *The Hound of Bitmapsville*
April 1992: *Hex, Drives, and Videotape*
Mai 1992: *The Byte Stuff*
Juni 1992: *ROMin Holiday*
July 1992: *Butch ASCII and the Runtime Code*
August 1992: *Hack to the Future*
September 1992: *A ROM With a View*
Oktober 1992: *The Hexorcist*
November/Dezember 1992: *Wayne's GWorld*
Januar 1993: *The Postman Always Clicks Twice*
Februar 1993: *New Hack City*
März 1993: *Other People's Memory*
Mai 1993: *Bright Bytes Big CD*
Juni 1993: *ROM, The World in 80 Nanoseconds*
September 1993: *Spinal Trap*
November 1993: *Northern Hexposure*
Dezember 1993: *Of Mouse and Men*
Februar 1994: *In the Seek of the Night*
März 1994: *Little Bit Man*

Audio- und Video-Software
PlainTalk Speech Recognition: *Casper*
Apple Media Player: *Columbus*
iDVD 3.0.1: *Flame*
DVD Studio Pro 2: *Bavaria*
Final Cut Pro 4: *Repoman*
Final Cut Express: *Chinatown*

Digital Hub Software
iDVD 3.0.1: *Flame*
iPhoto 4: *Memento*
iCal: *White Rabbit*
iCal 1.1: *Cheshire*
iSync: *Bladerunner*
iSync 1.1: *Deckard*
iChat AV: *Viceroy*
iLife: *Tropicana*
iLife '04: *Viking*

Systemsoftware-Komponenten
MacOS X 10.4 Automator: *Pipeline*
MacOS X 10.3 XCode Tools: *Tachyon*
MacOS X 10.2 Journaling File System: *Elvis*
MacOS X Inkwell handwriting technology: *Rosetta Stone*
MacOS X Transparent BlueBox: *Ivory*
Mac OS Extended Format (HFS+): *Sequoi*
Apple CD Setup: *Monarch*
Apple Drive Setup: *Dragonfly*
Multifinder: *Juggler, Oggler, Twitcher*
1991 Macintosh ROM update: *Terror*
SNA·ps5250: *B52*
Apple Upgrader: *Ciao*
Power Mac Upgrade Card enabler: *Rocinante*
AppleGuide: *Reno*
Apple File Exchange: *Renault*
Apple Font Pack: *Big Sur*
AppleSearch: *Bogart*
Dylan Programming Language: *Denali, Ralph*
WebObjects 3.0: *Shiva*
Graphing Calculator: *NuCalc*

At Ease: *Tiny Toons*
MacX: *Malcom*
GUS (Apple IIGS Emulator): *GUS*
OpenDoc: *Amber, Exemplar, Jedi*
Scalable TrueType outline fonts: *Bass*
System 7 «Spezial»-Menü: *Daffy Duck*

Apple-Aktienkursnotierungen

Die Apple-Aktie hat im Laufe ihrer Geschichte erhebliche Berg- und Talfahrten hingelegt. Apple ging am 12. Dezember 1980 an die Börse. Die Aktie eröffnete bei einem ursprünglichen Nennwert von 14 Dollar mit 22 Dollar und lag am Ende des ersten Börsentages bei 29 Dollar. Neben den Apple-Gründern wurden rund 40 weitere Apple-Mitarbeiter durch den Börsengang über Nacht zu Millionären – «Overnight Millionares», wie man im Silicon Valley zu sagen pflegt.

Ihren bisherigen Höchststand erreichte die Apple-Aktie (AAPL) am 23. März 2000 mit einem Preis von 75 Dollar pro Stück. Momentan liegt der Wert des Papiers bei etwas unter 50 Dollar – Tendenz steigend. Als Quelle diente www.bigcharts.com.

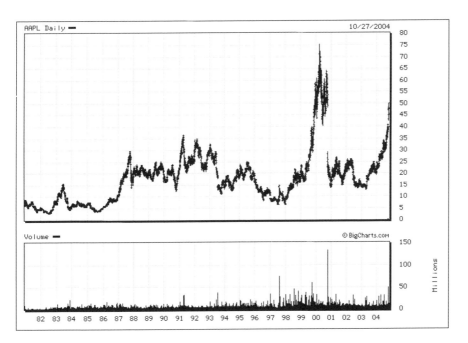

Der Gesamtverlauf der Apple-Aktie von 1980 bis 2004.

A2 Literatur und Internet-Quellen

Literatur und Internet-Quellen

Literatur zur Unternehmens-Geschichte

- Carlton, Jim, Apple: The Inside Story of Intrigue, Egomania, and Business Blunders. New York: Times Business/Random House, 1998

- Deutschmann, Alan, Das unglaubliche Comeback des Steve Jobs – wie er Apple zum zweiten Mal erfand, Frankfurt a. M.: Campus Verlag, 2001.

- Kaplan, David A., Silicon Valley: die digitale Traumfabrik und ihre Helden. München: Heyne, 2000.

- Kawasaki, Guy, Management à la Macintosh, Frankfurt a. M.: Campus Verlag, 1991.

- Levy, Steven, Insanely Great: The Life and Times of Macintosh, the Computer that changed Everything. New York: Viking, 1994.

- Linzmayer, Owen W., Apple – Streng vertraulich: Die Tops und Flops der Macintosh-Geschichte. St. Gallen, Zürich: Midas-Verlag, 2000.

- Linzmayer, Owen W., Apple Confidential 2.0, the definitive history of the world's most colorful company. San Francisco: No Starch Press, 2004.

- Malone, Michael S., Infinite Loop: how the world's most insanely great computer company went insane. London: Aurum Press, 1999.

- McSummit, Bob u. Martin, Joe, Die Silicon Valley Story. München: Systhema Verlag, 1990.

- Moritz, Michael: The Little Kingdom: The Private Story of Apple Computer. New York: William Morrow and Company, 1984.

- Sculley, John, Meine Karriere bei PepsiCo und Apple, Düsseldorf: Econ Verlag, 1987.

- Young, Jeffrey S., Steve Jobs: der Henry Ford der Computerindustrie, Düsseldorf: GFA Systemtechnik, 1989.

Internet-Quellen

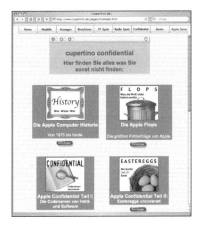

Die beste deutschsprachige Website zur Geschichte von Apple ist «cupertino.de».

www.cupertino.de
Eine sehr gelungene, reich bebilderte Übersicht in deutscher Sprache zur Apple-Hardware-Historie.

www.theapplemuseum.com
Eine äußerst reichhaltige Fundgrube mit unzähligen Fakten, Daten und Namen rund um die Geschichte der Firma Apple.

http://members.aol.com/CompHist/applehistory.html
Eine fundierte komprimierte Darstellung der Unternehmensgeschichte.

www.friauf.de/applepast/applepast.html
Die vergessenen Computer der Firma Apple.

www.kefk.net/Apple/index.asp
Geschichte und Hintergründe zur «Betriebssystem-Alternative».

www.apple-history.com
Ausführliche Infos zur Unternehmensgeschichte sowie früheren und aktuellen Modellreihen.

www.mactracker.ca
Mactracker bietet in kompakter Form Infos zu alten und aktuellen Apple-Produkten.

http://applemuseum.bott.org/
Eine schön gemachte Website über die Geschichte der Apple-Computer und die Menschen hinter den Produkten.

Ein Besuch im «Macmothership», einer der besten Websites zur Geschichte der Firma Apple, lohnt sich auf jeden Fall.

www.macmothership.com
Eine der schönsten Websites über frühe Apple-Computermodelle.

www.folklore.org
Eine riesige Fundgrube mit unzähligen Anekdoten rund um die Entwicklung des Macintosh.

Register

A

Aiken, Howard ....H. 17
Aktien-Split 51
Aktionäre 124, 130
Alan Kay 150, 151, 160
Alcorn, Al 37, 38, 49
Allen, Paul 240
Altair 26, 41-48
Alto 82, 83
AMD   22
Anti-Aliasing 254
Apollo 179, 180
Apple Computer, Inc. 58
Apple Corps 47
Apple Education 69
Apple I 19, 48-50
Apple II 19, 45, 54, 63
Apple II-Gruppe 148
Apple IIc 78
Apple IIe 74, 84, 85
Apple III 73
Apple III-Abteilung 148
Apple-CEOs 276
Apple-Disk 63
Apple-Logo 56, 57, 62, 117, 137
Apple-Serie 276
AppleWorks 67
Aqua 251, 254, 256
Atkinson, Bill 96

B

Barnes, Susan 208
BASIC-Betriebssystem 54
Basic-Code 50
Be Inc 215, 216, 217, 218
Beatles 45, 47
BeBox 216
Berg, Paul 206, 207
Big Brother 124, 126
BIOS-Software 107, 110
BMG 265, 269
Börsengang 73, 75, 77, 81
Börsengang von Apple 75
Breakout 39, 40, 41
Byte Shop 48, 49

C

Calenda, Gifford 168
Capps, Steve 167
Carbon 243, 257
Carlton, Jim 312
Casio 163
Catmull, Edwin 220
Centris- und Quadra-Serie 284
Chiat/Day ...124, 125, 126, 136, 137
Claris 165
Clark, Candi 76, 79

Classic-Serie 282
ClickWheel 267
Cocoa 251, 257
Code-Namen 289
Coleman, Debi 157
Commodore C 64 56
Commodore PET 55
Commodore VIC-20 56
Copland 200, 201, 242, 247
Core-Services 253
CoreImag ....e 257
CoreVideo 257
CP/M 108, 109
Creative 267
Crow, George 118, 208
Cuylenberg, Peter van 215

D

Darwin 252
Dashboard 257
Denmann, Don 119
Desktop Publishing 83, 142, 144
Deutschmann, Alan 312
Digital Lifestyle ..259, 260, 269, 274
Dotierung 19
Drüsenfieber 40
Dubinsky, Donna 165
Dylan, Bob 130
Dynabook 160

E

Eiler, Dan 178
Electric Pencil 66
Ellison, Larry 107, 215, 233, 235
Engelbart, Douglas 82, 92

F

Fat Mac 134
Floppy-Laufwerk 63

G

GarageBand 265, 266
Garagenfirma 55, 61, 67
Gassée, Jean-Louis 157, 170-179, 216
Goldblum, Jeff 231
Graffiti 166

H

Hacker 81
Handheld-Computer 161
Handschriften-Erkennung .163, 164
Hawkins, Trip 72
Hertzfeld, Andy 79
HFS+ 242, 248
Holte, Rod 55

HP 54, 56, 59
HyperCard 67, 97

I

IBM PC 74, 110-120, 135
Industrial Light and Magic 220
Integer Basic 54
Internet-Computer 238
Internet-Quellen 313
Ive, Jonathan 260-264

J

Jaguar 289
Java 256, 257
Jobs, Clara 26
Jobs, Reed Paul 214

K

Kaplan, David A. 312
Kare, Susan 99
Kawasaki, Guy ... 116-119, 142, 312
Kehoe, Louise 230
Kierulff Electronics 49
Kilby, Jack St. Clair 18
Kildall, Dorothy 109
Kildall, Gary 108
Konstruktivismus 236

L

LaserWriter 135, 142, 143, 156
Lasseter, John 220-224
LC-Serie 281
Lemminge-Spot 136, 137
Levin, Daniel 208
Levy, Steven 312
Linzmayer, Owen W. 312
Lisa OS 86
Lisa Shell 86
Lisa-Projekt 75, 81
Lisa-Team 81, 82
LisaCalc 86
LisaDraw 86
LisaGraph 86
LisaList 86
Literatur 312
Lizenznehmer 195, 199
Lizenzvergabe ... 171, 179, 188, 194

M

Mac OS X Server 241, 251
Mac Plus 90, 134
Mac XL 86
Mac-Clone-Hersteller 194, 195
Mac-Clones 159
Mac-II-Serie 278

Macintosh Office 135, 136
Macintosh SE 277, 278, 290
Macintosh-Gebäude 123
Macintosh-Mythos 91
Macintosh-Projekt 76, 81
Macintosh-Serie 277
MacPaint 133, 134
Macworld Expo 230, 237, 240
MacWrite 133, 134
Malone, Michael S. 312
Mark I 17
Marketing 56, 62, 64, 65, 68
Markkula, Mike ... 54-60, 68, 90-91
Marsh, Bob 42
Martin, Joe 312
Maus 78, 83, 84, 85
McIntosh 95, 121
McKenna, Regis 56, 62, 193
McNealy, Scott 215
McSummit, Bob 312
Media Markt 270
Medion 270
Message Pad 163, 164, 167
Microsoft 267, 270
Microsoft-Aktie 186
MITS 26, 43, 45
Moore, Fred 41
Moore, Gordon 18, 23, 24, 25
Mooresches Gesetz 23
Moritz, Michael 312
MOS-Technology 55
Motorola .. 65, 66, 85, 194, 196, 198
MP3 .... 260-268, 274
MS-DOS 171, 178, 185-186
Multitasking 201
Multithreading 201, 216
Murray, Mike ... 116, 129, 137, 140

N

National Semiconductor 62, 200
Newton 160-167
NeXT-Station 214
NeXT-Step 213, 214, 215
Nomad Jukebox Zen 267

O

OpenGL 253, 254, 255
OpenStep 251
Operation Crush 65, 66
Oracle 215
Organizer 165
Orwell, George 124, 132
OS/2 186

P

Palm Computing 164, 165, 166
Palm Pilot 165, 166
Panther 289

ParaGraph 163
PDA 160-167, 262
PDL 143
Peddle, Chuck 55
Pepsi Cola 123, 126, 146, 179
Perot, H. Ross 212
Phoenix Software 107
Playboy-Magazin 64
Popular Electronics ... 41, 43, 44, 45
PostScript 142, 143, 156, 157
Power Computing 195, 199, 217
PowerPC-Allianz 170
PowerPC-Plattform ... 170, 196, 198
Pull-Modell 185
Push-Modell 185

Q

QuickTime 245, 247, 253, 255

R

Radius 195, 198
Rand, Paul 210
Raskin, Jef 55, 90-95, 122
realitätsverzerrendes Feld 236
Reinraum-Methode 107, 110
RenderMan 221, 222
Rezeptions-Muster 271
RISC-Prozessoren 19
Roberts, Edward 26
Robertson, Alice Louise 77
Rock,, Arthur 57
Rolling Stones 187

S

SAIL-Forschungslabor 91
San José 76, 79
San Jose Mercury News 233
Sanders, Wendell 72
Scott, Mike 59, 60, 102, 276, 310
Scott, Ridley 125
Sculley Brothers LLC 189
Sculley, John 60, 145-188, 312
Sherlock 248
Silicon Valley-Story 240
Silizium 14, 17-21
Smalltalk 86
Smith, Alvy 220
Smith, Walter 167
Soloman, Les 43
Spindler, Michael .158, 192-198, 310
Star Trek 168
Star Trek-Team 169, 170
Sun-Solaris 215
SuperCard 67

T

Terrell, Paul 48, 49
Tesler, Larry 161
Texas Instruments 18, 20, 43
The Incredibles 226
Tiger 289
Time Magazin 122
Tin Toy 223
Toshiba 266, 267
Toy Story 224, 225
Tramiel, Jack 55, 56
Transistor 16-25
Tribble, Bud 208, 212
Twentieth Anniversary-Macintosh 285

U

Universal 265, 269
UNUSON 77
VisiCalc 66, 87
VLSI 19
Wafer 21-22
Whole Earth Drugstore 41
Think-Different 235
UMAX 194, 198
UNIX 250-257
Unternehmens-Geschichte 312
Warnock, John 156
Wheels of Zeus 80
Widgets 257
Windows 109, 110, 179-184
Windows 95 .... 196, 200-201
Windows CE 167
Windows NT 200, 215
Wizard of Woz 76, 80
Woodside 149
WOZ-Net 80
Wozniak, Steve .. 4, 26, 28, 45, 76-81
WYSIWYG-Prinzip 83, 243
Xerox 57, 82-85, 183-184
Xerox-PARC Forscherteam 90

Y

Young, Jeffrey S. 312

Z

Zuse Z3 17
Zuse, Konrad 17